国家社科基金
GUOJIA SHEKE JIJIN HOUQI ZIZHU XIANGMU
后期资助项目

近代法治的政治价值基础研究

Study on the Political Value Foundation of Modern Rule of Law

徐忱 著

WUHAN UNIVERSITY PRESS
武汉大学出版社

图书在版编目(CIP)数据

近代法治的政治价值基础研究/徐忱著.—武汉:武汉大学出版社,
2024.4(2024.12重印)
国家社科基金后期资助项目
ISBN 978-7-307-23939-5

Ⅰ.近…　Ⅱ.徐…　Ⅲ.法律—思想史—研究—中国—近代
Ⅳ.D909.25

中国国家版本馆CIP数据核字(2023)第155079号

责任编辑:杨　欢　　　责任校对:鄢春梅　　　版式设计:韩闻锦

出版发行:**武汉大学出版社**　　(430072　武昌　珞珈山)
（电子邮箱:cbs22@ whu.edu.cn　网址:www.wdp.com.cn）
印刷:武汉邮科印务有限公司
开本:720×1000　1/16　印张:16.25　字数:281千字　插页:1
版次:2024年4月第1版　　2024年12月第2次印刷
ISBN 978-7-307-23939-5　　定价:88.00元

国家社科基金后期资助项目（19FZZB007）

国家社科基金后期资助项目
出版说明

后期资助项目是国家社科基金设立的一类重要项目，旨在鼓励广大社科研究者潜心治学，支持基础研究多出优秀成果。它是经过严格评审，从接近完成的科研成果中遴选立项的。为扩大后期资助项目的影响，更好地推动学术发展，促进成果转化，全国哲学社会科学工作办公室按照"统一设计、统一标识、统一版式、形成系列"的总体要求，组织出版国家社科基金后期资助项目成果。

全国哲学社会科学工作办公室

目　录

绪　　论

　　《近代法治的政治价值基础研究》是 2019 年国家社科基金后期资助项目结项成果。为何选择从法治视角研究近代政治思想史？这个视角何以有价值？近代政治思想史的法治视角研究是政治学界的薄弱环节。政治学本应成为法治研究主场，但这个主场长期以来一直拱手相让于同属法学一级学科的法学类专业，以致主流政治学概论教科书均无"法治"内容，而法学学科的法治研究则偏向法律化。法治首先是政治学范畴，而非法律范畴。偏法律化的法治研究难以供给本应由政治学提供的理论资源，同时，政治学虽然可以为治国理政提供法治相关理论支持，但其总体理论水平长期落后于中国政治发展实际需要。值得庆幸且理所当然的是，建党以来，中国共产党主要领导人的法治思想始终领先于同时期的学术界。进入新时代，中国政治、经济、社会处于高质量发展的新阶段，国家治理体系与治理能力现代化建设面临不同以往的考验，需要适应新发展阶段的法治理论进行指导，习近平法治思想应运而生，为全面建设社会主义现代化国家提供强大思想指引。习近平法治思想是基于我国革命、建设、改革的伟大历史成就和实践而形成的社会主义法治理论体系，为政治学的法治研究提供了科学指南。从毛泽东到习近平，为何我党主要领导人跨越百年始终能够站在理论前沿？答案只有一个：因为中国共产党始终坚持马克思主义中国化。

　　马克思主义中国化是运动的，必须在时间内得以实现。这里所说的是时间，是与空间相对的概念，是法国哲学家亨利·柏格森所提出的"绵延"。绵延是时间的过程，是人与人、人与社会、人与自然相互融合、相互渗透、相互斗争、相互扶植的过程。唯物辩证法三大规律是绵延最好的解释。近代以来，康有为、梁启超等思想家曾经接触过亨利·柏格森哲学，但并未予以重视。毛泽东从中国国情与中国革命实际出发，运用唯物辩证法，创造性地实现了马克思主义中国化，凸显了马克思主义理论的真理力量，也暗合亨利·柏格森绵延理论的部分内容。"绵延"能够证明马克思主义中国化时间过程的真理性。既然马克思主义中国化是被证明了的真理力量，既然唯物辩证法三大规律与亨利·柏格森的部分绵延理论能够解释这个真理力量，那么，我们把时间过程推后至近代，借鉴上述方法，或许能够发现近代法治运行的绵延过程。

研 究 目 标

20世纪初，王朝倾覆，民国创立。对时人来说，这一切来得太突然，似乎武昌城的一声枪响便宣告了清王朝的终结；对历史学家来说，近代国体更迭和政体转换的因果关系可从多角度进行解读，每一个角度都浸透着历史的厚重，都能够履行解读历史的责任。就国体更迭和政体转换而言，法治无疑是展开研究的一个极佳落脚点，而不同国体政体的政治价值基础必然是法治价值原则的变换准则。不同的国体适用不同的法治，不同的政体可以适用同样的法治。决定法治本身的是其内在的政治价值原则，这个政治价值原则不仅来自国家强制规定，更来自绵延，来自历史，甚至来自该国绵延历史中产生过的宏伟目标。无疑，近代中国从王朝走向共和，法治的政治价值原则必定经历过一个转换过程，而政治价值原则的转换就是法治本身的转换。众所周知，轰轰烈烈的辛亥革命以失败告终，中华民国作为辛亥革命最重要的成果随后落入政敌——北洋军阀之手，而北洋之魁袁世凯竟然在共和体制下自导自演了一场帝制自为闹剧。这一系列的重大历史事件无疑都与法治有着密切渊源。那么，如何从法治角度解释20世纪初的国体更迭和政体动荡？如何从法治角度解释和评价清政府为挽救王朝覆灭所做的努力？如何看待近代思想家和政治家对法治建设的学术贡献与政治实践？以上这些问题是本研究的主要目标。

国体更迭和政体动荡下的法治是本研究的重要内容。国体更迭，必然是前一种国体法治失效的结果。国家为维护统治设有暴力机关，但历史地看，法治失效之际，暴力机关一般会同时甚至早于法治而失去作用。新的法治思想决定新国体的产生。新国体产生，适应新国体的法治体系必随之产生，新的暴力机关也应运而生。政体的选择一般与国体相对应，且受法治制约。因此，民国成立后的三次复辟，即袁世凯帝制自为、张勋复辟、溥仪复辟，均未成功，在一定意义上，得益于法治的进步。但这个进步是相对的，面对中国共产党提出的法治理念，作为前浪的民国国体也终将被历史抛弃。后浪拍击前浪是历史的必然，就法治而言，其中必然蕴含着政治价值的转换。政治价值的转换过程是其对应的法治生效的过程。换一个角度看，清王朝虽然退出了历史舞台，但其所采用的法治曾经发挥过强大作用。这个曾经发挥强大作用的法治遭遇更符合时代需求的法治，肯定有过各种思想上和政治上的抵抗，但无奈的是，无论怎样抵抗，始终无法战胜对方，不得已只好接受失败的现实。这里必须指出，法治的转换不必然是从低转到高，从落后转向进步，其过程也会有曲折。必须明确的是：法治本身并不天然具有进步属性。转换是新的法治政治价值对旧的法治政治价值的叠置。叠置早在旧法治失效前便已开始，新法治甚至早已通过改革向清王朝政治体制渗透，怎奈这种渗透是非常缓慢的过程，而革命的火焰已经迫不及待地燃起。革命改变了国体，国体必须匹配适合的政体，法治能够解释国体更迭，更能解释政体动荡的政治价值缘由。

解读与评价清政府为挽救王朝覆灭所做的法治努力。清末，政权危如累卵，皇室矢言挽救。于是，派员出洋考察，实行地方自治，推行普遍教育，颁布宪法大纲。种种举措，条条法律，显示清政府不仅有决心，而且已经走上法治改革之路。是的，"法治"一词用在了这里，但并不突兀。晚清政府熟稔"法治"这个专业术语，甚至对其相关术语如"法治主义""法治国家"等也不陌生。这些术语时常出现于相关奏折和上谕中，且词义与今天的解释无异。不仅如此，在相关奏折中，清政府要员如戴鸿慈等甚至能够区别"法治"与"法制"，其学养即便在今天亦属难得。也就是说，清政府实行立宪，并非说说而已，并非敷衍了事，而是对相关理论、思想、国外经验都有过深入且细致的学习、理解、比较。那么，为什么清政府基于法治思想的立宪改革还是会以失败告终呢？一个多世纪以来，有关清王朝覆灭的原因已经从多方面得到充分阐释，无须赘述。法治的政治价值基础这个角度比较鲜见且非常重要，能够承担重新解读和评价这段近代史的任务。为此，必须首先回溯清政府理性和理智的政治行为。有了这个基本前提，清末新政的一系列措施才能得到合理解释。亨利·柏格森认为，"理智通常来自静止，但它也运用平行的静止来重建运动"①。理性和理智的来源是经验与常识。

①　[法]亨利·柏格森.思想和运动[M].杨文敏，译.北京：北京时代华文书局，2018：29.

这种经验与常识越深厚，人们受理性和理智的束缚的可能性就越大，其创新的可能性就越小。清政府越是理智，其对权力的欲望就越明显地暴露在对权力的控制和分配中，我们才能在其颁布的法律法令和采取的行动中梳理出本不该出现的政治价值偏差。

梳理近代思想家和政治家对法治建设的学术贡献与政治实践及其评价。中国具有悠久的法治思想史。法治一词虽然在中国出现较晚，但法治思想则源远流长。胡适认为，中国政治家大约在公元前4世纪后半叶开始自觉意识到法治的好处。当时的代表人物有两个：秦国卫鞅（商鞅）和韩国申不害。而政治家的思想则来源于"孔子的正名论，老子的天道论，墨家的法的观念"等"中国法理学的基本观念"。因此，胡适认为中国古代没有所谓法家，"只有法理学，只有法治的学说"。①"没有法家"这样的结论肯定饱受争议或反驳，好在这不是本研究关心的内容。本研究充分认可后半句——"只有法理学，只有法治的学说"。中国的法治学说历史悠久，积淀深厚，但我们只取一瓢饮，仅关注明末西学东渐以降法治学说的内容及其发展，以及它们对当时的政治体制所产生的影响。这些法治学说来自近代思想家，也来自当时的政治家。一般的思想史研究，比较排斥政治家的施政理论，但法治思想的研究则必须包括政治家的施政理论，甚至要研究他们在设计政治制度与安排政治机构时的基本原则。这样的原则就是政治价值原则，法治受政治价值支配，它们实际上就是法治原则的体现。研究法治的政治价值基础，就是从法治的角度，解释近代国体更迭与政体动荡的原因。优秀的思想家能够解释这一切，他们甚至可以"预见"未来的治乱循环。孟子云："天下之生久矣，一治一乱。"② 但治乱循环是在空间中解释历史，无法从价值角度理解那些超越时代的闪光点。我们要找到这样的闪光点，把它们从历史的沉淀中挖掘出来。我们知道它们的光明也许无法与现代的价值相提并论，但至少能够让人们知道历史中的思想也曾经光彩斑斓过。我们更要研究，这样曾经光彩斑斓的思想为何无法挣脱现实政治的黑暗压制，或者当时的政治体制为何选择黑暗而不是光明？难道人类总是把现实的黑暗当作光明，而视真正的光明为现实的黑暗？难道我们永远需要一个智者或伟人高喊"驱逐鞑虏，恢复中华"的口号，

① 胡适. 中国古代哲学史［M］//欧阳哲生. 胡适文集（6）. 北京：北京大学出版社，2013：352.

② 《孟子·滕文公下》。

才能跟随他走向真正的光明？伟人和群众，谁才是法治政治价值的颠覆者和掌控者？

研 究 方 法

对法治价值的研究需要紧密联系政治思想史与政治史。在政治思想史中对法治价值的研究偏重思想家的贡献，而政治制度和政治机构的变化对法治价值的压制或促进，政治家或官员的言论对法治价值的压制或促进，却往往淡施笔墨，点到为止，不予深究。法治是政治思想史研究的一项特殊课题。从研究范围来说，它的边界很难确定。它可以存在于国家与社会理论的所有讨论中，几乎没有一个国家与社会的相关概念不受到法治思想的影响、束缚、促进。它甚至已经从政治学领域走到法学领域，并成为法学研究的重要内容。众人拾柴、集思广益，对法治理论而言是件好事，但政治学对法治理论的研究的重要性和必要性从来无法替代。这是因为，法治是统治的原则，也是国家治理的原则。而法治原则体现的就是法治的政治价值。没有一种统治曾经离开某种法治，也没有哪一种法治不含有相应的政治价值。政治思想家是对先进的法治价值最敏感的群体，而政治家和当权者知道用什么样的政治价值可以最持久地维持统治。一方面是思想，另一方面是行动。当二者相互融合、相互促进时，国家和社会呈现一种稳定发展状态；当二者出现矛盾、无法共存时，国家和社会便陷入动荡。如此看来，法治的政治价值基础研究必须兼顾政治史，这样才能在时间和空间上完整呈现近代法治的政治价值基础的全貌。

就时间方面而言，本研究采用绵延分析法。绵延是法国哲学家亨利·柏格森提出的概念。他虽然未对绵延作明确定义，但从其阐释中可知，绵延最大的价值在于区别时间与空间。在日常研究中，社会科学研究者常常混淆时间与空间，同时，研究者对这种混淆并无意识，进而造成研究工作本身走向歧路。亨利·柏格森提出绵延概念，进而厘清时间与空间的区别。他指出，绵延是一个过程，是深层次的心理状态互相渗透交融产生的意识状态，它们是陆续出现的，后一种意识状态与前一种意识状态没有必然联系，前一种意识状态不必然决定后一种意识状态的出现。真正的绵延存在于时间，但我们一般都把所经历的意识状态放置在空间中并用不同的概念来说明，从而以为这些意识状态是同时发生的，"绵延仅仅在不能自已运动的各原子上滑过而不起渗透作用和改变作用"①，因此形成表面的绵延。但表面的绵延错把空间当作时间，时间在表面的绵延中失去意义和作用。时间失去意义和作用后，并排置列在空间中的意识状态便混淆了过去、现在、未来。归根结底，真正的绵延是时间流逝过程中的意识状态的互相渗透，它们不是彼此分割的。在我们之外，表面的绵延，即空间，只有现在或共时性。简言之，通过绵延，我们厘清时间与空间；通过明晰时间与空间的界限，我们得以找到社会科学研究中的习惯性误区。这是绵延分析法。笔者将随着研究的深入而具体说明与解释绵延分析法。在此，笔者想说，只有在绵延中，法治思想最真实的价值、作用和意义才能展现出来。

就空间方面而言，本研究除兼顾政治思想史和政治史研究外，还将利用绵延理论指出因果决定论的缺陷，进而论证比较政治分析的不足。近几十年来，比较政治分析方法如日中天，研究者对质性与定量分析趋之若鹜。面对如此热闹的学术前沿，中国政治思想史研究者仿佛失去了话语权。他们试图把孔子、老子等先贤理论翻译成图表，形成统计数据，但往往铩羽而归。即便如金观涛、刘青峰等学者以 1.2 亿字的数据库为基础完成的《观念史研究：中国现代重要政治术语的形成》这样的呕心沥血之作，其形成的统计数据和图表固然价值重大，但其遗漏的或忽略的数据却正说明了比较政治分析方法的缺陷。该书附录 2 的《百个现代政治术语词意汇编》中竟然没有"法治"一词，这或许是现代技术掩盖历史真相的真实范例。笔者注意到，该书在统计这些政治术语时，主要关注其使用次数和使用次数出现高峰的年份，进而与该年份发生的重大事件进行匹配，考察"它和重大历史事件的关系"②。统计数据为何会遗漏"法治"这样的可以说是最重要的政治术语呢？一个合理的解释是：法治是当时文献中的低频词，或者是研究者心目中的低频词。遗漏低频词，在统计技术上可以接受，在定量分析方法中可以接受，但在社会科学实践中，尤其是涉及社会意识等价值层面的研究时，这样的遗漏也许会导致整个研究结果的失效。比较政治分析方法能够弥补统计方法上的不足吗？这完全是一种奢望。统计方法是比较政治分析的基础，后者的结论建立在前者所提供的数据之上，因此，同样的不足定会出现在比较政治分析方法中。查尔斯·

①　［法］亨利·柏格森. 时间与自由意志［M］. 吴士栋，译. 北京：商务印书馆，2018：115.

②　金观涛，刘青峰. 观念史研究：中国现代重要政治术语的形成［M］. 北京：法律出版社，2009：618.

拉金认为，这样的不足是因为"线性关系群分析与理论话语之间存在着基本失配"①。为解决这种失配，拉金教授提出了模糊集分析。模糊集分析通过对原因（条件）赋值，在形式上厘清了高赋值原因和低赋值原因的关系，强调了低赋值原因的存在价值。但模糊集分析是根据客观原因，采取主观赋值，仅在形式上有所改变，它并未改变比较定性分析本质上对原因（条件）的空间把握，更没有改变比较定性分析对"规律"的追求。

放弃寻找相关法治"规律"是本研究的一个重要研究方法，也可以说是本研究的一个重要研究特色。这里所说的规律，不是唯物辩证法三大规律。事实上，亨利·柏格森的绵延理论完全印证唯物辩证法三大规律，对此，笔者将在研究过程中深入论证。这里所说的规律是社会科学模仿自然科学方法而形成的因果决定论。持因果决定论的学者肯定这样的说法：同样的原因产生同样的结果。社会科学研究如以结果或效果为导向，大多从结果或效果角度，发现原因或条件，以满足因果律，进而上升为规律。西达·斯考切波教授采用比较政治分析方法完成了著名的《国家与社会革命》。她在研究过程中，从未停止对革命规律的追寻。但这些规律，与其说是规律，不如说是普遍的原因或条件。西达·斯考切波教授无法在法国、俄国、中国的革命中找到统一的规律，仅找到了所谓的普遍的原因或革命条件。即便是这些普遍的原因或革命条件，也只是排列在空间中的一些原因或革命条件，我们无法肯定它们是否准确反映了当时的历史和绵延。社会意识产生于绵延，在绵延中发展。社会革命的爆发是社会意识的暴力反映，也是法治无法束缚社会意识而导致的国家失败的结果。法治推动社会发展，国家得以正常运转；法治阻碍或破坏社会发展，国家终将失败。正如每个国家的革命起因大不相同，每个国家的法治也各有特色。法治不仅体现国家权力，也反映国家历史和文化。以近代中国为例，清王朝的法治无法满足20世纪初期的国家发展需要，清朝被迫交出政权。取而代之的民国政府虽然构建了较完整的模仿西方民主的政治制度，但其命运多舛，政府迭变，军阀割据，社会动荡。从法治角度看，民国的法治设计不是出自绵延，而是来自生硬模仿。这种生硬模仿的法治无法与绵延的社会意识相融合，无法未经普及教育过程而渗透进社会意识，国家和社会因此而陷入意识冲突。也许有人会问："这样的原因与结果不正说明有规律

---

① Preface, Charles C. Ragin. Fuzzy-set Social Science ［M］. Chicago：The University of Chicago Press, 2000：xiv.

存在吗?"恰恰相反。在这里,我们仅仅提到法治的空间概念,但法治受其政治价值原则制约,不同国家的法治的失败归因于不同的政治价值或政治价值组合的失败。因此,只有找到导致法治失败的政治价值或政治价值组合,才能对症下药,解决法治本身的问题。

第一章　绵延的法治

法治是人们既熟悉又陌生的政治学概念。这里特别强调法治是政治学概念，是刻意明确其与法学领域法治内涵的区别。这种明确不是内容的明确，因为内容是互相渗透的；这种明确是意义上的明确，强调的是法治的政治意义。在政治意义上，法治的目标是统治和治理，是长治久安，是政通人和。法治不仅仅与法律有关。法律是法治（思想）的产物，而非相反。

一、法治是政治学的固有概念

作为政治学术语的"法治"概念源自亚里士多德（简称亚氏）的《政治学》，可见，法治与政治学存在与生俱来的不可剥离的关系。亚氏为何要讨论法治？据其自称，是要为"最高治权寄托于什么"① 寻求最佳答案。最高治权寄托于人即为人治，寄托于法律即为法治。法治与政治学的关系正是起源于此。那么，亚氏是如何解释法治的呢？吴寿彭译版的亚氏《政治学》一书中，"法治"对应的英文词条有两个：the Rule of Law 和 Good Government。

The Rule of Law 直译为法律的统治。Rule 一词有多义，其中"统治"和"原则"二义为政治学常用。在亚氏时代，the Rule of Law 应直译为"法律的统治"。为什么是法律的统治？亚氏所谓的最高治权的寄托实际上是指国家的最高统治权交给谁：是人民还是法律？他把人分为三类，即群众（平民）、高尚人士（贤良）、全邦最好的人或僭主，分别代表多数统治、少数统治、一人统治。他认为，把最高统治权交给哪一类人"都

---

① ［古希腊］亚里士多德. 政治学 ［M］. 吴寿彭，译. 北京：商务印书馆，1965：147.

会发生不相宜的后果"。① 群众拥有最高统治权便会以神明和正义的名义，没收并瓜分富裕阶层的财物；僭主取得最高统治权也会发生与群众掌权一样的后果。贤良虽然不会没收和瓜分富裕阶层的财物，但其会牢牢把握权力，不让他人染指；全邦最好的人如果得到最高统治权，则会有更多的人得不到权位和荣誉，而且全邦最好的人也容易受到感情影响，无法形成良制。最高统治权不能交给人，那么就交给法律。可是"法律本身可以或倾向寡头，或倾向平民"，② 如果这样的话，法律的统治与寡头亲政或群众政治有何区别？经过深思熟虑，亚氏得出结论：一个恰当而又正义的合法的方式是"把公民大会、议事会和法庭所组成的平民群众的权力置于那些贤良所任的职司之上"，因为"所有参加这些审议机构的人们的集体性能原来就大于那些少数贤良所组成的最高（行政）机构，自然也大于他们各人的个别性能"。③ 由此，亚氏最终判定："最后的裁决权力应该寄托于正式订定的法律。" 而且，这个法律必须是"根据政体（宪法）制定的"，"符合于正宗政体所制定的法律就一定合乎正义"。④ 因此，亚氏便将统治权交与法律。他举例认为，在人人平等的城邦中，"同等的人交互做统治者也做被统治者，这才符合正义"。据此，他进一步指出："这样的结论就是主张以法律为治了，建立（轮番）制度就是法律。那么法治应当优于一人之治。"⑤ 这里的"法治"在英文版中对应的就是 the Rule of Law。⑥ 亚氏在分析平民政体的类型时，指出中产阶级的寡头政体具有统治上的优势。虽然他们有财产，生活无后顾之忧，但"也并不能终岁闲适，天天可以处理公务，所以他们都宁愿安于法治"。⑦ 英文译本的原文是"They must admit the rule of law"。⑧ 可见，亚氏的法治（the Rule of Law）就是法律的统治。

法治还指 Good Government，即好的统治方式（善治）。亚氏认为："法治应包含两重意义：已成立的法律获得普遍的服从，而大家所服从的法律又应该本身是制定得良好的法律。"⑨ "法治应包含两重意义"这句

① ［古希腊］亚里士多德. 政治学［M］. 吴寿彭，译. 北京：商务印书馆，1965：144.
② ［古希腊］亚里士多德. 政治学［M］. 吴寿彭，译. 北京：商务印书馆，1965：145.
③ ［古希腊］亚里士多德. 政治学［M］. 吴寿彭，译. 北京：商务印书馆，1965：150.
④ ［古希腊］亚里士多德. 政治学［M］. 吴寿彭，译. 北京：商务印书馆，1965：151.
⑤ ［古希腊］亚里士多德. 政治学［M］. 吴寿彭，译. 北京：商务印书馆，1965：171.
⑥ Aristotle, W. E. Bolland. Aristotle's Politics［M］. Oxford：The Clarendon Press，1908：139.
⑦ ［古希腊］亚里士多德. 政治学［M］. 吴寿彭，译. 北京：商务印书馆，1965：198.
⑧ Aristotle, W. E. Bolland. Aristotle's Politics［M］. Oxford：The Clarendon Press，1908：160.
⑨ ［古希腊］亚里士多德. 政治学［M］. 吴寿彭，译. 北京：商务印书馆，1965：202.

话对应的英文是"For there are two parts of good government"①。Government 有政府、政体、统治方式等义。Good Government 在此直译为"好的统治方式"。这种"好的统治方式"有两重意义：第一重意义是人的服从，即法律需要公民的普遍遵守；第二重意义是服从良法，即公民所服从的法律必须是良法。人的服从意指法律的强制性，良法则是指法律对（正义）原则服从的结果。言外之意，人民有权拒绝对恶法的服从，法律的制定一定要服从正义原则。这个含义便是现代法治概念之源。但是，Good Government 在另一处还被译为内治。关于人口数量与城邦的关系，亚氏认为，虽然有些人指出海上交通会促使人口增加，但"这终究有损于内治的安宁"。② 内治所对应的英文就是 Good Government。就法治一词而言，Good Government 虽然仍在使用，但远不如 the Rule of Law 那么普及和专业。如今，后者已经是政治学和法学公认且共用的学术术语。

如果说古代的法治以亚氏为祖，那么近代法治便以霍布斯为宗。

霍布斯从政治哲学角度阐述法治本身是什么。霍布斯身后有无数的美誉。美国政治学家列奥·施特劳斯称其为近代政治哲学的创始者，认为其政治哲学"就是通过这个作为道德原则和政治原则的'权利'观念，而最明确无误地显示它的首创性的"。③ 权利观念是霍布斯法治学说的基础。夏勇教授认为，霍布斯"提供了第一个关于法治的现代表述公式，按照这个公式，法治被看作是建立和维持治者与受治者之间的政治关系，以减缓人类对因暴力和非自然死亡而丧失尊严的恐惧的一种方法"。④ 这种政治关系和这种方法统统需要"关于正义与不义问题的法规"即法律来约束及维系。由于霍布斯的政治哲学乃从自然权利出发，故其对自然法和民约法（市民法）的关系有着更深层次的理解，而非仅通过民约法体现治者与受治者之间的政治关系一种维度。他认为，自然法在自然状态下只是正义、公道等道德，当国家成立后，自然法便成了实际的法律。"法律普遍来说都不是建议而是命令。"⑤ 在此意义上，自然法也就成了民约法。自然法的指令是正义，即"履行信约并将每一个人自己的东西给予他自己"，而一国之臣民又都订有服从国法的信约，因此，自然法是国法的一

① Aristotle, W. E. Bolland. Aristotle's Politics [M]. Oxford：The Clarendon Press, 1908：163.
② [古希腊] 亚里士多德. 政治学 [M]. 吴寿彭，译. 北京：商务印书馆，1965：364.
③ [美] 列奥·施特劳斯. 霍布斯的政治哲学 [M]. 申彤，译. 南京：凤凰出版传媒有限公司，译林出版社，2012：2.
④ 夏勇. 法治源流——东方与西方 [M]. 北京：社会科学文献出版社，2004：11-12.
⑤ [英] 霍布斯. 利维坦 [M]. 黎思复，黎廷弼，译. 北京：商务印书馆，1985：206.

部分，民约法"也是自然指令的一个组成部分"。由此可见，自然法和民约法不是两种不同的法律，"而是法律的不同部分，其中以文字载明的部分称为民约法，而没有载明的部分则称为自然法"。① 这个没有载明的部分就是法律所要遵循的自然法的权利原则，这个权利原则就是构成法律的"国家理性和命令"。② 霍布斯认为，立法者即主权者把国家理性和命令贯彻于法律之中，法官在裁判时应使判决与国家理性和命令相符。"这样一来，他的判决就成了主权者的判决，否则就是他自己的判决，同时也是不公正的判决。"③ 法官对法律的解释不能超越其内在的国家理性和命令，即不能超越自然指令，不能超越权利原则。这就是霍布斯法治的第二个维度。

霍布斯法治的第三个维度是解释者维度。法律的权威性由解释者体现，因此，解释者必须与主权者即国家意志一致。解释者违背国家意志，"解释者就变成立法者了"。④ 所有法律都需要解释，无论是成文法还是不成文法。自然法是不成文法，但其不必然成为法律。"伦理道德虽然天然是合乎理性的，但唯有通过主权者才能成为法律。"⑤ 如何通过主权者呢？解释者在解释自然法的过程中必须遵循自然理性和公道，只有这样，解释者的解释才是主权者权力下的解释，此解释才是主权者的解释。解释者一般指法官，他们是法治的贯彻者，也是法治的操作者，他们的贯彻和操作必须符合国家意志。法治体现着国家意志，这是政治哲学对法治的要求。

从古代到近代，法治一直是政治学和政治哲学关注的重要课题。从亚氏到霍布斯，法治概念在绵延中发生了性质的变化。也就是说，亚氏与霍布斯所说的"法治"在内涵上已经是两个不同的概念，但同一个词语"法治"仍在使用。这是社会科学研究常见的现象：同一词语对应不同的概念。这种现象再次出现于近代"法治"概念上。

二、法治的要义须以政治学诠释

法治，英文为 the Rule of Law，由黄遵宪在《日本刑法志序》中译为

---

① ［英］霍布斯. 利维坦［M］. 黎思复，黎廷弼，译. 北京：商务印书馆，1985：208.
② ［英］霍布斯. 利维坦［M］. 黎思复，黎廷弼，译. 北京：商务印书馆，1985：210.
③ ［英］霍布斯. 利维坦［M］. 黎思复，黎廷弼，译. 北京：商务印书馆，1985：210.
④ ［英］霍布斯. 利维坦［M］. 黎思复，黎廷弼，译. 北京：商务印书馆，1985：214.
⑤ ［英］霍布斯. 利维坦［M］. 黎思复，黎廷弼，译. 北京：商务印书馆，1985：215.

现名。李贵连教授等认为，法治是中国传统术语，乃是不得已"被近代翻译者用来指称西方法文化中的 the Rule of Law"。① 法治应回归其英文本义即"法的原则"，或为尊重习惯，仍沿用法治一词，但请铭记法治是法律所服从的原则。《牛津法律大辞典》这样解释"法治"：法治（the Rule of Law）是"一个无比重要的、但未被定义、也不是随便就能定义的概念，它意指所有的权威机构，立法、行政、司法及其他机构，都要服从于某些原则。这些原则一般被看作表达了法律的各种特性，如正义的基本原则、道德原则、公平和合理诉讼程序的概念，它含有对个人的至高无上的价值观念和尊严的尊重"。②

因此，法治是万法的原则，是万法都须服从的原则。据《牛津法律理论词典》的解释，法治"这一理念具有多方面的含义，不同的评论者强调的重点也不同，但他们都倾向于包括如下内容：行为的标准应该能约束所有人，包括最有权力的人；规则在实施时应与其含义保持一致；规则应该公开颁行；规则应该语言明确；规定不能无法遵守"。③ 夏勇教授就是从宪法背后的根本法则入手，认为根本法则之所以有最高权威，"乃是因为它体现基本价值。这种基本价值的核心，不仅是人本的，即一切为了人，为了一切人，而且是自由的，即维护人的尊严与福祉。这一基本价值也是普遍道德。根本法则是普遍道德的抽象形式，并因此成为普遍规范"。④ 他认为，宪法的根本法则应该遵循三个原则：以人本和自由为核心的价值原则、人民主权即政治原则、程序正义即程序原则。夏勇教授认为，此三原则"是根本法之根本，是宪法本身合法化的基本要素"。⑤ 但令人奇怪的是，夏勇教授并未把这三原则背后的根本法则称为"法治"。他说："这样的法则叫什么，在很大程度上，是个修辞策略的问题。我们可以称之为'客观法''自然法''最高法''天法'，也可以称之为'共

① 李贵连，李启成. 法治（Rule of Law）还是治法——近代中国法治的一点思考［C］//北京论坛（2004）文明的和谐与共同繁荣："法治文明的承继与融合"法律分论坛论文或提要集，2004.

② ［英］戴维·M. 沃克. 牛津法律大辞典［M］. 北京社会与科技发展研究所，译. 北京：光明日报出版社，1988：790.

③ ［美］布莱恩·H. 比克斯. 牛津法律理论词典［M］. 邱昭继，等，译. 北京：法律出版社，2007：207.

④ 夏勇. 中国宪法改革的几个基本理论问题［M］//俞可平，Arif Dirlik. 中国学者论民主与法治. 重庆：重庆出版社，2008：187.

⑤ 夏勇. 中国宪法改革的几个基本理论问题［M］//俞可平，Arif Dirlik. 中国学者论民主与法治. 重庆：重庆出版社，2008：189.

识'‘基本原则’‘宪政观念’‘道统’‘天道’等。"① 如果把夏勇教授的说法与《牛津法律大辞典》关于"法治"的解释相比对，会发现前者所说的三原则，后者均提到过。因此，夏勇教授的三原则背后的根本法则就是《牛津法律大辞典》所说的"法治"。请注意，夏勇教授的"根本法则"和李贵连、李启成的"西方法文化"似乎都在刻意拉近法治与法学的距离。但如果把根本法则的三原则说成是法治的三原则，那么，法治的这三个原则在本质上都与政治学有关。

先说价值原则。以自由为例，价值原则实际上是政治价值原则。自由是政治学和法学共用的概念，但此处的自由并非指不受法律束缚的状态，而是指不受干涉的消极自由和我之为我的积极自由。只有政治观念上的自由，才有价值意义。作为万法所服从的价值原则，自由为古今几乎所有著名政治思想家所信奉。托马斯·阿奎那强调人须接受自然法、人法、神法的三重支配，因为"神的法律是不可能发生错误的"。② 他认为信奉基督教的教徒仍有服从世俗君主（人法）的义务，但是"一个人为此而受制于另一个人的奴隶状态，只存在于肉体方面而不存在于精神方面，因为精神始终是自由的"。③ 萨拜因称其为灵魂自由。霍布斯则从自然法和民约法关系角度，阐述"权利就是自由，也就是民约法留给我们的自由。民约法则是一种义务，它取消了自然法赋予我们的自由"。他认为，自然法赋予我们保卫自己的先发制人的权利，但"民约法却在一切法律的保障有恃无恐的地方都取消了这种自由"，因此，霍布斯总结道："权利与法律的不同正和义务与自由的区别一样。"④ 显而易见，霍布斯的民约法约束着自然法赋予我们的积极自由，以保障人人都有不受干涉的消极自由。可见，价值原则如果不从政治学意义上理解，便无法指导法律的应用和解释。

再说政治原则。如果政治原则对应的是人民主权，那么政治原则就是政治制度原则，其根本所指乃在国体。毛泽东说："这个国体问题，从前清末年起，闹了几十年还没有闹清楚。其实，它只是指的一个问题，就是社会各阶级在国家中的地位。资产阶级总是隐瞒这种阶级地位，而用

① 夏勇. 中国宪法改革的几个基本理论问题 [M] //俞可平，Arif Dirlik. 中国学者论民主与法治. 重庆：重庆出版社，2008：188.
② [意] 阿奎那. 阿奎那政治著作选 [M]. 马清槐，译. 北京：商务印书馆，2009：111.
③ [意] 阿奎那. 阿奎那政治著作选 [M]. 马清槐，译. 北京：商务印书馆，2009：153.
④ [英] 霍布斯. 利维坦 [M]. 黎思复，黎廷弼，译. 北京：商务印书馆，1985：225.

'国民'的名词达到其一阶级专政的实际。"① 人民当家作主则是人民主权的体现，也是人民在国家中的地位的体现。当然，宪政并不限于人民主权。因此，就中国而言，宪法的根本原则的政治原则是指人民主权，但如果放大到任一宪政国家，其所指便不确定。也就是说，由政治原则可以窥见法治的普适属性。

最后说程序原则。程序原则强调的是程序正义。对正义的理解，各个时代的政治学家并不一致。亚氏认为正义即平等。霍布斯的正义是遵循国家意志："一切不违反道德法则的事物，也就是不违反自然法的事物，国家以法令宣布为神律时，所有的臣民便都必须当成神律服从。"② 程序正义防范的是法律解释者违反国家意志，使自己从解释者一跃成为立法者。解释者成为立法者，国家意志便无法得以履行，程序正义也就无法实现。

三、法治是政体的价值适用和评判工具

政治学或政治哲学主要研究政治价值观念与国家或社会的关系以及融合问题。政治价值观念是否适合一个国家或一个社会，一个国家或一个社会如何适应某种政治价值观念，都要通过政治价值观念的载体——法治来完成。法治为何有此神通？这得从法治为何是政治价值观念的载体说起。

政治价值观念包括人的天赋权利，也包括事实上的权利。天赋权利人人拥有，但事实上的权利产生于社会秩序，社会秩序受法律约束，法律服从法治。政治哲学研究天赋权利，政治科学研究事实上的权利。天赋权利是指人人平等地拥有自由权利，它可以是法治所遵循的原则。现代法治并非法律的同义语。潘维说："法治（rule of law）的定义非常简单，即以现有的法律来治理国家。"③ 这个结论得到很多学者的认可，它或许是法治相关问题远离政治学研究视域的一个肇始。但法治至晚从霍布斯时代起，便已摆脱单纯地对法律的服从，而转向对国家意志的遵循。现代法治更是对价值原则的服从，价值原则是纲，纲举目张。再者，无论哪个国家的现有法律都无法全部涵盖所有必需的法律主张，成文法必须以不成文的自然法为补充，而法治所遵循的原则便包括自然法的价值观念。

---

① 毛泽东. 新民主主义论［M］//毛泽东选集·第2卷. 北京：人民出版社，1991：676.
② ［英］霍布斯. 利维坦［M］. 黎思复，黎廷弼，译. 北京：商务印书馆，1985：224.
③ 潘维. 法治与民主迷信［M］. 香港：香港社会科学出版社，2003：5.

政治价值观念也可以是等级或专制等观念。法治的理念是开放的，它并不天然地与善政为伍。这就是为什么可以有社会主义法治，也可以有资本主义法治。如果忽略了法治的这个属性，就会形成对法治的偏颇理念，以为法治必然向善。如今，世界上绝大多数国家已经实行宪政，但它们当中的某些国家仍处于等级或专制的社会制度下，其国家的法治当然以等级或专制为原则。如印度，虽然该国在政治上已经是民主国家，但传统种姓制度的存在，使其法治必须遵循等级的原则。

由此可见，法治作为政治价值观念的载体，不仅可以承载自由和平等，也可以承载等级和专制。因此，某国适用何种政治价值，可从法治得出评估结果。

法治如何评估政治价值的适用性？作为政治价值的载体，法治不会承载超出国家意志的内容。在此意义上，政治价值是国家意志的标尺，政治价值必须符合国家意志的一切需要。国家意志可以是一人、多人、多数人的意志或者一党、多党的意志。一般来讲，国家意志是一个人的意志，相对应的政治价值就是专制，相对应的政体就是独裁。独裁国家的法治须服从专制原则。法治的价值原则对应的是政体，因此独裁国家的政体须服从专制原则。国家意志是多人的意志，相对应的政治价值就是等级，相对应的政体就是贵族政体。贵族政体的国家法治须服从等级原则，即其政体须服从等级原则。国家意志是多数人的意志，相对应的政治价值就是平等和自由，相对应的政体就是共和政体。共和国家的法治须服从平等和自由原则，即其政体须服从平等和自由原则。因此，法治作为政治价值的载体是通过政体来展示其适用性的。

法治所承载的政治价值最终必然贯彻到政体本身。法治作为政治价值的载体，拥有评估政治价值适用性的能力，最终的目的是与政体结合，使政体在时间中融入法治精神。毛泽东说："所谓'政体'问题，那是指的政权构成的形式问题，指的一定的社会阶级取何种形式去组织那反对敌人保护自己的政权机关。"① 一句话，政体就是国家政权的组织形式。政体包括国家结构形式和国家管理形式两方面。具体来讲，政体包含着《牛津法律大辞典》所说的"所有的权威机构，立法、行政、司法及其他机构"。这些机构必须坚定地与法治为伴，接受法治精神的指导并准确无误地贯彻国家意志。也就是说，法治精神和原则一定要注入国家政权的组织形式之中。只有这样，政体的运行才能始终与国家意志保持一致。在此意

①   毛泽东. 新民主主义论［M］//毛泽东选集·第 2 卷. 北京：人民出版社，1991：677.

义上以及在普遍的意义上，法治超越法律。政体的角色是法律的创立者、解释者、执行者，政体本质上是超越万法的，因此，依法治国与法治相比是较低层次的目标。法治的根本目标是把国家意志贯彻到政体，使立法者、司法者、执法者、行政者均以国家意志为自己的意志，这也是国家之所以为国家的最内在的安排。这是一种时间安排。由此，我们确定，法治是政治学的重要研究内容。而且，就国家之所以为国家而论，法治或可称为政治学最重要的研究内容之一。

法治精神确保政体权力分立但不对立。国家意志是唯一的亦是最高的，法治以贯彻国家意志到政体为根本目标，就是要把国家意志的唯一性和最高性融入政体，以保证组成政体的各个要素和环节都遵循国家意志。立法、行政、司法三权分立是资本主义国家如美国构筑国家机构体制的原则，但是，三权分立常见，可为何不见分立了的三权形成对立之势呢？一直以来，学界普遍认为资产阶级政党轮流执政是保证三权分立但不对立的原因，或者认为是美国宪法保证了其和平分立。其实还有一个最根本的原因。由于政党掌权后要依据宪法执政，而立法者对宪法享有解释权（修宪），因此，宪法不可能是三权分立不对立的保证。准确地讲，是法治把美国的国家意志贯彻进了三权分立原则，令三权必须遵循统一的国家意志。三权分立原则遵循了统一的国家意志，因此三要素之间虽然在形式上分立，但实质上从未真正的对立。在此意义上，朱光磊先生认为，三权分立原则"归根结底是资产阶级的上层建筑"。①

可见，法治对政治和政治学来说无比重要。那么，法治对法学有何作用呢？政治学研究法治的原则，法学用此原则指导自身的理论研究和实践，应该说，法治是政治学与法学之间的纽带，或者说，法治是政治与法律之间的纽带。

四、法治是政治与法律之间的纽带

政治与法律如何结合，如何把政治思想和原则贯彻入法律之内，大约是所有国家（统治阶级）的首要大事。这件首要大事需要法治来完成。

政治规范了法治的原则。政治的内容是统治，统治的抓手是法治。政治通过对政治价值的梳理，把适合本国的最根本的政治价值赋予法

---

① 朱光磊. 政治学概要［M］. 天津：天津人民出版社，2008：220.

治，使之成为法治所服从的原则。法治遵循其所服从的原则，参与国家统治，使国家从统治到治理，无不渗透着法治原则。法治是普适的，法治的具体原则并非固定不变的，它须与国家具体的政治制度相匹配。一个国家秉持怎样的法治思想，便有着怎样的政治制度，便会有怎样的法治。法治作为统治的抓手，向下传递和维护着国家意志。所谓向下，其客体不仅指广大人民，还指各级国家权威机构。每一级、每一层政府机构都要遵循法治的原则落实国家意志。国家意志或许是除领土、人口、主权之外的国家的第四个要素。一个国家的内在凝聚力完全依靠国家意志的落实，而这一落实是通过贯彻法治来完成的。美国对外强调美国利益优先与对内强调人权保护，是其国家意志的逻辑传递，是法治原则在其政治制度内运行的具体结果。中国对外强调和平发展，对内谋求中华民族伟大复兴，是四项基本原则和社会主义核心价值观等法治原则所形成的具体国家意志。这些具体国家意志必须遵循前述法治原则，它们是法治原则的产物。而法治原则是政治的产物，没有政治规范法治原则，便无法形成国家意志。没有国家意志，国家仅具备三要素，则是一个静态的国家。

政治规定着法治适用领域。法治不仅有需要服从的原则，还有需要适用的领域。由于法治传达的是国家意志，因此，国家意志所及的范围都是法治所适用的领域。一国的法治在此范围内的所有活动都须符合国家意志。国家意志有时会超越法律，甚至违反法律，但对法治而言，这些都是可以理解的，都是正当的。国家意志是法律至上观的否定，同时，法律保障国家意志的履行。法治的领域可以是政体等有形权威机构，也可以是国家参与的国际组织，还可以是无形的意识形态，总之，只有通过法治才能把国家意志贯彻下去。政体和国际组织要服从法治原则，遵守国家意志，这是有形的存在，而意识形态遵守法治原则则是无形的存在。"意识形态是一系列人们判定、解释和证明有组织社会行为的目的和手段的观念，但与这样的行为是否意在保持、修正、铲除或重建一个既定的社会秩序无关。"[1] 党的十九大报告多次强调意识形态工作，要求全党深刻领会新时代中国特色社会主义思想的精神实质和丰富内涵，敦促全党坚持社会主义核心价值体系，"必须坚持马克思主义，牢固树立共产主义远大理想和中国特色社会主义共同理想，培育和践行社会主义核心价值观，不断增强意

---

[1] Martin Seliger. Ideology and Politics [M]. London: George Allen & Unwin Ltd, 1976: 14.

识形态领域主导权和话语权"。① 报告清晰阐述了作为法治原则的社会主义核心价值观与意识形态之间的关系，法治原则与意识形态在国家意志下互为条件。有什么样的国家意志，就有什么样的法治原则与意识形态。

法治约束着法律。法律不是凭空而来的，它必须遵循一定的原则，这个原则就是法治所服从的原则。从这个意义上讲，依法治国只包含了法治与法律的关系，而更深层次的法治与政治的关系却未涵括在内。因此，如果把依法治国理解为法治的全部意义，那么，法治仅仅是单薄地依法律条款治国，其更重要的贯彻国家意志的内涵则未予体现。任何一个国家都无法单纯依靠法律贯彻国家意志，即便这个法律是宪法。美国当代宪法学大师劳伦斯·却伯认为，宪法之外还有"看不见的宪法"。所谓"看不见的宪法"，是指宪法的"主要框架"和"它所包含的结构性理念，它在历史进程中特有的演进和变革方式"以及"与它相关的诸种价值"。② 可见，却伯先生所说的"看不见的宪法"实际上与法治有很大的共享空间。中国有着自己"看得见的宪法"。党的十九大报告明确要求全党坚持四项基本原则，同时习近平新时代中国特色社会主义思想明确中国特色社会主义最本质的特征是中国共产党领导，中国特色社会主义的最大优势是中国共产党领导。党作为最高政治领导力量，领导中国的一切。这些政治原则往往通过"看得见的宪法"，与法治一道，贯彻于中国法律体系。

法治为法律提供支撑。法律无法自运行，它必须依靠国家权威的护佑。哈贝马斯认为，执法和立法的"事实性约束力"都是来自"在法律媒介中已经预设了的政治权力"，同时，"国家的制裁权力、组织权力和行政权力本身必须通过法律的渠道"。他称这种观念为"法治国的观念"。③ 法治国观念有两层意义：政治权力为执法和立法提供事实性约束力就是为法律运行提供保障；国家权力必须通过法律渠道履行，也就是权力必须受到法律约束。就后者而言，换句话说，就是政治权力"必须在同法律的联系中而取得合法性"。④ 然而立法者总是先于法律而存在，在这个意义上，法律无法约束立法者，立法者的合法性并非来自"同法律的联系中"。那么，立法者或政治权力的合法性来自哪里？就民主国家而

①　习近平总书记在中国共产党第十九次全国代表大会上的报告，2017 年 10 月 18 日。
②　[美] 劳伦斯·却伯. 看不见的宪法 [M]. 田雷，译. 北京：法律出版社，2011：43.
③　[德] 哈贝马斯. 在事实与规范之间——关于法律与民主法治国的商谈理论 [M]. 童世骏，译. 北京：生活·读书·新知三联书店，2003：165.
④　[德] 哈贝马斯. 在事实与规范之间——关于法律与民主法治国的商谈理论 [M]. 童世骏，译. 北京：生活·读书·新知三联书店，2003：170.

言，这种合法性来自法治所服从的政治自由原则。萨托利认为，宪政国家"是政治自由支撑着法制①，而不是相反"。②法制不同于法治。前者是实然的存在，后者是应然的价值原则。后者统摄前者。民主宪政国家法治所遵循的原则是政治自由，按照萨托利的理解，政治自由是所有自由的前提条件。政治自由的存在是法律制度和法律秩序存在的前提，因为没有政治自由，立法、执法、司法过程便失去了可供监督的透明度。

　　总之，法治是政治与法律之间的纽带。法治理论产生于政治或政治学，应用于法律或法学。从中国共产党十八大报告和十九大报告来看，中国政治始终重视法治，重视法治国家、法治政府、法治社会的建设。忽视法治的不是中国政治，而是中国政治学。政治学研究的是国家和统治的问题。如果政治学忽略了作为国家统治抓手的法治，没有及时提供法治最适合的理论资源，试想，法学如何有能力独自完成这块本属于政治学的理论工作？如果说法治是一条纽带，那么政治学和法学需要共同缝制。政治学研究法治，还须跟随新时代中国政治的前进步伐。中国政治层面对社会主义法治建设的贡献已经超越中国政治学界所应做的贡献。

五、法治是绵延的存在

　　笔者已经就"法治"概念进行了比较全面的解释。按照以往的研究方法，笔者的研究应该在这里进入正题。但现在却完全不同了。笔者接受了绵延概念，采用了绵延分析法，因此，笔者要在此解释绵延与时空，进而阐释绵延分析法的基本内涵，以及为什么法治是绵延的。

　　我们已经习惯于把空间作为解释概念的唯一媒介。从亚里士多德的"一切物体都是在空间里的"③观念产生起，空间就成为时间。空间成为时间，给社会科学研究带来极大方便，同时，也掩盖了无数问题。受语言

---

① 《辞海》中的"法制"有三种含义。最广义的泛指国家的法律与制度，法律包括成文法与不成文法，制度包括依法建立起来的政治、经济、文化等方面的各种制度，其中也包括法律制度。较狭义的指统治阶级按照民主原则把管理国家事务制度化、法律化，包括法律制度与法律秩序。最狭义的仅指法律制度，即法律制度的简称。在我国，通常以较狭义的用法为主。参见：辞海编纂委员会．辞海［M］．上海：上海辞书出版社，2002：417.

② ［美］乔万尼·萨托利．民主新论［M］．冯克利，阎克文，译．上海：上海世纪出版集团，上海人民出版社，2009：358.

③ ［古希腊］亚里士多德．物理学［M］．张竹明，译．北京：商务印书馆，1982：82.

自身的局限，社会科学的概念遭到固化。人们发现固化的问题，便试图为旧概念增加一些新内容，但仍然使用原先的概念表述，这样便产生了混淆。至今，社会科学研究一般都是先厘清概念，然后才做论述。我们已经习惯于此，并且认为这是社会科学研究的一个必要步骤，却从未想过这是一个问题。这个问题便出自我们把空间看作时间。一旦概念在空间中给出，从理论上讲，其含义便无法再变化。如果发生变化，此概念便是彼概念。但事实是，人是变化的，社会是变化的，万事万物都在变化中。于是，随着时间流逝，一个概念不断被丰富，但永远也不会完整。亚氏给予法治两个概念，一个是法的统治，一个是好的统治方式（善治）。这两种解释为后人提供了理论边界，但随着霍布斯政治哲学的出现，这个边界被打破了。霍布斯的法治与亚氏的法治是两个彻底不同的概念，但受语言局限，法治一词依然继续使用。此后，政治学家和哲学家不断为法治增加新的内涵，但始终使用同一个词。在《论语》中，孔子提到过100多处"仁"，为"仁"作过100多次解释，但从未单独给"仁"下个定义。以至于后人曾试图用一句话定义"仁"，但却始终无法涵盖孔子的全部"仁"观念。有人甚至就此认为中国传统文化相比西方是落后的。因为最晚从柏拉图时代起，西方学者便知道以概念为中心论述问题。孔子的做法真的落后吗？非也。孔子的做法是在真正的绵延中阐释道理。

法治是绵延的，我们不能在空间中描述它。中国法治的历史源远流长，有关法治的史料文献极其丰富。我们能够在史料和文献中找到法治发展的时间轴，并重构法治历史的绵延。可是，我们对某一朝代法治关注时，往往会把空间变为时间。在空间中，我们会把某一个朝代的法治当作孤立的事物看待，尽管口中念着秦规汉随，但落笔却仅及一个朝代。这是因为，我们把发生在时间中的朝代兴替看作"不陆续出现，而彼此有别"，"彼此有别就是指后一种出现时前一种已经不存在的意思"。[①] 彼此有别发生在空间中。朝代总是陆续出现的，秦规汉随即指时间中的继承。法治是国家意志的反映，是社会意志的反映，也是人的意志的反映。对于君主专制社会，不同统治者有相同的法治取向，同一统治者在不同时期会有不同的法治取向。因此，我们总能看到一些盛世明君，也会看到一些乱世昏君。无论盛世乱世，无论明君昏君，法治始终存在，一直绵延。法治的绵延发生在国家、社会、人民三方意志的互相融合与渗透中，这种互相

---

① ［法］亨利·柏格森. 时间与自由意志［M］. 吴士栋，译. 北京：商务印书馆，2018：170.

融合与渗透是国家前进的推动力。三方达成妥协，法治便走向积极发展的方向。如果一方意志没有得到满足并与其他两方产生冲突，正常运行的法治便会发生变化。这种变化的方向和强度取决于冲突解决的有效性、法治政治价值的履行程度、法治漏洞的修补效率。一般来讲，基于法治的冲突源于法治的政治价值的失效或缺位。而这种失效或缺位则要在绵延中才能被发现。在绵延中，国家、社会、人民的意志互相融合渗透，即便出现政治价值的失效或缺位，法治的绵延也不会停止。

法治是绵延的，因此国体政体才具有多样性。不同的国体适用不同的法治，不同的政体可以适用同样的法治。亨利·柏格森认为，绵延是"一种性质式的众多体"。① 就法治而言，其性质式的众多体就是互相渗透、互相融合的政治价值。互相渗透和融合的每一种政治价值都能够代表法治全部，法治因此具有多样性。国体是指"社会各阶级在国家中的地位"。② 就此而言，国体暗含了君主专制、贵族统治、国民平等、人民专政等多种类型，不同类型的国体便注定拥有以不同政治价值为基础的法治。请注意，我们刚刚是在空间中排列出了国体类型，站在空间的角度看，国体一旦确定便固定在那里，不会改变。于是，即便我们在时间流逝中，看到了国体性质的变化，我们也不敢确定这样的变化。因为一旦我们宣布发现了这样的变化，我们对国体的分类便失去理论支撑。这样，我们再次回到空间中，依然依靠不变的分类，空间被当作时间。绵延的法治始终在变化发展中，一国国体的性质也在这变化中发生改变。这种改变会体现在政体上。毛泽东说，政体"那是指的政权构成的形式问题，指的一定的社会阶级取何种形式去组织那反对敌人保护自己的政权机关"。③ 毛泽东秉持实践论。在革命年代，毛泽东始终以矛盾运动观点来分析阶级和阶级变化。中华人民共和国成立以来，马克思主义中国化的实践驱动中国法治的政治价值基础不断进步。从单纯的阶级斗争，到以人为本，到以人民为中心，再到"一个都不能少"；从阶级，到人民，再到人；从强调阶级斗争，到社会平等，再到人的全面发展。宪法规定的人民代表大会制度的政体表述没有变化，但其内涵已经在绵延中发生了巨大改变。理解了绵延这个特性，回头再看西方民主政体存在的总统制、内阁制、总统—内阁混合制三种分权和制衡原则下的体制，我们更能体会它们是绵延的产物，

① ［法］亨利·柏格森. 时间与自由意志 ［M］. 吴士栋，译. 北京：商务印书馆，2018：169.
② 毛泽东. 毛泽东选集·第2卷 ［M］. 北京：人民出版社，1991：676.
③ 毛泽东. 毛泽东选集·第2卷 ［M］. 北京：人民出版社，1991：677.

而不是空间划一的作品。我们只能用绵延的多样性解释分权和制衡原则下的政体的多样性。如果没有绵延理论，我们看到的政体差别只"在于各个要素之间不同的组合方式"，"在于贯彻这一原则的程度和方式有所不同"。① 朱光磊先生虽然是在空间中作出解释，但"组合方式""程度和方式"已经含有绵延之意。空间中的物体并排置列，彼此独立，政体各要素发生组合不会在空间中，只能在时间中，即真正的时间——绵延中。

法治在自由中绵延，因此，法治不仅遵循国家意志，而且更要符合一国的社会政治文化传统。这里的自由不是指政治上的自由，而是指运动方向上的自由。这种自由不是近代西方的"天赋"自由，也不是现代宪政所赋予公民的自由权利，而是在社会历史绵延过程中自然生成的一种社会自由意识。它不惧怕任何威权的束缚。威权强大时，它是星星之火；威权如强弩之末时，它可以燎原。暴君放伐理念是这样一种社会自由意识。它最早出现于《尚书》，是一种天命观。孟子以武王伐纣是"诛其君而吊其民，若时雨降，民大悦"②，遂转天命观为革命的人民选择权。在春秋战国时期，人民的自由选择权在空间上可分为两种：选择天子权和选择诸侯权。后者有三种选择：留守忍受、自愿离开、革命反抗；前者有两种选择：留守忍受、革命反抗。可见，人民面对无法忍受的诸侯国君，可以一走了之，使邻国之民增加，直到万不得已，才会选择革命。不过，人民面对一统天下的天子则无从逃避，只有忍受和革命两个选项。因此，天子不行王道仁政，相对来说，天子自身的生存空间和时间都非常有限。天子、诸侯国君行王道仁政，人民便会选择留下。难怪梁惠王慨叹："察邻国之政，无如寡人之用心者。邻国之民不加少，寡人之民不加多，何也？"③春秋时期的国君无力阻止人民自由迁徙，便向思想家请教治国方略。儒家答以"仁""礼"，法家答以"礼""法"，目的均为维持国家稳定，以价值选择的确定性应对人民革命选择权的不确定性。德治是最好的诠释。

六、古代的德治与现代法治

以德治为例，两千多年前，董仲舒提出"德治"以约束君主权力。

---

① 朱光磊. 政治学概要 [M]. 天津：天津人民出版社，2008：221.
② 《孟子·梁惠王下》。
③ 《孟子·梁惠王上》。

德治在此意义上，就是一种价值原则。董仲舒言："国之所以为国者，德也；君之所以为君者，威也。故德不可共，威不可分。"① 这里的"德"按照今天的语言习惯来解释，就是法治的价值原则。"德共则失恩"，"失恩则民散"，"民散则国乱"，因此，国君要"固守其德，以附其民"。② 这里的"德"一般解释为道德。其实，这里的"德"不是今天通俗意义上的道德，而是指"善教""施惠"，是与天地之大德并行的人间存在的所有美好。就国家而言，"德"是其所拥有的全部社会政治资源；就君主而言，"德"是其行使分配这些社会政治资源的权力时所依据的价值原则。于是，董仲舒言："所好多，则作福；所恶多，则作威。作威则君亡权，天下相怨；作福则君亡德，天下相贼。"③ 进而，他提出"以和为德，常尽其下，故能为之上"④ 的解决此难题的方法。

从绵延角度看，董仲舒的德治就是今天意义上的法治。最初，德与法是两个完全不同的概念，"阳为德，阴为刑"⑤。由于双重的语言局限，德治和法治均被泛化，其内涵逐步走向狭隘，与原意大相径庭。第一重语言局限发生于汉语言的演变过程中，"德"与"道"本分指两物，如董仲舒提出的"道不能正直而方，则德不能匡运周遍"⑥，"德莫大于和，而道莫正于中"⑦。但是，语言在绵延中泛化了德的含义，最后将其与狭义的道德等同。第二重语言局限发生在近代西法东渐时期，"the rule of law"被译为"法治"。法治一词为中国固有，本义为"依法治国"，也就是亚里士多德所言之"rule by law"。这样的翻译未能突出该词"法律的原则"的本义，而且"法治"在古代中国文化中的原义始终困扰着人们，即使在今天，即便在今天的学界，"法治"与"法制"也常常被混淆。在混淆之余，德治概念似乎变得多余，对德治的"德"的理解越来越庸俗化为"道德"，学界越来越倾向于认为儒家的德治乃专为约束君主行为和个人品德而阐发。于是，古代中国没有西方意义上的"法治"几乎成为定论。幸好，历史记录了真正的绵延。在绵延中，我们看到"德"一次次地被置于空间中，与道德等同；我们能够回看到"德治"一次次地被置于空间中，与约束君主权力的方式等同。但历史不会掩盖德治的"法治"本

---

① 《春秋繁露·保位权第二十》。
② 《春秋繁露·保位权第二十》。
③ 《春秋繁露·保位权第二十》。
④ 《春秋繁露·立元神第十九》。
⑤ 《春秋繁露·阳尊阴卑第四十三》。
⑥ 《春秋繁露·深察名号第三十五》。
⑦ 《春秋繁露·循天之道第七十七》。

义，绵延会为它作证。在绵延中，我们找到了中国的"法治"——德治。

写到这里，结论已经给出，但略显意犹未尽：这个结论与学界传统观点均不同，如何能服众呢？首先必须声明，社会科学领域的思想、观点和理论鲜有能够得到一致肯定和信服的。唯物辩证法的三大规律能够完美解释这个现象。说回德治，为何关于这个概念会有如此多的争议（很多古代概念均如此）？简言之，古代中国思想家（如孔子）只为概念做绵延的解释。所谓绵延的解释，是运动的、矛盾的、过程中的、属于真正时间的解释。以"德"为例，孔子言"为政以德""道之以德""君子之德"，"德"出现之处不同，含义也不同。这样的表述方式给东汉包咸、郑玄以降的学者造成很大的困惑，同时，也给他们提供很大的想象空间。但这些学者的想象力仅发生在空间中，因此，他们在解释"为政以德"时，"就出现'德治'和'无为'两种意蕴"。[1] 这两种意蕴绵延至今，学界演变出三种主要观点：第一种是所谓共识的观点，即"德"就是"德治"；第二种以陈来先生为代表，主张"为政以德"的"以德"是指"道德教化和道德表率"，不是"泛指统治者以道德治理国家"，而是"特指为政者以自己的道德作为民众的表率"；[2] 第三种以喻中先生为代表，主张"为政以德"的"德"是"无为"。[3]

第一种观点的错误在于泛化"德"为狭义的道德，进而强调道德在国家统治过程中的重要性，从而得出统治者、官僚、人民均应遵守道德并受道德约束的结论；第二种观点的错误在于泛化"德"为狭义的统治者的道德，认为"以德"就是要求统治者做道德教化和道德表率。这两种观点皆先入为主地把"德"解释为"道德"，而忽视了最晚至董仲舒时期"道"与"德"始终是两个独立概念的事实。东汉包咸虽然肯定"德谓道德"，但东汉包咸距西汉董仲舒又过百余年，而后者的解释更接近先秦儒家。

第三种观点最接近绵延。喻中先生肯定"无为"之说，且反复申明解释须符合"孔子的原意"，并引用美国历史学家达恩顿的观点，强调"最好用人类学的方法来解读古人"。[4] 这个思路是不错的，但问题是：我

们回到的是真正的绵延还是表面的绵延？我们所引用的古人注释是否是曾经的表面的绵延，曾经的空间解释？喻中的解释依据来自东汉郑玄与张舜徽的《周秦道论发微》。这样的解释依据很难被认为是回到了古人真正的表述。况且，无为乃道家主张，即便孔子曾经说过"无为而治者，其舜也与"①，也不能代表儒家是以"无为"为政治主张的，否则，儒道便混为一谈了。清代毛奇龄的《论语稽求篇》指出，"包氏无为之说，此汉儒掺和黄老之言"。②此论关注道家思想影响汉代社会政治生活的历史背景，正中鹄的。事实上，早在宋代，大儒朱熹曾引程子"为政以德，然后无为"，来说明"为政以德"与"无为"的关系，并肯定"德之为言得也"，是"得其道于心而不失之谓也"。③朱子的"德"即是"得"，是接近孔子原意的解释，但遗憾的是，学界的关注点多在"无为"二字。甚至以为朱子乃取"无为"之见，真大错矣！朱子所谓的"无为"，只是"为政以德"之后的结果，没有"为政以德"这个前提，"无为"不会出现。因此，朱子的关注点在"为政以德"，而非"无为"，而且，这个"德"就是"得"。这个解释完美呼应了董仲舒的"国之所以为国者，德也"的判断。德，就是获得、取得。国家之所以成为国家，在于取得更多的社会政治等资源，如人口、土地等。在政治层面，"德"就是对社会政治资源的分配。"政者正也""为政以德"就是对社会政治等资源的公平分配。这就是传统德治的本意。道德，如"正"，只是分配原则，而非分配本身。德治在此意义上，才与古代法治成为一对互补的统治手段。古代法治就是今天的法制，古代德治就是现代法治。

古代德治就是现代法治，乃意义层面的表述，指古代德治在古代起着现代法治在今天所起的作用。"古代德治就是现代法治"是本书的一个重要观点，也是贯穿本书的一个重要论据。理解德治在古代的真正作用和意义，理解德治在古代所起到的现代法治的作用和意义，为相关研究开辟了新的路径和资源。从论据看，本书依靠它得以开拓新的资料来源和更有价值的方向。我们应该从法治角度，理解出现在古代典籍中的德治思想和古代社会政治关系中的德治主张及行为。德治是古代君主的一种权力，是社会政治文化等资源的分配权，而非限制或约束君主的道德义务。它不是一种义务。古代君主没有义务意识，他们每一个都自认为是完美的圣人。用

---

① 《论语·卫灵公》。
② 程树德. 论语集释（1）[M]. 北京：中华书局，2018：82.
③ 朱熹. 朱子全书·第6册 [M]. 上海：上海古籍出版社，合肥：安徽教育出版社，2002：74.

道德约束君主只是思想家一厢情愿的想象，而且这种想象无论从对象角度还是实践角度看，均未曾变为现实。从概念角度看，古代德治的内涵无法与现代法治对等，前者充其量只是后者的一个子集。正因如此，从法治角度看，面对社会政治的动荡和无序，近代中国急需能够满足社会政治文化需求的法治，而晚清政府的德治显然无法满足近代中国社会对法治的需求。传统的德治与近代社会出现价值失配。一般来讲，法治价值失配的后果会直接反映在国家社会政治文化生活的各个方面，如鸦片战争、太平天国运动、总理衙门设立等。如果说，法治价值失配是这些现象的原因，那么，我们必须要找到原因的原因。春江水暖鸭先知，对社会价值最敏感最有前瞻性的非思想家莫属。因此，我们首先走入思想家的精神世界，寻找绵延中的原因的原因。

第二章　近代法治政治价值的三大基础特征

近代思想家是否在严格意义上按照近代法治理念思考过古代德治问题，是一个关乎中国传统法治思想进步的问题。这样的思考无疑是在思想上打开了近代法治的大门，可谓意义重大。同时，这个重要意义也解答了近代法治思想的肇始问题。请注意，这里所说的肇始，不是时间的空间化，而是近代法治思想的主要观念发生转换的时期。因此，近代法治的肇始不会如近代史断代那样，是以某个重大事件为标志。近代法治的肇始应该以思想家的思想或思想家群体的思想争鸣为标志。依据绵延理论，各种法治价值始终存在，只是有些价值在一定时期未能彰显，故其在绵延的某个阶段并未发挥作用。但随着绵延向前的时间流逝，时代需要的价值一定会在那个时代发挥其作用。于是，原来未能彰显的价值成为主角，而原来的主角成为配角。如果时代需要，主角配角依然还会发生转换。换句话说，绵延理论肯定不同价值观念的核心内涵的差异，但否认不同价值观念之间具有清晰的边界。不同价值观念的边界是模糊的、交织的，它们在绵延中纠缠，在绵延中挣脱，在绵延中转化。这个理论很重要，它解释了许多以往无法解释的问题。如传统思想曾经出现过自由、平等、民主等内容，但如何理解这样的内容着实为难了一些学者。肯定它们，但又无法把它们与现代民主价值观念对等；否定它们，却又无法解释它们在内涵上与现代民主价值观念的相同之处。有了绵延理论，解释变得简单：这些价值观念始终存在，只是没有成为主角。如此一来，先秦思想家的暴君放伐的自由革命权，人民自由迁徙的自由选择权，便不是一种牵强的生硬的比附解释，而是长久存在的社会意识的爆发和释放。明末，有过一次这样的爆发和释放。

一、科学教育与复古思想

明末是治乱循环理论的一个时间节点，但绵延理论本质上否定"一治一乱"。学界常以"治乱循环""一治一乱"形容一个王朝的末期混乱与一个新王朝的秩序重塑，我们多半已经习惯并接受了这样的观念。但无论是"治乱循环"还是"一治一乱"都是在空间中表述时间，因此只留下状态，而掩盖了运动。"治"和"乱"都是运动，而且是绵延中的同向运动，它们互相渗透互相融合，谁战胜了对方，谁就是一时的主角。我们只有回到真正的绵延中，才能够知道所谓的"治乱循环""一治一乱"不是历史必须服从的社会发展规律，它就是矛盾，你中有我；它就是运动，从未停歇；它就是否定之否定，是发展进步。治乱循环理论实质上否定了这些，在事实上承认历史重演。历史不会重演，同一种原因不会在绵延中再次出现，我们看到的所谓重演，只是被我们置于空间后的假象。这种假象实质上是历史的形而上学，它使我们的思想慵懒，它让我们的意识进入睡眠状态。我们忘了前人在极其困难的社会政治环境里仍在为同胞的权利呐喊。我们只有在绵延中，才能领悟这些呐喊的超前性和超越性；也只有在绵延中，才能理解"治""乱"不是直线上的前后两个点，而是两个性质不同的历史阶段，它们曾在绵延里彼此纠缠，只是在某一阶段，其中一个成为主角。但配角没有消失，只是居于弱势者的沉默状态，因此，我们在空间中看到的只是主角的性质。只要我们回到真正的绵延中，我们就会看到主角配角的纠缠、渗透、融合。法治思想正是在这样的绵延中发展前进的。晚明时期，思想极其活跃，吕坤、李贽等政治家、思想家虽发"最激烈最前进之政论"，但仍未超越传统"专制天下"理念，未能达于"近代国家之境界"。其后，西教东来，"中国政治思想，以受此外来之刺激，亦遂有彻底转变之可能"。① 萧公权先生所肯定之转变时期，本人深以为然。

1. 徐光启：西学补儒与科学教育

明末，西方来华传教士可按天主教、基督教新教等分类，其中天主教的利玛窦、艾儒略、汤若望等最为著名。天主教在华的发展要好于基督教新教。天主教在中国有福建、陕西等 8 个独立教区，截至 1637 年，天主教在福建"全省有 90 座小教堂，一定数量的设备齐全的教堂"。② 天主教传教士在华发展信徒不仅多，而且范围广，层次高。明神宗万历皇帝的妃

---

① 萧公权. 中国政治思想史（2）[M]. 沈阳：辽宁教育出版社，1998：542.
② [美] 邓恩. 从利玛窦到汤若望：晚明的耶稣会传教士 [M]. 余三乐，石蓉，译. 上海：上海古籍出版社，2003：260.

子中便有天主教信徒；明思宗崇祯皇帝信奉天主教，其"宗室奉教者114人，内宫奉教者40人"；① 礼部尚书兼文渊阁大学士徐光启亦是信徒。天主教或基督教信徒众多，《圣经》流传广泛，其内含的平等和自由观念必会引起信徒的同情和向往。虽然并无证据显示西方宗教对晚明思想家带来何种影响，但天主教和基督教作为当时社会的一种存在，其学说必定会通过信徒，尤其是贵族信徒得以有效传播，不应小视其能量。但这种说法与侯外庐先生的观点相左。侯先生认为，由于耶稣会士（天主教信徒）"反对文艺复兴以来的一切新思潮"，因此，他们"传入中国的并不可能是先进的科学，也就规定了耶稣会的世界观与思想方法对中国的科学与思想不可能起积极的推动作用"。② 何兆武先生亦有类似结论，他认为，西学东渐"从根本上说并没有触及当时中国历史发展的核心问题也就是中国的近代化的问题"。③ 不过，黄兴涛先生认为这样的评价偏低。他认为，中世纪晚期天主教"接纳了许多科学成果"，不能把西学"理解得过于僵硬而乏弹性"，中国士大夫感兴趣的天文、地理、数学、机械、物理等知识有其固有逻辑，传教士的神学"包装和诱导"不能根本制约"其新知识功能"。④ 最后一种观点应该更接近史实。事实上，在此提出天主教和基督教新教传教士的影响也是为随后的近代中国叙事做铺垫，因为有确切的史料证明他们把近代政治观念带入了中国，并影响了中国士大夫阶层，如徐光启。

徐光启（1562—1633年），字子先，号玄扈，松江府上海县人，明末政治家、军事家。官至礼部尚书、文渊阁大学士。此外，他是数学家，与利玛窦共译《几何原本》；他也是农学家，著有《农政全书》；他更是天文学家，曾作《崇祯历书》。在众多身份中，最让人惊奇的是，徐光启还是上海地区最早的天主教信徒，教名"保禄（Paul）"。正因出儒入耶，徐光启的文化价值立场不免遭到质疑，被认为"陷入数典忘祖的西方中心主义泥淖"⑤，其一生甚至被视为"悲剧的文化迷失者的一生"⑥。这是

① 张力，刘鉴唐. 中国教案史 [M]. 成都：四川社会科学院出版社，1987：51.
② 侯外庐. 中国思想通史·第4卷下 [M]. 北京：人民出版社，1975：1191.
③ 何兆武. 明末清初西学之再评价 [J]. 学术月刊，1999（01）：28.
④ 黄兴涛. 明清之际西学的再认识 [M] //黄兴涛，王国荣. 明清之际西学文本——50种重要文献汇编·第1册. 北京：中华书局，2013：12.
⑤ 朱亚宗. 科学的创造者与文化的迷失者——徐光启历史角色新探 [J]. 自然辩证法通讯，1990（02）：63.
⑥ 朱亚宗. 科学的创造者与文化的迷失者——徐光启历史角色新探 [J]. 自然辩证法通讯，1990（02）：64.

典型的空间评价。这种评价的方法就是把一个人的一生标记为一条直线上的若干点，好像人生只有这几个点，却忘了点与点之间的过程才是真正的人生。徐光启成为天主教信徒，不仅是缘于其个人的认知转向，其背后的社会认知转向乃至宫廷、宗室、官僚阶层的认知转向，更应引起关注。据统计，截至 1670 年，中国天主教信徒达 27 万人，其中不乏社会精英、国家栋梁。据载："一六三六年上，天主教信友中，有一等大员十四人、进士十人、举人十一人、生员三百余人。"① 徐光启为何入天主教，或真如其所言，认为天主教可以"补益王化，左右儒术，救正佛法"。② 陈卫平先生以"补儒易佛"③ 肯定了徐光启的这种"信仰价值系统的重建"。④陈卫平先生认为：

"徐光启所展示的重建后理学思想世界的蓝图，在思想史上是特别有意义的。因为这张蓝图在信仰价值层面和知识思维层面分别与当时最流行的思潮王学和实学相应和，又将西学作为'补儒'的重要思想资源，从而既与宋明理学相衔接，又对近代思想有着一定的先驱意义。"⑤

简言之，徐光启所谓"补儒"，是以天主教思想来补儒家思想之缺，其工具是近代西方科学思想和方法，也即其所说的"其绪余更有一种格物穷理之学"。⑥ 在此意义上，徐光启无愧为传播近代科学思想的先驱者。以儒学为例，西方传教士进入中国后，提出过"援儒""助儒""融儒""补儒"等策略。徐光启独取"补儒"，因其认为中国儒家文化中缺少逻辑这门课，常以虚浮的"想象之理"⑦ 来说明问题，而西方近代科学以逻辑为基础，"能强人不得不是之，不复有理以疵之"⑧。徐光启肯定近代科学方法，也肯定儒家需要补充这样的方法，这确是近代意义上的思想进步。但如果我们就此得出徐光启完全用科学"补儒"的结论，也许并未中其鹄的。从绵延理论看，儒家思想发生于绵延，在《论语》中，孔子

① 德礼贤. 中国天主教传教史 [M]. 上海：商务印书馆，1933：68.
② 徐光启. 卷 6·杂疏·辩学章疏 [M] //朱维铮，李天纲. 徐光启全集·第 9 册. 上海：上海古籍出版社，2010：251.
③ 徐光启. 泰西水法序 [M] //朱维铮，李天纲. 徐光启全集·第 5 册. 上海：上海古籍出版社，2010：290.
④ 陈卫平. 徐光启与明清之际后理学思想世界的重建 [J]. 船山学刊，2016 (02)：98.
⑤ 陈卫平. 徐光启与明清之际后理学思想世界的重建 [J]. 船山学刊，2016 (02)：101.
⑥ 徐光启. 泰西水法序 [M] //朱维铮，李天纲. 徐光启全集·第 5 册. 上海：上海古籍出版社，2010：290.
⑦ 徐光启. 徐光启集（上）[M]. 上海：上海古籍出版社，1984：78.
⑧ [意] 利玛窦. 译几何原本引 [M] //朱维铮，李天纲. 徐光启全集·第 4 册. 上海：上海古籍出版社，2010：6.

关于"仁"的论说和解释就是范例。儒家学说重在思辨，而近代科学则是智慧的积累。科学重逻辑，守规律，主因果，能重复；而儒家学说在思辨方面主要依靠语言的巧思，在方法上采用类比、比喻、引用史例等。儒家学说关注的是人和社会的意识与行为的规范，但并不主张千人一面地融入同一个社会规范框架内。正因如此，孔子可以从多角度解释"仁"，但终极目标依然在"我"，因为"我欲仁，斯仁至矣"①。中国古代虽然未就学科进行分类，但孔子的思辨基本切中 2000 余年后法国哲学家亨利·柏格森的绵延理论。绵延理论明确主张自然科学和社会科学研究的方法具有明显差异性，前者主张规律和因果，后者强调在绵延中进行研究。社会科学研究采用自然科学研究方法往往导致机械决定论和目的论。也就是说，社会科学受自然科学研究方法的影响，很容易走上寻找规律的研究路径，却忘了"同样的原因不会再次出现"的事实。在这点上，徐光启是智慧的，他的"补儒"主要补在"格物穷理"上，即用格物穷理的"实学"取代宋明理学主张的格物穷理的"心学"。

因此，徐光启虽然主张以科学"补儒"，但其经世致用的实学主张依然以传统儒家学说为根据。作为农学家和政治家，徐光启在其 12 门 60 卷的《农政全书》中，不仅论述和记载了农事、水利、农器、树艺等前人经验和实践成果，还提出和论述了有关农本、田制、荒政等"农为政本"的政治思想。学界注意到，徐光启并未因其天主教信徒的身份而在《农政全书》这部巨著中丧失儒家立场。反而是，他采用儒学方法分西学为大小之别：其大者"修身事天"，其小者"格物穷理"，② 小者是大者的补充。如此一来，西方科学技术和方法便是"小者"，也是他引入《农政全书》的西方经验。作为西方政治价值观念的"大者"却未见于书中。《农政全书》的政治思想基本来自传统儒家学说。在此意义上，徐光启固守了中国传统思想的根本，用近代西方科学技术和方法补充了儒家思想的"末"的不足，完成了其"补儒"的实践。正因如此，朱维铮先生认为，徐光启"易佛补儒"之说不具有"思想史意义，而是有科学史意义"。③也许有人会问，我们应该论述的不是近代法治吗？徐光启及其《农政全书》与近代法治有何关系？笔者想说的是，徐光启的思想确实具有思想

---

① 《论语·述而》。
② 徐光启. 刻几何原本序 [M] //朱维铮，李天纲. 徐光启全集·第 4 册. 上海：上海古籍出版社，2010：5.
③ 朱维铮. 代序：历史上的徐光启 [M] //朱维铮，李天纲. 徐光启全集·第 1 册. 上海：上海古籍出版社，2010：9.

史的意义，因为他以一名天主教信徒的身份，维护了传统思想的完整，传承了传统德治思想。

《农政全书》的基本思想是"农为政本"，而"农为政本"正是一种贯穿传统中国统治史的法治思想。法治如空气，在国家统治和治理过程中，几乎无处不在。其外在表现是国家具体政策与法律，其内在是各种主流政治价值观念与社会政治文化传统的渗透和融合。法治的外在和内在互相体现，"农为政本"的法治思想体现的是传统思想"厚生"之德。所谓厚生，管子谓"辟田畴，制坛宅，修树艺，劝士民，勉稼穑，修墙屋"①。厚生是六兴之德的一种，六兴之德还包括"输之以财""遗之以利""宽其政""匡其急""振其穷"。管子曰："凡此六者，德之兴也。六者既布，则民之所欲，无不得矣。夫民必得其所欲，然后听上；听上，然后政可善为也。故曰德不可不兴也。"②

如前文所说，古代的德治就是现代法治。德即得，百姓之"得"得到满足，国家政令才能通达无阻。徐光启是硕学大儒，对此理解更加深刻。因此，虽兼具天主教信徒身份，他亦深知必须保留农业——这个传统文化所强调的和现实政治所需要的国家根本基础，必须坚持德治，满足百姓所需所欲。教化是传统德治的重要方式，但传统教化重"理"不重"实"，导致国人逻辑欠缺，心思难致细密。徐光启接触西学，发现西学有严格的逻辑训练方法，遂积极与利玛窦联袂翻译《几何原本》。徐光启说：

"下学工夫，有理有事。此书为益，能令学理者祛其浮气，练其精心；学事者资其定法，发其巧思。故举世无一人不当学。"

"能精此书者，无一事不可精；好学此书者，无一事不可学。"③

徐光启积极宣传、推广、传播《几何原本》，可惜回应寥寥。他不禁慨叹：

"意皆欲公诸人人，令当世亟习焉，而习者盖寡。窃意百年之后必人人习之，即又以为习之晚也。"④

徐光启欲以"实学"挽救晚明政治颓败之势，这个"实学"就是能

---

①　《管子·五辅》。

②　《管子·五辅》。

③　徐光启.几何原本杂议［M］//朱维铮，李天纲.徐光启全集·第4册.上海：上海古籍出版社，2010：12.

④　徐光启.几何原本杂议［M］//朱维铮，李天纲.徐光启全集·第4册.上海：上海古籍出版社，2010：13.

令国人"心思细密"的西方数学。但就此断言徐光启之目的具有单一性或单纯性，显然与史不符。作为天主教信徒，不可否认，他尚有传教之责任。正如利玛窦针对《几何原本》所言，徐光启"不仅为了实用的目的"，"更重要的是因为他仰慕我们，并想使我们的信誉与神圣的教义相符合"。① 徐光启在东西两种思想之间游走，心悬国运，关注民瘼，梳理出一个有利于国家前途命运的思想方向，提出"举世无一人不当学"的传播《几何原本》的科学教化方法。这样的教化方法在中国历史上是首次提出，后世张之洞的"中体西用"论与此颇似，把它定位为徐光启的"中体西用论"似乎也不为过。徐光启高屋建瓴的"中体西用"观弥补了儒家道德教化的工具属性缺陷，但早已千疮百孔的晚明无暇顾及这些，这一缺陷直到晚清才在国家层面通过普遍教育等新政手段得以在形式上补苴罅漏。教育是国家渗透与传播法治观念和法治价值理念的最基本途径，各国皆如此，古今皆如是。区别在于，近代中国开启了接触西方文化和科学的大门，近代思想家也意识到西方科学能够"补儒"，可惜，"上不倡，下不谙"②，如此"补儒"无法在国家制度层面上实施。历史只得再等300年。而这一等，却错过了18世纪的第一次工业革命和19世纪的第二次工业革命。法治价值得以在政治层面实现必须通过教育，从这一点看，徐光启的"中体西用论"无疑站在了其时代法治价值教育的高峰。

徐光启的德治教化是以西学补儒，这不是一场单打独斗。与徐光启同时代且主张"补儒"的学者还有李之藻、杨廷筠、王徵、朱宗元、张星曜、韩霖等。虽然这些学者主张"补儒"的路径不同，但他们的主张反映了晚明思想出现的一种独特运动状态，一种走向近代的运动状态。德不孤，必有邻。同一时期，还有一群思想家在为国家前途殚精竭虑，他们就是著名的东林党。他们走的是另一条道路——复古。

2. 党社运动与心性学说

明末是中国思想史的又一个百家争鸣时期。谢国桢先生甚至称这一时期为"吾国历史上的文艺复兴时期"③，足见这一时期在中国思想史中的地位和重要性。这一时期的思想主要通过结党与社集得以传播，因此，这一时期的思想运动也被称为"党社运动"。党社运动有两个标志性的团

---

① ［意］利玛窦.利玛窦书信集［M］.文静,译.北京：商务印书馆,2018：293.
② 曹于汴.泰西水法序［M］//朱维铮,李天纲.徐光启全集·第5册.上海：上海古籍出版社,2010：284.
③ 谢国桢.略论明末清初学风的特点［J］.四川大学学报,1963（02）：1.

体，一是东林党，二是复社。

明神宗万历年间，江南地区商品经济繁荣，手工业蓬勃发展，同时，明政府加剧掠夺，民不堪命，社会危机日深。万历皇帝奉行无为，懒理朝政，政治窳败。明万历三十二年（1604 年）秋，顾宪成、高攀龙等重建东林书院，主张通过学术，"卫道救时"，① 东林党雏形初现。黄宗羲父亲黄尊素便是东林党人。黄宗羲曾说："故会中亦多裁量人物，訾议国政，亦冀执政者闻而药之也。天下君子以清议归于东林，庙堂亦有畏忌。"② 黄宗羲认为，东林党是清议国政的民间政治团体，他们不仅议政，而且希望明政府能够用其理论治理国家。说到议政，东林书院著名的"三声三事"对联便能说明一切。其上联是：风声雨声读书声声声入耳，下联是：家事国事天下事事事关心。上联言学术，下联说清议。顾宪成是东林党的代表人物，亦是该党清议的代表人物，《明史》有《顾宪成传》，曰："故其讲习之余，往往讽议朝政，裁量人物。朝士慕其风者，多遥相应和。"③ 黄宗羲赞其"忠义之盛，度越前代"④。黄宗羲赞顾宪成忠义，其来有自。

以顾宪成为首的东林党人关心政治，积极参与政治实践。顾宪成甫登第进士，便快语直言，"上书吴县，言时政得失，无所隐避"⑤。明万历三十七年（1609 年），吴中地区发生严重洪灾，人民的生命和财产遭受重创。顾宪成见此惨景，提笔致书漕运总督李三才，请求其出面向朝廷求情，"救得此一方性命，茧丝保障，俱在其中，为国为民，一举而两得矣"⑥。强烈的政治参与意识是顾宪成的标签，也是东林党人的标签。东林党人中最著名者有八位，史称"东林八君子"，顾宪成是其一。其他七位是：顾允成、高攀龙、安希范、刘元珍、钱一本、薛敷教、叶茂才。八君子学问出众，均为进士出身，均有治国理政之心之才。高攀龙为官半载，回归东林书院讲学。黄宗羲记曰："远近集者数百人，以为纪纲世界，全要是非明白。小人闻而恶之，庙堂之上，行一正事，发一正论，俱

---

① 《东林书院志》整理委员会．东林书院志（上）[M]．北京：中华书局，2004：10.

② 黄宗羲．明儒学案（下）·卷58·东林学案1 [M] //黄宗羲全集·第8册．杭州：浙江古籍出版社，2002：731.

③ 张廷玉，等．明史（5）[M] //二十四史简体字本（62）．北京：中华书局，1999：4027.

④ 黄宗羲．明儒学案（下）·卷58·东林学案1 [M] //黄宗羲全集·第8册．杭州：浙江古籍出版社，2002：727.

⑤ 黄宗羲．明儒学案（下）·卷58·东林学案1 [M] //黄宗羲全集·第8册．杭州：浙江古籍出版社，2002：729.

⑥ 顾宪成．泾皋藏稿·卷5 [M] //钦定四库全书·424·集部6·别集类5：6.

目之为东林党人。"① 正事正论，东林党人所为，小人所恶。黄宗羲感慨的正是东林党人积极参与政事的精神。

东林党人以"公"为政事之基。高攀龙曾作《行状》纪念顾宪成生平事迹，曰："窃观近局……局内者置身局外，以虚心居之，乃可以尽己之性；局外者宜设身局内，以公心裁之，乃可以尽人之性。何言乎虚也？各就己分上求，不从人分上求也；各就独见独知处争慊，不就共见共知处争胜也。何言乎公也？是曰是，非曰非，不为模棱也。"② 去私心为公心，舍己为公，看似不错，但切记此"公"乃君主制天下之公，不是为"各人区区之体面"，而是"为君父赫赫之宗社生灵用也"。③ 见公不见私，是当时社会中的私太过矣。正如现代社会强调私的重要，亦有见私不见公之嫌。因此，不必苛求古人，知道此处的"公"后面有个君主即可。

东林党人提出富贵贫贱相等的平等观。科举取士，是专制君主择才之途，历来备受重视。但如何取士，亦是历来争论的议题。顾宪成曾言："夫士亦何择于贵贱也？贵而取贵焉，贱而取贱焉，惟其当而已……有择于富贵，无择于贫贱，则是以富贵为嫌也。圣人视富贵贫贱等耳。"④ 富贵贫贱相等，是人人平等的呼声。李洵先生评价说："东林党在科举上要求平等是有其实际意义的，这一方面在打击贵族大地主对科举的垄断，一方面也为社会各阶级参加政权创造条件……要求科举上贵贱平等，实际是要求在参加政权机会上社会的不同身份的人都有平等的权利。"⑤ 从前面的论述可知，明末思想家已经萌发清晰的政治平等权利意识。

不过，纵览顾宪成、高攀龙等东林领袖的著述，无论是"公"论，还是"富贵贫贱"等论，皆本心性学说，就政事而发，并未萌芽出具有近代意义的法治思想。有学者认为，东林党是东林党，东林学派是东林学派，将其分别置于政事与思想两端。如此区分，实际上就是在空间中看待历史过程。事实上，我们回到历史本身，空间带来的认识误区便一览无余。

---

① 黄宗羲. 明儒学案（下）·卷58·东林学案1 [M] //黄宗羲全集·第8册. 杭州：浙江古籍出版社，2002：755.

② 高攀龙. 行状 [M] // 《东林书院志》整理委员会. 东林书院志（上）. 北京：中华书局，2004：215.

③ 高攀龙. 行状 [M] // 《东林书院志》整理委员会. 东林书院志（上）. 北京：中华书局，2004：215.

④ 顾宪成. 泾皋藏稿·卷2 [M] //钦定四库全书·424·集部6·别集类5：11，13.

⑤ 李洵. 明末东林党的形成及其政治主张 [J]. 东北师范大学科学集刊，1957（03）：165.

　　所谓东林党和东林学派在思想上是一致的。在政事一端，东林党乃明末十分活跃的政治团体，其与齐、楚、浙三党的斗争，其与宣党、昆党的对立，皆为晚明国本、建储等政事而发。东林党赖以斗争的价值取向则来自东林学派的学术。东林学派思想上宗孔、颜、曾、思、孟，以"阐提性善之旨意"及"辟阳明子天泉证道之失"① 为己任。此乃顾宪成亲订之《东林会约》。1621 年，吴桂森主盟东林书院，重订《东林会约》，始以宗教自称。所谓宗教，其实就是顾宪成、钱一本、高攀龙之学说，吴桂森"宗而主之也"。② 为严肃其宗教，吴桂森要求东林书院人等"屏俗梦以尽分"，隔断俗事纷扰，"稍近俗尘，一概谢却"。③ 如此会约，自然是主张纯学术，而摒弃政治实践。如此主张，并非吴桂森独创。东林党领袖高攀龙曾言："天下不患无政事，患无学术。学术者，天下之大本也。学术正，政事焉有不正。"④ 吴桂森重订《东林会约》之前 9 年，东林领袖顾宪成身故；之后 5 年，高攀龙投池自杀。这一时期正是谢国桢先生所谓的"社集萌芽的时代"，也是"以文会友"⑤ 的阶段。但就东林党而言，这一时期也是其政治地位从高到低，再从低走高，并再度走低的时期。1621 年，吴桂森主盟东林书院，同年，叶向高等入阁，高攀龙被进封为光禄寺少卿，东林党再度得势，进入"东林专政时代"。⑥ 东林党在学术上以修身为主，在政事上孤傲清高，不容异端，渐渐陷入党同伐异。那些异党，尤其是原三党纷纷跑到魏忠贤门下寻求庇护，如此一来，东林党遭受打击，遂偃旗息鼓。至明崇祯初年，东林党才东山再起。历史的绵延显示，东林党和东林学派，其思想出自一脉，其领袖乃同一班人物。但这些人物受性善说之局限，受党争之困扰，除个别思想具有闪光点外，未能提出具有明显近代意义的法治思想。

　　顾宪成是政论家兼心性学家。顾宪成（1550—1612 年），字叔时，号泾阳，今江苏无锡人。谢国桢先生说："泾阳是一个政论家，不是为学问

---

① 《东林书院志》整理委员会. 东林书院志（上）[M]. 北京：中华书局，2004：10.
② 《东林书院志》整理委员会. 东林书院志（上）[M]. 北京：中华书局，2004：31.
③ 《东林书院志》整理委员会. 东林书院志（上）[M]. 北京：中华书局，2004：32-33.
④ 叶茂才. 行状 [M] //《东林书院志》整理委员会. 东林书院志（上）. 北京：中华书局，2004：241.
⑤ 谢国桢. 明清之际党社运动考 [M]. 北京：北京出版集团公司，北京出版社，2014：10.
⑥ 谢国桢. 明清之际党社运动考 [M]. 北京：北京出版集团公司，北京出版社，2014：49.

而学问的学者，我们是知道的。"① 顾宪成敢言，世所公认，其所言皆本心性学说。高攀龙为《小心斋札记》作序，言："先生之学，性学也。远宗孔圣，不参二氏；近契元公（周敦颐），确遵洛闽（程朱理学）。"② 受心性学说指引，顾宪成所言所感所论，皆上追孔孟，下速程朱，在明清之际，甚至到清乾隆时期，依然得到尊重。清乾隆时期，修《四库》，总纂官纪昀等为《泾皋藏稿》作提要，贬东林党人，以"东林不必皆君子"独赞顾宪成"持身端洁"、论说醇正、"不愧于儒者"。③ "不愧于儒者"之誉，说明顾宪成之心性学说的纯粹儒家特征，也说明其学说和政治实践均遵循传统，未能随时代之变化而有所革新。顾宪成深受儒家心性学说熏染，其言其行高度统一。明万历十五年（1587 年），都御史辛自修主持外官大计，与工部尚书何起鸣产生嫌隙，二人均被罢官。言官高维崧等为辛自修仗义执言。万历皇帝听信宦官之言，袒护何起鸣，斥责高维崧等言官，并将他们降级调外任。顾宪成时为吏部主事，见此不平，上疏直言。他以"唐虞之际，犹然朝有吁咈，野有诽谤。孔子亦云，邦有道，危言危行"为引，强调广开言路、疏通壅隔为"当今第一切务"，要求万历皇帝"超然远览，穆然深思，凝然独立，反躬责己"，并一视同仁对待所有臣子，同时，对所有臣僚亦提出"无猜无忌自责自修"④ 等道德要求。万历皇帝读罢如此犀利的言辞，大怒，责骂顾宪成"党护"高维崧等言官，下旨降级调外任。只此一例，便可窥见顾宪成思想之儒家本质。至于其他上疏文章，思想皆本心性学说，无须赘述。

东林党另一领袖高攀龙亦力行心性学说。高攀龙（1562—1626 年），字存之，今江苏无锡人。《明史稿·高景逸先生传》称其"少读书辄有志程朱之学"。万历二十二年（1594 年），高攀龙被谪贬至广东揭阳，在那里，他悟出"半日静坐半日读书"的"体认天理"⑤ 之法，于是笃行传播，不遗余力。在东林书院，高攀龙与其他学者分享其心法，谓："必埋头读书，使义理浃洽，变易其俗肠俗骨，澄神默坐，使尘妄消散，坚凝其

① 谢国桢. 明清之际党社运动考 [M]. 北京：北京出版集团公司，北京出版社，2014：45.
② 高攀龙. 札记题辞 [M] //顾宪成. 顾端文公遗书·小心斋札记·上. 光绪丁丑重刊，泾皋宗祠藏板（影印本）：1.
③ 纪昀，等. 泾皋藏稿 [M] //钦定四库全书·集部 6·别集类 5：3.
④ 纪昀，等. 泾皋藏稿 [M] //钦定四库全书·集部 6·别集类 5：7-8.
⑤ 高攀龙. 困学记 [M] //钦定四库全书·集部 6·别集类 5·高子遗书卷 3：15.

正心正气乃可耳。"① 高攀龙坐言起行，把所悟所学用于政治实践。明万历二十年（1592 年），高攀龙任行人司行人，负责传旨、册封等事。这一年，他上《今日第一要务疏》，言天下之本即"陛下之心"，认为"人君之心与天为一，呼吸相通。一念而善，天以善应之；一念不善，天以不善应之"，这就是"常止于义理"之心；再言"天下之大机"为四事，即"除刑戮、举朝讲、用谏臣、发内帑"。② 高攀龙提出"四事"以改革时政，但受心性学说之困，其主张未能触及价值和制度层面，与顾宪成如出一辙。两人均为政论家、心性学家，但除偶尔的只言片语，其思想尚未走向近代。

东林党没落，复社兴起。复社成立于明崇祯初年。彼时，东林党两位领袖顾宪成和高攀龙已经作古，东林式微，复社获振兴之机。复社最初乃吴玥、孙淳等人成立，社名取《易》"剥"卦"剥穷而复"之意，主张复兴古学。其时，张溥的应社已成立四年，颇有规模。张溥（1602—1641 年），字天如，号西铭，今江苏太仓人。应社是一个读书社集，已有江南、江北、河北三个组成部分，③ 影响力初现。复社成立后，张溥把应社并入复社。复社由此成为统合周边地区多家社集的总社集。复社以"兴复古学""毋读非圣书"④ 等为宗旨，可见其思想之固化。由于势力日增、政治基础日强，复社渐渐由一个单纯的读书社集发展为一股能够左右政局的政治势力。复社的政治主张与东林党颇似，于是，失去靠山的东林党人也依附于复社，甚至一度重新登上政治舞台。1641 年，张溥身故。此后，复社渐渐式微。

复社人物众多，思想庞杂，但主线是尊经复古，兴复古学。明末清初，复社人物遍布江苏、江西、安徽、福建、湖广、贵州、山东、山西等省，登记入册者达 2025 人。其中，张溥等人所持的复古主张，成为复社的思想基础和精神追求。但在众多学者中，亦有在复古思想基础上萌发新芽者，如方以智。方以智（1611—1671 年），字密之，号曼公，今安徽桐城人。出家后，改名大智，人称药地和尚。方以智位居复社四公子之一，

① 叶茂才. 行状 [M] //《东林书院志》整理委员会. 东林书院志（上）. 北京：中华书局，2004：231.
② 高攀龙. 今日第一要务疏 [M] //钦定四库全书·集部 6·别集类 5·高子遗书卷 7：8-11.
③ 谢国桢. 明清之际党社运动考 [M]. 北京：北京出版集团公司，北京出版社，2014：127.
④ 谢国桢. 明清之际党社运动考 [M]. 北京：北京出版集团公司，北京出版社，2014：134-135.

是复社的著名人物，也是明代著名思想家、哲学家、科学家。他推崇西方科学，主张西学东渐。他的思想是复社一大亮点，但这个亮点基本被复社的复古思想掩盖。复社的复古主张以"详古"为第一步。与张溥齐名的复社领袖张采精通礼学，曾作《礼质》。张溥为其作序，称此作"非废三礼，欲以详三礼也"。① 这是复社复古之目的，这一目的带有政治色彩。对这种政治色彩如何评价呢？日本学者小野和子认为，张溥"在经典之中探求政治制度理想（道）的同时，也通过追踪政治制度历史变迁，想要摸索适合现代的制度"。② 以古鉴今，诚为研究传统政治和政治思想的主要方法，但问题是，时代一直向前绵延发展，纯粹的先贤思想能否始终以不变应万变？天地间不变之道是否能够统摄瞬息万变的政治实践？复社复古思想在此意义上与东林党心性学说殊途同归，他们轰轰烈烈的政治实践只不过是历朝历代发生的政治斗争的翻版而已，与后者没有性质上的差别。他们甚至落后于同时代的徐光启。

3. 相背而行的两种思潮

复古与科学教育是相背而行的两种思潮。如果我们把明末比作一个点，我们在空间中可以看到围绕这个点的两条平行线——东林党和复社的复古与徐光启的科学教育。在绵延中，我们看到的是以这个点为中心，向前后各延伸一条线。这个点的左侧即后方是在历史的绵延中寻找政治真理的复古思想，这个点的右侧即前方是在真正的绵延中补充壮大自己的科学教育即西学补儒思想。这个点说明，两种思想在这里还有交集，如方以智等，但它们注定相背而行，走向两个相反的方向。如果我们停留在空间，看到的就是两条平行线，我们会认为这两条线始终在平行地向前运动。事实上，没有两条平行线，也没有围绕平行线的那个点，我们在空间中的思考使一切都静止了。在绵延中，我们才能找到真正的历史现实，才能看到西学东渐对中国先进知识分子所产生的正面影响；才能了解另外一些知识分子对传统僵化的追求。后半句是对东林党的评价，这种评价不符合传统意义上对东林党的"定论"。谢国桢先生对东林党评价较高，他说："我以为东林有新进的思想，所以它与西来的人物有相当的表同性，而没有直

---

① 张溥. 古文存稿卷之 1 · 礼质序 [M] // 七录斋诗文合集 · 3 · 影印本：2.

② [日] 小野和子. 明季党社考 [M]. 李庆，张荣湄，译. 上海：上海古籍出版社，2013：267.

接的关系。"① 谢国桢先生的评价引起很多学者的共鸣,但东林党的思想"新进"在哪里呢?它与西方的"相当的表同性"又体现在哪里呢?

事实上,我们无法在绵延中找到东林党思想的"新进"。在空间中,事物外于彼此,彼此有别。一个新的事物出现,人们便以"新"判断之。往往,这种"新"只是占据了"新"的位置,此外,再无可"新"之处。在绵延中,"新"是性质的变化。事物在绵延中是内在于彼此的,很多时候,我们无法分清是哪个事物在起作用。此时,如果一个事物发生性质的变化,它闪亮登场,照亮周围的黑暗,那么,它就是真正的"新"。明末,西学东渐,西学本身是新的,但如果它不与中国本土传统文化交融,后者便无法产生性质上的变化。因此,我们常常以为的"新",多数只是新的形式。我们常常把这种形式的"新"当作能够产生性质变化的"新"。从这个意义上讲,东林党的"新进"思想充其量是形式上的新,如类似禅修的"半日静坐半日读书"的心性修养方法。至于说东林人物与西方传教士具有"相当的表同性",应该是指东林著名人物沈一贯、叶向高等高官和其他东林人物与利玛窦交往交流的事实吧。可是,这种交往交流未造成东林人物思想上的变化,所谓的"相当的表同性"只是空间上形式的趋同,而非性质的趋同。

徐光启的"科学教育"思想实质上是谋求儒学性质的改变。是哪个方面性质的改变呢?方法上的改变。这个方法是学习方法、认知方法、实践方法,总之,需要改变的是所有以儒学思想为基础的方法,而代之以明确的符合逻辑思维的西方思想方法。一句话,是用科学方法取代体认方法,用逻辑方法替代比附方法。科学方法与包括传统儒家思想方法在内的其他方法有何性质上的不同?徐光启《几何原本杂议》云:

"凡他事,能作者能言之,不能作者亦能言之。独此书为用,能言者即能作者;若不能作,自是不能言。何故?言时一毫未了,向后不能措一语,何由得妄言之?以故精心此学,不无知言之助。凡人学问,有解得一半者,有解得十九或十一者。独几何之学,通即全通,蔽即全蔽,更无高下分数可论。"②

徐光启西学补儒的中体西用观念是明末思想界的一道光。这道光应该在那个时代出现,甚至应该照亮那个时代。正如何兆武先生所说:"徐光

---

① 谢国桢. 明清之际党社运动考 [M]. 北京:北京出版集团公司,北京出版社,2014:48.

② 徐光启. 几何原本杂议 [M] // 朱维铮,李天纲. 徐光启全集·第4册. 上海:上海古籍出版社,2010:12.

启应当理所当然地被认为是我国最早孕育了近代思想因素的先行者。"①
可惜，传统的惯性力量过于强大，时代的顽固推迟思想方法在性质上的改变。一推迟就是 300 余年。直到"五四"运动时期，直到现代思想家喊出"民主与科学"，科学思想才跌跌撞撞传播到中国社会层面。从这个意义上讲，徐光启配得上我们能够想到的所有赞誉。但是，过往的评价受空间观念束缚，未能突出徐光启所追求的儒家思想方法的性质上的改变。这并不意外，这是空间思维的必然结果。在空间中，徐光启的学术思想被罗列为政治、军事、农业、水利、几何、数学、天文、哲学等类别，它们之间是彼此外在、各自独立的存在，我们看不到它们之间的联系和融合。因此，我们就无法在历史的绵延中发现徐光启的真正伟大之处。当代思想史大师嵇文甫先生曾盛赞徐光启，称其为"夐乎不可及"② 的时代人物。但嵇文甫先生赞徐光启，仅在科学思想方面。他说："徐氏的伟大，在许多方面实超过培根，然而历史条件限制了他。"③ 实际上，徐光启并未受历史条件的限制，而是历史条件促进其成就。如果没有明末的历史条件，没有西学东渐，没有皇帝与贵族对天主教的笃信，徐光启甚至不会接触到西学。但历史和传统的强大惯性确实发生了限制作用，限制了徐光启科学教育思想的传播。东林党与复社的党社运动所发出的政治声音，掩盖了徐光启对传播科学思想方法的呼喊。徐光启发出的光是足以照亮整个时代的光，但时代没有给它照亮黑暗的机会，时代甚至用黑暗完全遮住了这道光芒。不过，这道光芒一旦出现，便会照亮那些进步者要走的路。

有人会问："这种思想方法的改变与近代法治有何关系？"方法是一切科学研究的必备工具，自然科学领域如此，社会科学领域亦如此。我们采用绵延分析法研究近代思想家、政治家的思想及其研究方法的变化，捕捉思想史所发生的性质变化。即使当下发生了改变，只要我们能够发现性质的变化，我们就在绵延中。判断思想家和政治家是否在思想上走入近代法治，一定要首先判断他们的研究方法。徐光启的科学教育理念与东林党、复社的复古思想是近代法治思想的两个方向相反的原点。他们之后，就方向而言，法治思想始终呈现进化与复古两种方向。我们通过绵延分析法确定思想家真实的思想方向及其研究方法的近代意义。方法的性质改变能够体现思想的性质改变的可能性。我们秉持这样的研究方法，来看看明

① 何兆武. 论徐光启的哲学思想 [J]. 清华大学学报（哲学社会科学版），1987（01）：9.
② 嵇文甫. 晚明思想史论 [M]. 北京：中华书局，2017：167.
③ 嵇文甫. 晚明思想史论 [M]. 北京：中华书局，2017：166.

末清初三大家在法治思想论述和实践上的变化。

二、黄宗羲的复古思想：有治法而后有治人

黄宗羲（1610—1695 年），字太冲，号南雷，别号梨州老人，学者称其为梨州先生，今浙江余姚人。黄宗羲被后世誉为"明末清初伟大的启蒙主义思想家、博学多才的学问家"①。这一赞誉是公论。黄宗羲所得赞誉的基本依据来自其名著《明夷待访录》。《明夷待访录》包括《题辞》《原君》《原臣》《原法》《置相》《学校》《取士（上下）》等 22 篇，是其政治思想和政治制度主张的完整阐述。这一完整阐述的最亮点，就是黄宗羲"有治法而后有治人"的法治思想。学界一般认为，这一法治思想标志着近代法治思想的开启。黄宗羲如何取得这样进步的法治思想？我们如何评价其思想？其思想是否受到西学影响？是否受到徐光启这样的思想家的影响呢？

1. 西学中源的科学思想

黄宗羲出生之时，徐光启已经 48 岁，前者在科学思想方面受到后者的影响。但这种影响不是完全的，不是在方法论意义上的。前文已经论述，徐光启主张西学补儒，尤其重视西方科学研究方法的普及和教育。正是因为对西方科学研究方法的应用和传播，徐光启的思想才真正走入了近代。徐光启在明末的影响是多方面的、广泛的，黄宗羲的科学思想受其影响亦有迹可循。

黄宗羲主张公开历书学术研究方法。古人修历，往往隐去其研究方法。姜希辙，黄宗羲同门师弟，曾为黄宗羲《历学假如》作序。姜希辙认为，历书学问，"稍有究心于其学者，又往往私为独得，名之绝学"②。他举例说，明代大儒唐顺之精通郭守敬之历学方法，其师是明代著名天文学家周述学，但唐顺之著历书，并未写上老师的名字。姜希辙不禁问道："岂讳其从入耶？抑竟欲以绝学自任乎？"③ 据姜希辙记载，黄宗羲最初对公开《历学假如》"亦颇吝惜"，经其"使人人可以知之，岂非千古一快

---

① 沈善洪. 黄宗羲全集序 [M] //黄宗羲全集·第 1 册. 杭州：浙江古籍出版社，2012：1.

② 姜希辙. 历学假如·序 [M] //黄宗羲全集·第 9 册. 杭州：浙江古籍出版社，2012：282.

③ 姜希辙. 历学假如·序 [M] //黄宗羲全集·第 9 册. 杭州：浙江古籍出版社，2012：282.

哉"的劝说，黄宗羲才说出"诺"① 字。我们不知姜希辙是否夸大其词，但我们知道黄宗羲公开其历书研究方法是不争的事实。姜希辙这篇序写于康熙二十二年（1683 年）。几乎在同一时期，黄宗羲在一封书信中专门讲了其对待公开学术研究方法的态度。清康熙十八年（1679 年），万言入京修《明史》。万言，字贞一，是黄宗羲的得意门生。万言受命请老师删订《明史·历志》稿。黄宗羲在复信中说：

"然崇祯历书，大概本之回回历。当时徐文定亦言西洋之法，青出于蓝，冰寒于水，未尝竟抹回回法也。顾纬法虽存，绝无论说，一时词臣历师，无能用彼之法，参入大统，会通归一。及崇祯历书既出，则又尽翻其说，收为己用，将原书置之不道，作者译者之苦心，能无沉屈？"②

可见，黄宗羲同情徐光启的治历遭遇，对公开历书学术研究方法持明确支持立场。古代修历要隐去推算方法，这样一来，历书算法传承便受到阻碍。徐光启介绍西历方法，采用西历习惯，把算法翻译出来并置于历书内，目的是"参入大统，会通归一"。可惜，当时所存历法并无完整理论论述，无法与西历进行比较，取长补短，融会贯通，为我所用。《崇祯历书》编纂完成，竟然抹去西历痕迹，再次走回古代修历故道。黄宗羲对此予以抨击，毫不留情。此事说明，黄宗羲认识到中国古代学术研究的陋习，主张改变传统陋习，真正实现中西"会通归一"。这种从方法上的改变是性质上的改变，值得重视；这种改变由黄宗羲提出，意义更加重大。毕竟，作为明末清初的通儒大儒，黄宗羲本人就是当之无愧的历法家。何况，黄宗羲这一立场不正是其"有治法而后有治人"③ 思想的体现吗？传统"人治"不仅出现在政治方面，而且蔓延至社会各角落，这里面就包括学术。如前述《崇祯历书》的编纂。

黄宗羲虽然同情徐光启的遭遇，但思想上并未走向西学补儒，而是独树一帜。黄宗羲之父黄尊素是著名东林党人物；其师刘宗周是著名理学家，与东林党过从甚密，两人皆奉心性学说。黄宗羲受他们影响，遵奉儒家学说，因此，面对西学，他的态度比较复杂。黄宗羲对勾股学说研究颇深，以"屠龙之伎"称之。但对勾股学说之起源，他否定其西学之源，认为其乃"周公、商高之遗术"，是"六艺之一"。他认为勾股学说产生

① 姜希辙. 历学假如·序 [M] //黄宗羲全集·第 9 册，杭州：浙江古籍出版社，2012：283.

② 黄宗羲. 答万贞一论明史历志书 [M] //黄宗羲全集·第 10 册. 杭州：浙江古籍出版社，2012：213.

③ 黄宗羲. 原法 [M] //黄宗羲全集·第 1 册. 杭州：浙江古籍出版社，2012：7.

于中国，西方"珠失深渊，罔象得之"①。黄宗羲的这一评价，颇受后世学者重视。有学者认为，这段评价体现了黄宗羲的"西学中源"说，具有"'使西人归我汶阳之田'的弘扬民族文化的责任感"②；也有学者认为，这一评价的实质是黄宗羲提出了"中学西窃"③ 说。两种评价，性质迥异，问题出自著名典故"罔象得玄珠"的理解上。这个典故出自《庄子·天地·四》：

黄帝游乎赤水之北，登乎昆仑之丘而南望。还归，遗其玄珠。使知索之而不得，使离朱索之而不得，使喫诟索之而不得也。乃使象罔，象罔得之。黄帝曰："异哉！象罔乃可以得之乎？"

象罔，即罔象，传说中的水怪。表面上看，这段文字的意思是：黄帝丢失玄珠，命知、离朱、喫诟去找，都找不到，命象罔再去，就找到了。这里面并没有窃取的意思。那么，这段话有何深意呢？陈鼓应先生认为，这篇寓言"譬喻道不是感觉的对象，感官、言辩都无从求得"。"象罔得之"的寓意是"无心得道"，需要"废除心机智巧，在静默无心之中领会道"。④ 这是正解。黄宗羲并未接受西方研究方法，而是主张会通中西，进而复兴中国学术，即"以传统之法提振传统之术"。但当会通之路行不通时，他自然走上"西洋之法证中国之术"⑤ 的道路。这条道路走通了。可是，无论哪条道路，黄宗羲坚持的都是中国传统学术方法，要证明的都是"西学中源"。如其证伪《古文尚书》一事，黄宗羲以推算日食发生于"昭公十七年六月"⑥ 从而证明《古文尚书》之伪。这是黄宗羲学术生涯的一件大事。但仔细分析，黄宗羲在证伪《古文尚书》一事上，使用的是中国传统历算方法。由此可见，黄宗羲虽然熟悉徐光启西学补儒、会通超越之思想，但并未走上后者之路，而是独辟一条基于民族文化自尊精神的学术道路，这条路也极大地影响了其政治哲学思想。

---

① 黄宗羲. 叙陈言扬句股述［M］//黄宗羲全集·第10册. 杭州：浙江古籍出版社，2012：37.
② 杨小明. 黄宗羲的科学研究［J］. 中国科技史料，1997，18（04）：21.
③ 徐海松. 论黄宗羲与徐光启和刘宗周的西学观［J］. 杭州师范学院学报，1997（04）：4.
④ 陈鼓应. 陈鼓应道典诠释书系·庄子今注今译（上册）［M］. 北京：商务印书馆，2016：345.
⑤ 沈定平. 清初大儒黄宗羲与西洋历算之学［J］. 北京行政学院学报，2017（02）：113.
⑥ 黄宗羲. 答万充宗质疑书［M］//黄宗羲全集·第10册. 杭州：浙江古籍出版社，2012：194.

2. 有治法而后有治人的法治思想

学界一般认为，黄宗羲的《原法》打开了近代法治思想的大门，真的是这样吗？

《明夷待访录》是黄宗羲的政治哲学思想论纲，《原法》是其法治篇。《原法》的最后一句"有治法而后有治人"是黄宗羲法治思想的精髓和原理，它反驳的是"有治人无治法"理念。治法与治人本为政治系统内互为条件的两个不可或缺的存在，从古至今，从未分离。黄宗羲说：

"三代以上有法，三代以下无法。何以言之？二帝、三王知天下之不可无养也，为之授田以耕之；知天下之不可无衣也，为之授地以桑麻之；知天下之不可无教也，为之学校以兴之，为之婚姻之礼以防其淫，为之卒乘之赋以防其乱。此三代以上之法也，因未尝为一己而立也。"①

三代以上，是无法之法的时代，实行的是天下之法。黄宗羲说：

"三代之法，藏天下于天下者也。山泽之利不必其尽取，刑赏之权不疑其旁落，贵不在朝廷也，贱不在草莽也。在后世方议其法之疏，而天下之人不见上之可欲，不见下之可恶，法愈疏而乱愈不作，所谓无法之法也。"②

这就是说：三代以上有法，有的是"无法之法"。不言而喻，前一个"法"是指法律。所谓"其法之疏""法愈疏"之"法"，是指条文法；后一个"法"指法治。黄宗羲认为，三代之法主要体现在"山泽之利""刑赏之权""贵贱不以地位论"三个方面。这三个方面分别指自然资源、法律资源、社会价值尺度。可见，后一个"法"指的是社会政治、自然等资源的公平分配问题。三代之法，法治典范，黄宗羲在此已有回到三代之意。此意与孔子以降的多数大儒毫无二致。为什么要回到三代？因为三代以后"法愈密而天下之乱即生于法之中，所谓非法之法也"③。那么，何谓非法之法？黄宗羲说：

"夫非法之法，前王不胜其利欲之私以创之，后王或不胜其利欲之私以坏之。坏之者固足以害天下，其创之者亦未始非害天下者也。"④

非法，这里指治理方法或统治手段以统治者私利为目的，"利不欲其遗于下，福必欲其敛于上"，与"无法之法"的福泽社会人民的治理方法

---

① 黄宗羲. 原法 [M] //黄宗羲全集·第1册. 杭州：浙江古籍出版社，2012：6.
② 黄宗羲. 原法 [M] //黄宗羲全集·第1册. 杭州：浙江古籍出版社，2012：6.
③ 黄宗羲. 原法 [M] //黄宗羲全集·第1册. 杭州：浙江古籍出版社，2012：7.
④ 黄宗羲. 原法 [M] //黄宗羲全集·第1册. 杭州：浙江古籍出版社，2012：7.

背道而驰。这种"非法之法"造成"古圣王之所恻隐爱人而经营者荡然无具"。怎么办？只有回到三代，"以复井田、封建、学校、卒乘之旧"。① 回到三代是儒家的社会理想，但这一理想的方向是复古。绵延理论认为，同样的原因不会再次发生。三代的社会政治环境和自然环境是三代之法得以出现的基础，彼时的基础至明代早已荡然无存。社会在绵延中运动发展，每时每刻都在变化：文化在进步，经济在发展，手工业和农业已经成熟，城市在扩大，人口在增加。明代需要符合自己时代特点的社会政治制度，而不是简单效法三代，以复古为依归。政治家诚然可以把三代之治作为理想社会的蓝图，但也必须知道回到三代是用静止甚至倒退的观点看待社会发展，这样的观点与运动的现实不可避免地会发生冲突，必然会走向失败。黄宗羲之政治哲学思想本于心性学说，向后远追孔孟，近接程朱，以三代之治为理想社会蓝图，从而得出一切向前的历史终将走向治乱的结论。严格来讲，这是一种与唯物史观相悖的理论。唯物史观认为人类社会遵循社会发展规律前进，秉持螺旋式上升的进步观念；绵延理论认为，人类社会是创造进化而成，变化无时不在，运动无刻不在。绵延理论与唯物辩证法本质上可以互相印证，两种理论都强调运动，前者更强调在真正的时间内看待事物发展，在某种程度上，前者的时空观是后者的补充。但两种理论都会反对黄宗羲的逻辑。

黄宗羲的《原法》在本质上是静止观点。黄宗羲通过逻辑推导，从三代以上有法、三代以下无法，得出前者是天下之法，后者是一家之法；进而推导出三代之法是无法之法，三代以下是非法之法；从而得出天下治乱"系于"法之存亡。那么，三代之法是先王之法，先王与法孰先孰后？先王受制于法，还是法操纵于先王？抑或先王即是法？黄宗羲说：

"即论者谓有治人无治法，吾以谓有治法而后有治人。自非法之法桎梏天下人之手足，即有能治之人，终不胜其牵挽嫌疑之顾盼，有所设施，亦就其分之所得，安于苟简，而不能有度外之功名。使先王之法而在，莫不有法外之意存乎其间。其人是也，则可以无不行之意；其人非也，亦不至深刻罗网，反害天下。故曰：有治法而后有治人。"②

"有治法而后有治人"理念成为黄宗羲的思想标签，一般认为，该理念也是其在思想上走入近代的公认的标志。但问题是，黄宗羲是用静止的观点，以回到三代，与儒家先贤取得精神和学术上的共识。他使用的学术

① 黄宗羲. 原法 [M] //黄宗羲全集·第 1 册. 杭州：浙江古籍出版社，2012：7.
② 黄宗羲. 原法 [M] //黄宗羲全集·第 1 册. 杭州：浙江古籍出版社，2012：7.

研究方法是心性学说，且主张西学中源，是用静止的观念得出一个具有近代意义的结论，或者说，与近代政治思想发生了偶然的巧合。自然科学研究不会因为结果正确而肯定求证结果的步骤与方法的正确，社会科学亦如此。但社会科学更复杂。就社会价值意义而言，黄宗羲的结论无疑具有划时代的特征，无论评价到怎样的高度都能为学界和社会接受。就学术价值而言，其方法以及由此方法而得出的结论则须慎重评价。这种评价必须首先是时间内的评价，必须是绵延中的运动的评价。于是，我们发现了黄宗羲学术方法的弊端——静止观点。这就是绵延分析法的意义和力量。绵延分析法强调在真正的时间内探究事物的运动，反对在空间中研究问题，反对把空间当作时间。黄宗羲所秉持的心性学说，恰恰是把三代以下放置在空间内，与三代相比较，忘记自己所处的时代仍在运动发展，好像时间从未发生过作用。其实，事物一旦并排置列于空间，它们就是外在于彼此的静止存在，不再运动，不再变化。明末的社会经济文化与前代相比，已经发生性质上的变化：资本主义经济因素、西学东渐、思想碰撞、党社运动、农民起义。一切都在运动变化，一切都表明适合三代之法的社会历史环境早已荡然无存，社会性质已经发生根本的改变。如此发展的社会还能回到垂裳而治、井田分封的三代吗？这是不言自明的。有学者认为黄宗羲的《明夷待访录》的观点受到西方传教士高一志"西学治平四书"[①]的影响，并逐条对比证明：黄宗羲思想与"晚明传入的西方政治哲学具有学理上的内在联系"。[②]如果说学理上有内在联系，那么在研究方法上首先要趋同或一致，事实显然并非如此。黄宗羲的政治哲学思想和法治思想都是基于时代环境及其思想基础而自生的观念，他依据中国传统儒家思想资源，内在推导出自己独特的理论。这是基于本土思想文化资源而自生的理论，具有独创性，也有偶然性。

我们肯定"有治法而后有治人"的观念，肯定黄宗羲对近代政治思想的开创性的贡献。但是，就学术而言，我们明确反对静止观点，反对用静止的观点看问题。我们相信唯物史观，我们相信唯物辩证法，我们使用绵延分析法，就是要发现历史中的时空错置，发现思想家和政治家如何放弃时间，放弃绵延。我们认为，运用绵延分析法能够发现思想的运动方向，从而判断思想家或政治家思考问题的方法依据——静止还是运动观

---

① 许苏民. 晚明西学东渐与《明夷待访录》政治哲学之突破 [J]. 江汉论坛，2012（12）：34.

② 许苏民. 晚明西学东渐与《明夷待访录》政治哲学之突破 [J]. 江汉论坛，2012（12）：41.

点。我们在黄宗羲的思想过程中发现了问题，我们会在顾炎武的思想中找到同样的问题吗？

三、顾炎武的复古思想：正人心，厚风俗

1. 顾炎武的思想

"天下兴亡，匹夫有责"，顾炎武三百多年前的一声呐喊，至今仍令国人振聋发聩。[①] 一位为时代呼唤，为国家前途命运呼唤的思想家，其思想成果必然站在其时代之巅峰。因此，顾炎武的法治思想也必然站在那个时代之巅峰。其法治思想具体表现为六个字：正人心，厚风俗。顾炎武说：

"法制禁令，王者之所不废，而非所以为治也。其本在正人心，厚风俗而已。"[②]

顾炎武这句话点明了法治内涵：法律禁令的本质是正人心，厚风俗。顾炎武认为，王者不以法律禁令为治国必要手段，盖因"天下之事，固非法之所能防也"[③]。前人立法，不能掌握事物发展变化，未能预留变通的空间，后人"立法以救法"，则法律越来越繁密，"天下之事日至于丛脞"。此观点与黄宗羲的"非法之法"颇为一致。依此而论，皇帝成为国家唯一一位真正做事的人："百年之忧，一朝之患，皆上所独当。"[④] 因此，要运用法治，正人心，厚风俗，"兵财之柄倒持于下"，皇帝"束之于上"，才能国泰民安。可以说，顾炎武对法治的理解已经符合近代法治理念，那么，他是如何做到的？是自觉还是无意？为弄清这些问题，我们须简要了解顾炎武其人其学。

顾炎武（1613—1682），江苏昆山人。原名绛，字宁人，学界尊称

①　有关"天下兴亡，匹夫有责"的第一提出人是谁这个问题，魏朝利作了详细论证。魏朝利. 本体论视域中"天下兴亡，匹夫有责"命题的论证历史、内涵阐释与现代转换［J］. 天府新论，2019（04）.

②　顾炎武. 日知录 卷之8·法制［M］//顾炎武. 顾炎武全集·18·日知录（1）. 上海：上海古籍出版社，2011：363.

③　顾炎武. 日知录 卷之8·法制［M］//顾炎武. 顾炎武全集·18·日知录（1）. 上海：上海古籍出版社，2011：364.

④　顾炎武. 日知录 卷之8·法制［M］//顾炎武. 顾炎武全集·18·日知录（1）. 上海：上海古籍出版社，2011：365.

"亭林先生"。14 岁，被昆山县县令杨永言推荐为诸生。32 岁，清军攻至南京，杨永言起兵抗击，顾炎武加入义军。兵败，母丧。母亲临终遗言嘱其勿事二姓。此后，顾炎武游历中国，晚年拒绝清政府为官修书邀请，年69 岁而终。明崇祯二年（1629 年），张溥成立复社，成员中便有 17 岁的顾炎武。参加复社，对顾炎武民族气节的形成"产生了积极影响"。① 复社著名人物杨廷枢、陈子龙、钱谦益、瞿式耜、方以智、冒襄、侯方域、吴应箕均与顾炎武交好。黄宗羲是复社成员，亦是复社后期领袖之一。两人在复社的经历，或多或少都会影响其价值观。因此，顾炎武思想成为学界研究的重点内容。其中，顾炎武政治思想又是重点之重点。研究顾炎武政治思想的学者多，但研究其政治思想形成方法的少。近代思想家梁启超认为，顾炎武"所以能当一代开派宗师之名"，就是因为"其能建设研究之方法"。② 梁启超将其研究方法归纳为贵创、博证、致用三特征，其中，博证"最能传炎武政治学法门"。所谓博证就是通过本证、旁证论述，不使用孤证。梁启超认为，顾炎武采用的是近代科学的研究方法，"乾嘉以还，学者固所共习，在当时则固炎武所自创也"。③ 梁启超先生的结论似乎是一块坚硬的敲门砖，能够引导我们通过梳理研究方法，找到顾炎武与近代思想的真正关系，但这块敲门砖本身也有问题。

梁启超先生总结的只是顾炎武研究方法的三个特征。其实，研究方法无非时空二字，自然科学多采用空间，社会科学多采用时间。社会科学研究出现的研究方法上错误大多是把空间当作时间。近代以来，世界上真正在时间中研究社会科学的首推马克思主义经典作家，其次是法国哲学家亨利·柏格森。亨利·柏格森提出绵延理论，告诉我们时间的意义。梁启超所提出的三个特征恰恰都在空间中排列，而其引用的顾炎武所说"凡文之不关于六经之指、当世之务者，一切不为"④ 这句话，恰能概括亭林先生的研究方法。"六经之指"是顾炎武的研究理论，"当世之务"是其研究内容，二者互为补充，形成顾炎武的学术研究方法。因此，就包括法治思想在内的政治思想而言，其理论仍为传统儒家一脉。具体而言，其是非评价标准，完全出自儒家学说。屠凯先生在这方面提出一个新观点："博

① 周可真. 顾炎武与复社 [J]. 苏州大学学报（哲学社会科学版），1992（03）：111.
② 梁启超. 清代学术概论 [M] //汤志钧，汤仁泽. 梁启超全集·第10集. 北京：中国人民大学出版社，2018：224.
③ 梁启超. 清代学术概论 [M] //汤志钧，汤仁泽. 梁启超全集·第10集. 北京：中国人民大学出版社，2018：224.
④ 顾炎武. 与人书三 [M] //顾炎武. 顾炎武全集·21·亭林诗文集 诗律蒙告. 上海：上海古籍出版社，2011：139.

学于文和行己有耻的有机结合，才是顾炎武所提判断是非对错的标准，亦即其法哲学的核心内容。"① 因此，顾炎武以"正人心，厚风俗"为其法治思想的总纲，也是顺理成章之事。其总体政治主张，与黄宗羲一样，亦是返回三代。梁启超曾说："吾于清初大师，最尊顾、黄、王、颜，皆明学反动所产也。"② 这四人分别是顾炎武、黄宗羲、王夫之、颜元。他认为，顾炎武是清初经学之祖，黄宗羲是清初史学之祖。黄宗羲从史论政，最终为返回三代，我们已经论证其思想之静止本质。无独有偶，顾炎武从经论政，最终归宿亦是三代。梁启超最尊顾炎武，称其为晚明"黎明运动"第一人③，那么，这个"第一人"的思想是否也以静止为本质呢？

静止的反面是运动。一般认为，顾炎武重视变化与运动，变化与运动是其法治思想的核心本质。晚清学者、《日知录集释》作者黄汝成指出，顾炎武"凡关家国之制，皆洞悉其所由盛衰利弊，而慨然著其化裁通变之道，词尤切至明白"④。屠凯先生说："'变化'是顾炎武法哲学的一大主题。"⑤ 周文玖先生认为，顾炎武"关于变化的思想许多是通过阐述《易经》而体现出来的"⑥。没错，顾炎武的变化思想来自《易经》。那么，他是怎样通过《易经》理解变化的？《易逆数也》是其有关《易经》与变化问题的语录，他说：

"'数往者顺'。造化人事之迹，有常而可验，顺以考之于前也。'知来者逆'。变化云为之动，日新而无穷，逆以推之于后也。圣人神以知来，知以藏往，作为《易》书，以前民用。所设者未然之占，所期者未至之事，是以谓之逆数。虽然，若不本于八卦已成之迹，亦安所观其会通而系之爻象乎？是以 '天下之言性也，则故而已矣'。"⑦

《易经》可占未来，这是顾炎武的观点。今天的自然科学和社会科学告诉我们，未来无法预测，只有经历真正的时间，才能了解运动变化本身。自然科学能够根据哈雷彗星的运行规律，准确计算其下一次到访地球

① 屠凯. 博文而有耻：顾炎武的法哲学 [J]. 苏州大学学报（法学版），2019（03）：52.
② 梁启超. 清代学术概论 [M] //汤志钧，汤仁泽. 梁启超全集·第10集. 北京：中国人民大学出版社，2018：228.
③ 梁启超. 清代学术概论 [M] //汤志钧，汤仁泽. 梁启超全集·第10集. 北京：中国人民大学出版社，2018：223.
④ 黄汝成序 [M] //顾炎武. 日知录集释（校注本）（1）. 杭州：浙江古籍出版社，2013：1.
⑤ 屠凯. 博文而有耻：顾炎武的法哲学 [J]. 苏州大学学报（法学版），2019（03）：64.
⑥ 周文玖. 顾炎武论治乱兴衰 [J]. 史学史研究，1996（01）：51.
⑦ 顾炎武. 日知录 卷之1·易逆数也 [M] //顾炎武. 顾炎武全集·18·日知录（1）. 上海：上海古籍出版社，2011：81.

的时间，但自然科学目前尚无法计算下一块陨石落在地球表面的时间。这是因为，后者没有运行规律。社会科学无法预知未来。马克思主义人类社会发展规律描绘的是人类社会进步的方向，但这一规律在实践中会发生变化，如中国特色社会主义建设实践丰富了马克思主义思想，形成了马克思主义中国化理论成果。即使是目前最先进的大数据和人工智能，也无法准确描绘人与社会的未来发展运动轨迹，因为它们的数据都是过去的，而人与社会在每一分每一秒都会发生新的无法预知的变化。机器学习如果能解决绵延中的矛盾、渗透、融合，能够在无规律的人和社会的意识中找到它们下一个动作和意念的规律，机器或能取代人和社会，甚至主宰人和社会。但是，人和社会真的会让机器取代自己吗？因此，未来不可预测，我们只能肯定进步的方向。在顾炎武时代，《易经》仍是全部过去和未来。一切过去和未来都书写在《易经》里，一切都是给定的。因此，《易经》里的变化只是静止，因为在一个给定的世界里，一切变化都框定于静止，在静止的世界里没有创造，没有进步，《易经》早已注定了一切。以治乱循环为例，顾炎武认为，"一治一乱。盛治之极而乱萌焉，此一阴遇五阳之卦也"①。一阴遇五阳是《易经》六十四卦第四十四卦——姤卦，卦辞曰："女壮，勿用取女。"卦辞与治乱循环风马牛不相及，毫无关系。我们不去探究姤卦本意如何演绎为一治一乱的解释，我们只要知道从"壮女不可娶"到"国家一治一乱"，姤卦均能解释就足够了。国家无论如何治理，均无法摆脱盛极必衰的历史命运，这是宿命论。宿命论也是空间思维。它把人类历史分割成治世和乱世，而人类历史"恰巧"是按照一治一乱的顺序发生的。事实上，这是我们人为塑造的历史解释，"治"和"乱"被想象为历史过程的时间点，似乎整个历史就是这样起起伏伏的过程。可是，"治"和"乱"只是历史过程的突出特征，占据整个历史多数过程的是那些平凡平静流淌的岁月，那些没有波澜起伏的岁月，这些岁月就是"治"和"乱"两点之间的连接线。这些连接线加在一起构成了完整的历史，而那些"点"只是历史的一部分。那些"点"只是人们在空间中总结概括历史时找到的具有统计意义的特征，它们是历史的重要事件，但这些重要事件得以发生的矛盾一定出现在绵延中。绵延的历史是真正的历史。《易经》能够预测一治一乱的历史，在顾炎武看来，这是自然而然、无须证明的结论。我们认为，顾炎武的思想恰恰在这里没有走入近

---

① 顾炎武. 日知录 卷之 1·姤 [M] //顾炎武. 顾炎武全集·18·日知录（1）. 上海：上海古籍出版社，2011：68.

代，与黄宗羲一样，他也是用错误的方法得出正确的结论。那么，为何两位伟大的思想家走的是复古路线，而在后世学者看来，却具有变化特征，具有近代意义呢？

2. 亨利·柏格森的答案

运动产生于不变物体的降解。这是亨利·柏格森在《创造进化论》中就此问题给出的答案。不过，他的考察对象不是中国古代思想家，而是古希腊哲学家。古希腊哲学家的方法错误似乎也是孔子和《易经》发生的错误。这个错误就是：时间在他们的哲学中没有发生作用。《易经》通过六十四卦规定了过去和未来的所有变化，小至一个人的某个时间段的运数，大到宇宙万物运行，它都能占卜。换句话说，它规定了一切历史和未来，它规定了不变性。那么，我们为什么会感到变化存在？这是因为人们通过减少或降解，得到了变化。亨利·柏格森说："我们说，在一种运动中的东西多于在运动物体的连续位置中的东西，在一种变化中的东西多于在相继经过的形式中的东西，在形式的进化中的东西多于在相继实现的形式中的东西。因此，哲学能从第一类的项得出第二类的项，但不能从第二类的项得出第一类的项；思辨必须从第一类的项出发。但是，智慧颠倒了这两个项的秩序，在这一点上，古代哲学的做法如同智慧的做法。古代哲学处在不变的事物中，只能形成理念。但是，有变化，这是事实。既然提出了唯一的不变性，又如何能使变化产生于不变性？这不可能是通过增加某种东西实现的，因为按照假设，在理念之外不存在任何肯定的东西。这可能是通过减少实现的。这个公设必然是在古代哲学的深处中：在静止物体中的东西多于在运动物体中的东西，人们通过减少或减弱从不变走向变化。"①

这种减少或减弱就是不变物体的降解。通过降解，我们好像看到了变化，看到了新事物，这是因为"新的感性事物分解为加在其上的新的否定量"。② 否定量的量值有大小，其对象是感性的实在事物的形式。感性的实在事物的最高形式对应的是否定的最小可能量；感性的实在事物的最低形式对应的是否定的最大可能量，这种否定量是感性的实在事物的最普遍属性。它们是不变事物的变化来源。"通过不断的降解，人们得到越来

① ［法］亨利·柏格森. 创造进化论［M］. 姜志辉，译. 北京：商务印书馆，2004：261-262.

② ［法］亨利·柏格森. 创造进化论［M］. 姜志辉，译. 北京：商务印书馆，2004：271.

越特殊的属性。"古代哲学家通过这种方法，"把感性世界的某一方面等同于存在的某种减少"。① 于是，变化出现了。但这个变化只是给定静止的减少，是空间中量的减少，而不是时间流逝中的创造。这种量的减少一旦对应感性的实在事物的最低形式，我们就能在静止中看到明显变化。我们甚至以为这就是性质的变化，其实这只是数量的变化，我们的思想依然被框定在给定的静止中。因此，空间的量减是在给定静止条件下的量变，量的减少达到最大可能的否定量，我们就能感受到变化。我们常常会以为这是性质的变化。黄宗羲和顾炎武无论是从思想上还是从理论上，均主张返回三代理想社会。他们坚持认为古代历史书写了现实和未来的答案，他们没有辨别历史经验与现实基础的相容性，他们认为只要返回三代，现实遇到的和未来将遇到的所有问题将自动消失。于是，他们向现实疾呼呐喊，给予现实最大可能的否定量。但他们的基本思想和理论始终停留在三代，停留在经学框定的静止世界。梁启超认为黄宗羲和顾炎武等思想家已经走入近代，发出了与近代思想一致的声音，但这只是一种感情上的共识，是为了一种政治而否定另一种政治的需要。就学术而言，黄宗羲和顾炎武的思想依然未能摆脱静止的观念，如亨利·柏格森所言，依然是从第二类的项得出第一类的项的智慧。

亨利·柏格森的答案为我们提供了一个尺度，这个尺度能够帮助我们辨别和评价近代思想与近代的真实距离。下面，我们继续依照这个尺度，来分析明末清初另一位大儒——王夫之。

四、王夫之：因时通变的法治思想

萧公权先生著《中国政治思想史》，为王夫之独辟一章，专门论述，可见其对船山思想的重视。他说：

"船山思想上最大之贡献，为其毫不妥协之民族观。其论政治制度，纯以历史眼光为判断，亦多精辟之处，不可不于兹略加叙述。船山所提出制度之原理有二。一曰法制随时代以演变，二曰一代之法制自成一整个之体系。"②

对于王船山与黄顾等人的差异，萧公权先生认为，"传统儒家每喜言

① ［法］亨利·柏格森. 创造进化论 ［M］. 姜志辉，译. 北京：商务印书馆，2004：272.
② 萧公权. 中国政治思想史（2）［M］. 沈阳：辽宁教育出版社，1998：578-579.

法古。宋明理学亦动辄称美三代之治，以封建井田诸制为后世之楷模。船山深观史实，一反其说，认定势理相随，变而益进，乃人类社会生活之必然趋势"①。萧公权先生的评价把王夫之与其他宋明理学家区别开来，区别的标准就是时间：王夫之是"变而益进"，其他人是"返回三代"。我们通过绵延分析法已经在黄宗羲和顾炎武那里得到与萧先生同样的结论，现在，我们要继续使用绵延分析法研究王夫之的"变而益进"与真正的时间的关系。

1. 合天变的绵延观念

王夫之（1619—1692 年），字而农，号姜斋，晚年隐居湘西石船山，人称船山先生，今湖南衡阳人。晚清时期，王夫之遗著经曾国藩校阅整理并推广，集为《船山遗书》，遂为世人所重。清末民初，船山思想影响梁启超、谭嗣同、黄兴、章太炎以及中国共产党早期领袖等一大批近代政治先驱人物。欲了解其法治思想，须先清楚其宇宙观；欲了解王夫之宇宙观，有两部书必读：一是王夫之壮年时期写的《周易外传》7 卷，二是王夫之晚年写的《周易内传》6 卷。② 两书的区别在于，前者"以推广于象数之变通，极酬酢之大用"；后者"守《彖》《爻》立诚之辞，以体天人之理"。此外，王夫之还作《周易大象解》，该文"有引伸而无判合"，与前两书"可以互通"。③ "两书一文"囊括王夫之之周易思想，但我们只取其关于变化之观点。王夫之曰：

"盖自天化而言之，则万象不同之形体，大化不齐之气应，各自为道，而非緣此而变彼。而以人事之同异得失言之，则阴阳各自为类，而其相杂以互异者，惟緣情之动而往来进退于其间，数有参差，则性情功效之臧否应违以殊，非忽至无因，乃其推移之际，毫厘之差，千里之谬也。"④

王夫之所研究的《易》是文王之《易》、孔子之《易》。他认为，文王废弃夏商时期占候卜筮之术（日者之术），还《易》以简洁。孔子继承文王之《易》。因此，孔子作《彖传》，是基于"卦画已定、卦象已备、卦德已见于《彖辞》"，然后"得其理焉"。⑤ 这与卦变不同，卦变乃基

① 萧公权.中国政治思想史（2）［M］.沈阳：辽宁教育出版社，1998：579.

② 据《周易内传发例》王夫之自述，《周易外传》写于 1655 年，船山先生时年 36 岁，正值壮年；《周易内传》写于 1685 年，船山先生时年 66 岁，正值弱病。

③ 王夫之.船山遗书·第 1 册［M］.北京：中国书店，2016：337.

④ 王夫之.船山遗书·第 1 册［M］.北京：中国书店，2016：323.

⑤ 王夫之.船山遗书·第 1 册［M］.北京：中国书店，2016：324.

于"此卦之所以异于彼卦者，以其爻与位之有变易也"。孔子是从已知为事实作评价，卦变是通过占卜的偶然变化推测事实或未来。王夫之反对占卜的基于偶然性的结论，他认为，自然万物各自为道，独自进化，不能互相转变；人与人之间以男女分类，以人情情感维系，人情情感微妙，难以预测其变化。人与人的关系构成社会关系，王夫之在此处即说人，也说家庭，更说社会。王夫之认为，《易》之所以成为占卜之书，是西汉哲学家焦赣所为；而《易》成为学者问道之书"而略筮占之法，自王弼始"①。王弼（226—249年），魏晋玄学家。王弼以后，占筮之法不传，而各种邪说如八宫、世应等出现。王夫之说："以康节之先天，安排巧妙，且不足以与于天地运行之变化，况八宫、世应之陋术哉！"邵雍（1011—1077年），北宋著名理学家，谥康节。王夫之再次表明，自然变化非人力所能控制，所能预测，理学大家邵雍的才华尚且不能，日者之术更不能。王夫之给予卜筮之术坚决否定。至此，我们已经发现，王夫之与黄顾确有不同。但这种不同是性质的还是程度的，尚需深入分析。

王夫之的《周易内传》论述否极泰来时，议及"治乱循环"，其观点与顾炎武不同，可资比较。王夫之说：

"以天下治乱，夫人进退而言之，泰极而否，则尧、舜之后当即继以桀、纣，而禹何以嗣兴？否极而泰，则永嘉、靖康之余何以南北瓜分，人民离散，昏暴相踵，华夷相持，百余年而后宁……故泰极者当益泰也，否极者当益否也……极则必反者，筮人以慰不得志于时者之佞辞，何足以穷天地之藏，尽人物之变，贞君子之常乎？故旧说言始言终者，概不敢从，而求诸爻象之实，卦或有初而不必有终，不计其终；或有终而不必有初，不追其始。合浑沦之全体，以知变化之大用，斯得之矣。"②

王夫之思想已经摆脱《易经》变化框架。王夫之以历史史实否定"治乱循环"之说。初读其论，尚以为其说不过是空间说的翻版。及读至"合浑沦之全体"，不禁拍案叫绝，如饮清泉，甘之如饴。"卦或有初而不必有终"与"或有终而不必有初"二句，体现时间真谛。时间无始无终，任何历史事件和自然事件都无法阻挡时间的前进。《思问录外篇》亦论及治乱循环并提出明确治乱观念，云："方乱而治人生，治

---

① 王夫之. 船山遗书·第1册 [M]. 北京：中国书店，2016：333.
② 王夫之. 船山遗书·第1册 [M]. 北京：中国书店，2016：326.

法未亡，乃治；方治而乱人生，治法驰，乃乱。"① 时间在我们之外，我们在时间之内。我们在时间之外即空间看历史，会把历史标识以"治乱循环""朝代更迭""古代近代现代"等。这些历史标识在说明历史的同时，也切割了历史，分割了时间。时间变成空间，在空间中充斥着静止的历史。时间不再起作用，众多静止的事件构成了运动变化。显然，王夫之思想冲破《易经》变化框架束缚，"合浑沦之全体，以知变化之大用"，真正进入时间的绵延。同样的理念也出现在王夫之的《周易大象解》中。关于时间，王夫之在"革卦"中有论述。何谓"革卦"？君子以治历明时。他说：

"《革》者，非常者也。三代有必因之礼，百王有不易之道。旦夕数变，非治道也；初终数改，非德行也。唯治历明时，则无常可守，非《革》不能。君子之慎用《革》，而但用之于此，合天变也。因此知守一定之法，以强天从己者，其于历远矣。求之安，则姑安焉，更数十年而不须通变者，未之有也。善治历者，俟后人。不善治历者曰'天已尽吾算测之中，守成法而不变，可以终古'，求不诬天而乱时也，得乎？"②

王夫之深悟时间与人的关系。"天变"即绵延。绵延是真正的时间，君王慎用《革》，慎对变化，不是不变化。君王施行恒定历法就是看不到变化，以为自己能够卜筮未来发展的每一步，强迫绵延适应自己。真正的做法是，进入绵延，"合天变"，善治历，"俟后人"，不"诬天乱时"。王夫之已经把卦象看作绵延的产物，而不是空间的产物，不再拘泥于《易经》的空间框架，而是在时间中解决绵延问题。作为同一时期的伟大思想家，黄宗羲也对"革卦"做过解释：

"器敝改铸之之为革，天下亦大器也，礼乐制度，人心风俗，一切变衰，圣人起而革之，使就我范围以成器。后世以力取天下，仍袭亡国之政，恶乎革？"③

显而易见，黄宗羲的"革卦"发生在空间中。革是器具改铸，是行状的变化。天下是大器具，容纳着礼乐制度、人心风俗。革，就改变"一切变衰"，使其适应时代的变化（我范围）。新朝代仍袭用前朝的已经被证明是失败的历法，就是没有"革"。如果未采用绵延分析法，黄宗羲

---

① 王夫之. 思问录外篇 ［M］//王夫之. 船山遗书·第 12 册. 北京：中国书店，2016：209.

② 王夫之. 船山遗书·第 1 册 ［M］. 北京：中国书店，2016：358-359.

③ 黄宗羲. 周易象数论·卷 3·原象 ［M］//黄宗羲全集·第 9 册. 杭州：浙江古籍出版社，2002：119.

这段话不仅看不出问题，而且还具有进步意义。我们肯定这段话具有进步意义，但仍须说这个进步意义来自感性的实在事物的否定量。它是数量的变化，而非性质的变化。天下作为器具以及由此而产生的"使就我范围以成器"的新格局，都是空间思维的结果。黄宗羲没有看到历史是时间的流逝，没有看到"革"是性质的变化。从这个角度而论，王夫之思想真正实现了"六经责我开生面"，真正走入了近代。

2. 否定地圆说与整体宇宙观

我们肯定王夫之的宇宙观走入了近代，但其科学思想仍然滞后，未能跟上其宇宙观的脚步。为什么要在研究王夫之法治思想的段落加入其科学思想的内容？就世界范围而言，伽利略和开普勒普及和推广哥白尼日心说，现代科学得以产生；日心说取代地心说，人类哲学思想也发生了进步，产生了培根、笛卡尔、莱布尼茨等哲学家。这些伟大的人物均来自16—17世纪。17世纪发生了人类历史上第一次科学革命，美国科学史学家 I. 伯纳德·科恩认为，这一时期从哥白尼的思想革命开始，发生了以开普勒、吉伯和伽利略领导的物理学革命，产生了培根、笛卡尔等哲学家，出现了牛顿革命以及维萨里、帕拉塞尔苏斯和哈维的生命科学革命。① 王夫之是中国17世纪的著名思想家，其思想高度能够代表中国当时的知识水平。但他批评利玛窦的一篇文章却暴露其科学知识的短板：

"浑天家言天地如鸡卵，地处天中犹卵黄。黄虽重浊，白虽轻清，而白能涵黄，使不坠于一隅尔，非谓地之果肖卵黄而圆如弹丸也。利玛窦至中国而闻其说，执滞而不得其语外之意，遂谓地形之果如弹丸，因以其小慧附会之，而为地球之象。人不能立乎地外以全见地，则言出而无与为辨，乃就玛窦之言质之。其云地周围尽于九万里，则非有穷大而不可测者矣。今使有至圆之山于此，绕行其六七分之一，则亦可以见其迤逦而圆矣。而自沙漠以至于交趾，自辽左以至于葱岭，盖不但九万里六七分之一也。其或平或陂，或洼或凸，其圆也安在？而每当久旱日入之后，则有赤光间青气数股自西而迄乎天中，盖西极之地，山之或高或下，地之或侈出或缺人者为之。则地之欹斜不齐，高下广衍，无一定之形，审矣。而玛窦如目击而掌玩之，规两仪为一丸，何其陋也！"②

---

① [美] I. 伯纳德·科恩. 科学中的革命（新译本）[M]. 鲁旭东，赵培杰，译. 北京：商务印书馆，2017：165-293.

② 王夫之. 思问录外篇 [M] //王夫之. 船山遗书·第12册. 北京：中国书店，2016：227.

在王夫之写出这段文字的 100 多年前，葡萄牙航海家麦哲伦通过环球航行，证明了地圆说。因此，意大利传教士利玛窦并非附会，而是传播真正的科学知识。关于传播地圆说，利玛窦说：

"乃翻译窦所携全图，且细绎为二小图，一载赤道以北，一载赤道以南，以赤道为图之周匝，以南北地极为图之心，如两半球焉。观斯图则愈见地形之圆，而与全图合从印证，愈知理无所诬矣。"①

王夫之没有能够理解利玛窦的地圆说，致使其科学思想未能走入近代。王夫之所谓"两仪"乃指天地，这个天地就是地球。《周易·系辞上传》第 11 章曰："是故易有太极，是生两仪，两仪生四象，四象生八卦，八卦定吉凶，吉凶生大业。"根据陈居渊先生的解释，太极就是易道变通，易道变通生成天地阴阳。② 两仪即天地阴阳，即地球。浑天家用鸡卵形容地球，最为形象，也与近代科学考证基本一致。但王夫之认为鸡卵说只是浑天家的比喻，而实证表明，地球不可能是圆形。王夫之的证明和结论使其与近代科学拉开了距离。中国接触近代科学之时，近代科学刚刚诞生不久。一些科学家如徐光启积极利用西学补儒，为中国古代科学发展做出了宝贵的贡献。可惜的是，明末清初三大思想家均未能在思想上接受近代科学资源，致使其政治思想主张无法脱离落后传统羁绊，三大思想家中的两位秉持复古思想，主张返回三代理想社会。唯独王夫之持与时俱进观点，突破《易经》给定的静止框架。那么，王夫之否定地圆说的科学思想影响我们对其思想走入近代的判断吗？

答案是不影响。《周易》是中国古代的宇宙观，"易有太极"描绘宇宙状态，"是生两仪"说明地球形成原因。于是，"两仪生四象，四象生八卦"，似乎太极是一切之源，其下事物与其构成从属关系。从而，宇宙万物均在《周易》中得到解释，六十四卦"弥伦天地，无所不包"。宇宙间的一切变化均是给定的。但是，王夫之的宇宙观是整体的，两仪、四象、八卦均为宇宙的一部分，它们是并列关系，而非从属关系。从而保证宇宙变化不是来源于一，而是来自多。他说：

"所自生者肇生，所已生者成所生，无子之叟，不名为父也。性情以动静异几，始终以循环异时，体用以德业异迹，浑沦皆备，不漏不劳，固合两仪、四象、八卦而为太极。其非别有一太极，以为仪、象、卦、爻之

① 汤开建. 利玛窦明清中文文献资料汇释 [M]. 上海：上海古籍出版社，澳门：澳门特别行政区政府文化局，2017：112.
② 陈居渊. "易有太极"义新论 [J]. 中国哲学史，2019（05）：44-45.

父，明矣。"①

正因如此，王夫之没有走向地心说，而是形成整体宇宙观。我们知道，17 世纪形成近代科学，其基础就是否定了地心说。对王夫之而言，其思想不需要经过这一痛苦否定。17 世纪日心说取代地心说，这是近代科学的进步。但日心说只是一踱步。18 世纪中叶，英国天文学家发现银河系，否定了日心说。直到 1924 年，美国天文学家哈雷才用天文望远镜确定了河外星系——仙女座星系，银河系也不再是宇宙中心。今天，天文学家测得宇宙年龄为 137 亿年。宇宙对我们来说仍然是未知和神秘的。但是，我们越来越相信，宇宙是一个整体。从这个角度看，王夫之的宇宙观依然是进步的，文王、孔子之《易》依然具有进步意义。因此，我们说，王夫之虽然否定地圆说，但不会改变其思想上步入近代的事实。

3. 有治人而后有治法

王夫之法治思想有个著名命题：有治人而后有治法。治人与治法孰重？这是摆在明末清初思想家面前的一道选择题。黄宗羲的答案是治法为重：有治法而后有治人。黄宗羲的命题为后世赞誉，亦为我们肯定。但同时，我们也指出，从学术角度看，黄宗羲的命题最终是走向复古，是回到三代而非向前发展。与黄宗羲持相反意见，王夫之主张治人为重。王夫之这一命题是其法治思想的一个基本理念，贯穿其全部政治思想，是研究其学术思想和政治思想的一个无法回避的命题。但很少有学者论及这一命题。近现代学者对王夫之评价颇高。梁启超评价王夫之哲学法早于康德一百年②，但《清代学术概论》却以顾炎武为"黎明运动"第一人；钱穆的《中国近三百年学术史》认为，王夫之"其识盖超出同时梨州、亭林、习斋之上矣"③；萧公权亦认为，就政治进化主张而言，"船山学术，似尤在黄、顾之上"④。但以上大家在肯定王夫之的同时，均未提及"有治人而后有治法"命题。

王夫之这一命题容易造成误解。"治人"与"人治"是两个概念，王夫之的"治人"与黄宗羲的"治人"亦是两个概念。王夫之的"治人"

---

① 王夫之. 周易外传卷 5·系辞上传［M］//王夫之. 船山遗书·第 2 册. 北京：中国书店，2016：131.

② 梁启超. 明清之交中国思想界及其代表人物［M］//梁启超. 饮冰室合集·文集·第 14 册. 北京：中华书局，2015：3998.

③ 钱穆. 中国近三百年学术史（上册）［M］. 北京：商务印书馆，1997：130.

④ 萧公权. 中国政治思想史（2）［M］. 沈阳：辽宁教育出版社，1998：580.

是指治理国家、分职任事的职官，"择人而授以法，使之遵焉"①。显然，这与黄宗羲"一家之法"的"治人"之所指迥异，后者具有"人治"内涵。黄宗羲是基于反对人治而提出的"有治法而后有治人"，王夫之是基于德位相配理念而提出的"有治人而后有治法"。黄宗羲反对的是君主专制，主张回到三代；王夫之本质上主张维护君主权力，反对权力下移，主张因时通变。总之，王夫之以"治人"指德位相配、职得其官、官称其职的官员。有了这个基本条件，才能授官以法，给予官员治理国家的权力。因此，他明确反对任法而不任人：

"法之弊也，任法而不任人。夫法者，岂天子一人能持之以遍察臣工乎？势且仍委之人而使之操法。于是舍大臣而任小臣，舍旧臣而任新进，舍敦厚宽恕之士而任憸幸乐祸之小人。其言非无徵也，其于法不患不相传致也，于是而国事大乱。"②

王夫之之"法"是具体的法。"委之人而使之操法"，是指具体的人行使具体的法。因此，具体人的能力德行便与其职位产生必然联系，无德无能之人不能给予相关职位，否则，法律便会显现弊端，显现与预期不符的治理效果。不过，王夫之对"任人"的治理方法的弊端也非常清楚。他说：

"任人任法，皆言治也，而言治者曰：任法不如任人。虽然，任人而废法，则下以合离为毁誉，上以好恶为取舍，废职业，徇虚名，逞私意，皆其弊也。于是任法者起而摘之曰：是治道之蠹也，非法而何以齐之？故申、韩之说，与王道而争胜。乃以法言之，周官之法亦密矣，然皆使服其官者习其事，未尝悬黜陟以拟其后。盖择人而授以法，使之遵焉，非立法以课人，必使与科条相应，非是者罚也。"③

王夫之明晰"任人而废法"的弊端，但坚持"任人"即是王道。周代法令严密，但官员能够熟练本职工作，并非以升迁赏罚作为管理官员的必要手段。选择合适的官员，使其熟悉本职工作的有关法律，而非通过立法限制官员的行为，要求官员按照法律条文履行职责，与法律条文不符的行为会受到处罚。由此，我们更加明确，王夫之的"有治人而后有治法"理念仅涉及官员层面，其价值观念仍然是传统王道思想，也就是说，决定"治人"与"治法"孰先孰后的是君王。君王在二者之间进行选择的依据

① 王夫之. 读通鉴论（上册）［M］. 北京：中华书局，1975：290.
② 王夫之. 读通鉴论（上册）［M］. 北京：中华书局，1975：150.
③ 王夫之. 读通鉴论（上册）［M］. 北京：中华书局，1975：290.

是传统王道思想。

"任法，则人主安而天下困；任道，则天下逸而人主劳。无一切之术以自恣睢，虽非求治之主，不能高居洸濊于万民之上，固矣。"①

对君王而言，王道是治理天下的基本思想。君王以法律作为治理国家的依靠，"法愈密，吏权愈重"②，官吏权重，则君王权弱，"天子之权，倒持于掾吏"③，君王失去对法律的控制权。为此，王夫之提出"法定于一王"④。

"宽斯严，简斯定。吞舟漏网而不敢再触梁笱，何也？法定于一王，而狱吏无能移也。"⑤

法定于一王，是指君王对法律有实质性的统摄权。事实上，君主专制时代的法律本出于一王。但如果任法而不任人，则法愈密，立法权在形式上则下移，官吏能够通过法律漏洞找到重新解释法律的途径，则官吏成为隐形的立法者，君王失去实质性的立法权。因此，王夫之坚持"吏人之得失，在人不在法"⑥，强调"法严而任宽仁之吏""法宽而任鸷击之吏"⑦。这就是王道。王道是王夫之真正的法治思想。但其王道思想与传统有着性质的变化。王夫之为王道思想加入因时通变之法，使王道思想具备迈入近代的可能。

"王者代天而行赏罚，参之以权谋，则逆天而天下不服，非但论功行赏、按罪制刑于臣民也。"⑧

王道以天道为依归，君王代天治理天下，因此，君王不能违背天意，即不能违背民意。何谓道？"道者，刚柔质文之谓也。刚柔质文，皆道之用也，相资以相成，而相胜以相节。"⑨ 王夫之对汉光武帝"吾治天下以柔道行之"⑩ 的执政之法特别欣赏。他认为刘秀之道是"以静制动，以道制权，以谋制力，以缓制猝，以宽制猛"⑪。其中，"以道制权"说明行王道的实质是权可以归于一，法可以定于一王。王夫之肯定法定于一王，

---

① 王夫之. 读通鉴论（上册）[M]. 北京：中华书局，1975：5.
② 王夫之. 读通鉴论（上册）[M]. 北京：中华书局，1975：7.
③ 王夫之. 读通鉴论（上册）[M]. 北京：中华书局，1975：7-8.
④ 王夫之. 读通鉴论（上册）[M]. 北京：中华书局，1975：8.
⑤ 王夫之. 读通鉴论（上册）[M]. 北京：中华书局，1975：8.
⑥ 王夫之. 读通鉴论（上册）[M]. 北京：中华书局，1975：40.
⑦ 王夫之. 读通鉴论（上册）[M]. 北京：中华书局，1975：49.
⑧ 王夫之. 读通鉴论（上册）[M]. 北京：中华书局，1975：135.
⑨ 王夫之. 读通鉴论（上册）[M]. 北京：中华书局，1975：173.
⑩ 王夫之. 读通鉴论（上册）[M]. 北京：中华书局，1975：140.
⑪ 王夫之. 读通鉴论（上册）[M]. 北京：中华书局，1975：140.

但以变化思想对待朝代更替。

"法者，非一时、非一人、非一地者也。"

"先后异时也，文质相救而互以相成，一人之身，老少异状，况天下乎?"①

王夫之因时通变的理念得到学界重视。钱穆指出，王夫之论政的一大特点是"法制不能泥古"。② 萧公权指出，"抑吾人又当注意，船山虽反对一切守旧复古之政策，认制度宜适时应世，而大体倾向于重视历史之演变，反对人为之因革"。③ 王夫之并未将因时通变理念归为己有，而是认为"适时应世"的"道之用"来自"古先圣人"。

"名之不胜实、文之不胜质也，久矣。然古先圣人，两俱不废以平天下之情。奖之以名者，以劝其实也。导之以文者，以全其质也。"④

古先圣人的"道之用"在于因时通变。名与实、文与质各有其用，不得偏废，不能绝对。"道之用"亦有标准。王夫之以事君主与事父母为例，认为"君父均也，而事之之道异"。他指出，《礼记》曰："事亲有隐而无犯，事君有犯而无隐。"什么是隐?"隐者，知其恶而讳之。"知道父母的恶行也要为他们隐瞒。"有隐以全恩，无隐以明义，道之准也。"⑤ 王夫之之道基于辩证、运动。其因时通变思想悟自传统，但拒绝复古，而是强调变化发展，认为"法不可以守天下"⑥，治人与治法是辩证关系，"用人与行政，交相扶以图治"⑦，但要以治人为先，"人而苟为治人也，则治法因之以建"⑧。

王夫之的"有治人而后有治法"观念实质上是具有近代意义的因时通变的进步观念。此观念与黄宗羲"有治法而后有治人"所指的天下之法和一家之法的区别迥然不同。黄宗羲剑指君主专制，而王夫之则为官僚体系把脉。但是，前者停留在空间中看问题，回到三代成为其解决问题的唯一途径；后者在时间内分析事物运动变化，认为"封建之不可复也，势也"⑨。王夫之发现了"治人"的价值，治人决定治法的实施，因此，

---

① 王夫之. 读通鉴论（上册）[M]. 北京：中华书局，1975：101-102.
② 钱穆. 中国近三百年学术史（上册）[M]. 北京：商务印书馆，1997：129.
③ 萧公权. 中国政治思想史（2）[M]. 沈阳：辽宁教育出版社，1998：581.
④ 王夫之. 读通鉴论（上册）[M]. 北京：中华书局，1975：283.
⑤ 王夫之. 读通鉴论（上册）[M]. 北京：中华书局，1975：288.
⑥ 王夫之. 读通鉴论（中册）[M]. 北京：中华书局，1975：308.
⑦ 王夫之. 读通鉴论（中册）[M]. 北京：中华书局，1975：311.
⑧ 王夫之. 读通鉴论（中册）[M]. 北京：中华书局，1975：312.
⑨ 王夫之. 读通鉴论（上册）[M]. 北京：中华书局，1975：39.

王夫之法治思想具备真正走入近代的基础和条件。但其思想在于改变君主专制的专制，而非废弃君主专制的君主。对于君主权威，他反对君主"威福下移"①，认为"大经不正，庶民习于邪慝"②，主张"经天下而归于一正"③，目的是建立"生养遂，风俗醇，无不顺之子弟"的社会，实现"天下有道"④的理想。君主在这样的理想社会中，具有绝对的权威，但其权力则分配给具备"治人"资格的官僚阶层，"治法"产生于"治人"之后。这个理想社会不是因人立法的社会，而是得其人执其法的社会。这样的理想社会已经部分接近君主立宪制度。因此，我们说，王夫之的法治思想具有实质性的近代意义。

五、近代法治政治价值意识的产生及其特征

明末清初，近代法治政治价值意识得以产生。其产生遵循两种主要途径：一是西学补儒，二是自生。前者以徐光启为代表，主张以西方科学思想方法弥补传统儒家思想的逻辑缺陷，强调通过几何学等科学教育培养国人的逻辑思维能力，从而开辟教化新路；后者以明末清初三大思想家黄宗羲、顾炎武、王夫之为代表。运用绵延分析法分析，发现三大思想家自生的近代法治政治价值意识亦有性质上的差异。徐光启作为开启近代法治先河的集大成者，对包括黄、顾、王在内的后世学者的思想有着极大的影响，但他们又各有其特点。

徐光启的法治政治价值贡献在于科学教育。受西学东渐熏陶，徐光启提出西学补儒思想，这是其整体思想的主要特征。就法治思想而言，我们考察其"农为政本"思想，并认为它与传统理念并无二致。徐光启在《几何原本杂议》中以一句"人人当习之"，阐述了一个崭新的科学教育理念。该理念以科学观念为引导，以科学方法为方法，以科学信仰为目标，是当之无愧的近代法治政治价值意识的启蒙学说。法治政治价值理所当然地依赖教育或教化。离开后者，法治政治价值无从得以推广传播。因此，传统儒家政治思想强调教化，其最终目的应是法治。"儒家教化是以

---

① 王夫之. 读通鉴论（上册）[M]. 北京：中华书局，1975：106.
② 王夫之. 读通鉴论（上册）[M]. 北京：中华书局，1975：128.
③ 王夫之. 读通鉴论（上册）[M]. 北京：中华书局，1975：54.
④ 王夫之. 读通鉴论（上册）[M]. 北京：中华书局，1975：221.

人性论为基础"，"强调道德本性乃是儒家教化思想的共同特征"。[①] 教化思想传播的媒介主要是学校，其学习的主要内容是礼仪，其教材主要是"四书五经"。至北宋，始有较大创新。北宋教育家胡瑗主张"明体达用"，分学校为"经义""治事"两斋。其中，治事斋主要开设治兵、治民、水利、算数等课程，是为古代学校教育的性质上的大变革。晚明的徐光启继之，提出科学教育，旨在强化国人逻辑思维，提高国人整体素质。从传统教化到胡瑗分科教育再到徐光启科学教育，古代思想家在绵延中发现教育的问题与不足，从而提出相应的解决方法。而教育作为传播法治政治价值的最直接最有效的媒介，其在方法上的每一次改变，都足以造成法治政治价值的社会基础的变化。教育内容最终由君主决定，因此，君主的价值取向直接影响教育内容。但是，社会是一个有机体。在这个有机体面前，君主的权威始终是相对的，君主虽然可以用绝对权力阻止社会的一时发展，但无法阻止社会进步这个人类社会发展规律，无法阻止时间的绵延。明智的君主选择顺势而为，对社会有机体妥协，尊重社会有机体的选择；明智的君主也会通过教化影响民众的选择，让教化为社会发展服务。历史上的"治"基本都是符合这种妥协与选择的时期。徐光启提出科学教育时，正值第一次工业革命开端。如果晚明统治者能够顺势而为，接受并提倡科学及科学教育，中国则会与第一次工业革命顺利接轨，国家法治政治价值便有了科学这个基础。以科学为法治政治价值的基础是近代法治的必然选择。选择科学的方向也就是选择了自由。自由是科学的土壤，科学开启民智。徐光启深悉《几何原本》的重要性，大声疾呼"人人当习之"，担忧时不我待，充分表达了其对科学与国家命运的关系的深邃远见。三百多年后，胡适先生在"新文化运动"中，提出"民主与科学"口号，国人仍以为新鲜和新奇。殊不知，三百年前的徐光启是提出科学教育的第一人。而在这三百年间，国人、国家、中华民族遭受的苦难和屈辱，可以说，本质上均与科学和科学教育的缺失有关。

徐光启在思想上开启"中体西用"之先河。"中体西用"一词出自沈毓桂的"中学为体，西学为用"[②]，但后世皆以张之洞《劝学篇》中的"旧学为体，新学为用"为"中体西用"之出处。陈旭麓先生认为，冯桂芬的《校邠庐抗议》中有"以中国之伦常名教为原本，辅以诸国富强之

---

① 黄书光.论儒家教化思想的理论特征［J］.社会科学战线，2008（05）：204.
② 沈毓桂.匡时策［J］.万国公报，1895，4（75）.

术"① 之语，"中体西用思想"产生于此。按照陈先生的观点，"中体西用"是一种思想，而非咬文嚼字，那么，我们完全可以从绵延的历史中发现"中体西用"思想及其应用。徐光启的"中体西用"理念就是这样被发现的。这一发现，可以把"中体西用"思想提前近三百年。而这也是绵延分析法的功劳。如果仅围绕"中体""西用"两个词做文章，那是在做空间的文章，是在做资料史料的文章，无法把真正的绵延挖掘出来。只有在绵延中，徐光启坚定的"中体"理念才得以肯定，其以科学教育为媒介的"西用"主张才得以明晰。这是真正存在于时间中的"中体西用"，也是近代"中体西用"的开端。

与徐光启不同，明末清初三大思想家只选择"中体"一条路，但黄、顾、王亦有区别。从绵延角度看，黄、顾选择"中体"，同时选择复古，主张返回三代。我们认为，黄、顾之所以选择返回三代，是因为他们在空间中看待时间，时间在他们的理论里失去作用。时间失去作用后，他们把空间当作时间，认为时间可以倒流，同样的条件可以再次出现，适合三代社会的环境条件可以，而且一定能够再度出现。时间静止了。事实上，真正的时间是运动的，真正的时间不会停止。一旦我们设定一个停止的时间，我们的思维就来到空间中。空间中的一切是静止的。空间中的物体，其起点和终点一旦确定，这两点便被固定，不再运动。起点和终点之间的距离，是我们必须经历的过程，这是真正的时间。时间流逝向前，起点与终点之间所处的环境条件永远不会相同，同样的历史环境条件永远不会发生第二次。我们承认有形式上相类似的历史环境条件存在，但绝对的一致不会再来。因此，对于返回三代，如果没有与三代绝对一致的历史环境条件，这种返回一定是相对的返回，但无法重现真正的三代。王夫之的时间观念更加符合近代。他主张因时通变，反对返回三代。这是真正意义上的近代理念。王夫之同样主张"中体"，甚至与黄、顾同样精通《易经》，但他在《易经》中看到的是永不停歇的时间，而非六十四卦便可囊括的过去、现在和未来。因此，明末清初三大思想家，唯有王夫之主张因时通变，主张在时间内思考问题。他强调"有治人而后有治法"，不是主张人治，而是主张治理得人，主张官僚德位相配，主张德位相配的官僚才能赋予其治理国家的资格。同时，他主张君主必须维护自己的权威，反对威福下移。我们仿佛从这些主张中看到君主立宪制的雏形。

综上而言，明末清初法治政治价值基础呈现三大源头特征：一是徐光

---

① 陈旭麓. 论中体西用 [J]. 历史研究，1982（05）：39.

启的"中体西用"的科学教育精神，二是黄宗羲、顾炎武的复古思想即返回三代，三是王夫之因时通变的法治价值观念。我们通过绵延分析法，发现此三特征。我们继续使用绵延分析法，追踪此三特征的发展：它们是否在时间中运动、发展、存在，还是消失在时间中？还是有新的特征出现在之后的绵延中？

第三章　西方法治政治价值的挑战与清政府的选择

　　鸦片战争轰开了紧闭的国门，国家蒙辱，人民遭难。清政府因外来逼迫不得不在政治制度层面做出相应改变，这些改变意味着晚清法治的专制特征出现松动，一些新的法治价值因素开始融入晚清政治。对这些新的法治价值因素，清政府最初采取绝对抗拒的态度。及至国门被武力洞开，乃不得已而缓慢寻求改变。殊不知，国门洞开后，西教强势东来，从沿海直至内陆腹地，都出现传教士的活动轨迹，一些西方近代政治和法治价值观念也随之植入中国社会。这些价值观念通过不断渗透和传播，逐渐占据主动，甚至掌握话语权，以致在清政府内部不断出现新政理念、思想、呼声和实践。虽然清末新政由清政府主导，但其改革的速度未能超越革命。武昌首义、辛亥革命敲响了清王朝的丧钟。从鸦片战争到辛亥革命，清政府针对其制度框架进行了前所未有的改革，但为何仍难逃覆亡命运？这个问题从不同角度出发会有不同解读，如西达·斯考切波教授的《国家与社会革命》采用比较政治分析法对中国革命进行经典解读。这个解读未能令笔者信服。笔者将从时间角度，以绵延分析为研究方法，通过梳理近代法治价值的基础及其转换，形成自己的解读。

一、空间视野的中国革命原因及其规律

　　西达·斯考切波教授无疑是 20 世纪最伟大的比较政治学家之一，其名著《国家与社会革命》是国际政治专业师生的必读书。这样一部伟大的作品问世后，也充满了争议。据何俊志教授总结，其争议有三：

　　第一，革命发生的结构性与能动性争议。西达·斯考切波教授主张：革命是发生的，而不是创造出来的；革命并不起始于革命先锋队的主观努力，而是发生在特定的结构性情势之下。社会革命是多种社会力量在某一

历史时刻复杂交织的后果。革命的最终后果超出了任何单个参与主体的意图……在一些学者看来，斯考切波的结构性视角无异于是一种机械的结构决定论……在相当程度上忽视了一些革命领袖人物在革命过程中所起的重大作用。①

第二，国家自主性问题的争议。国家具有追求自己的偏好和利益的性质，它能够在一定程度上依照自己的偏好、按照自己的行为方式来贯彻自己的意志。这是斯考切波的国家自主性理论。但在国家自主性与国家能力的相互关系的处理上，她认为，传统君主官僚制国家是一种自主性强的国家，但是，由于受制于竞争性的国际环境和农业社会的阶级结构，国家能力较弱，进而导致国家解体。而一些意见相反的批评者认为，正是在那些传统国家能力过于强大的地方，才更容易出现革命。②

第三，斯考切波使用比较历史分析法，采用求同法和求异法。一些批评者认为，其存在着机械性地将同一推理体系强行套进具有不同历史传统和权力结构的国家的倾向。③

何俊志教授总结的三点争论，分别是国家结构理论、国家自主理论和比较历史分析。这三点争论的主题也是西达·斯考切波教授《国家与社会革命》的主要理论。绵延分析法认为，这三点及其反对意见的视角均为空间，正如我们所看到的争论，他们永远不会说服彼此，因为存在于空间的理由具有无限性。斯考切波教授有很多机会可以走入真正的时间，例如，她认为革命是发生的，革命不是制造的。其原文是：

"至于历史上的社会革命的原因，温德尔·菲力普斯（Wendell Phillips）曾非常正确地指出：'革命不是制造出来的，而是自然发生的。'"④

温德尔·菲力普斯（1811—1884 年），律师、改革家、演说家，美国反奴隶制的先锋之一。西达·斯考切波教授并未找到温德尔·菲力普斯这句话的确切出处，但这并不影响这句话的真正价值。无论是西达·斯考切波教授引述的革命"是自然发生的"，还是何俊志教授转述的"革命是发

---

① 何俊志. 译者序 [M] //西达·斯考切波. 国家与社会革命. 何俊志，王学东，译. 上海：上海世纪出版集团，上海人民出版社，2015：Ⅷ.
② 何俊志. 译者序 [M] //西达·斯考切波. 国家与社会革命. 何俊志，王学东，译. 上海：上海世纪出版集团，上海人民出版社，2015：Ⅸ-Ⅹ.
③ 何俊志. 译者序 [M] //西达·斯考切波. 国家与社会革命. 何俊志，王学东，译. 上海：上海世纪出版集团，上海人民出版社，2015：Ⅺ.
④ [美] 西达·斯考切波. 国家与社会革命 [M]. 何俊志，王学东，译. 上海：上海世纪出版集团，上海人民出版社，2015：18.

生的"，都不影响这句话的真正价值。这句话只说明一点：革命是在时间内发生的。无论是"自然发生"还是"发生"，都不会在空间中发生。空间是我们想象出来的，我们把发生过的革命及其原因放置在空间中，存在于空间中的革命原因是人为安排的静止的原因。在空间中，我们可以通过各种原因组合"制造"或还原革命的过程。革命的自然发生一定在时间内，在绵延中，革命就其最直接与最本质的原因而言并无规律可循。可惜的是，西达·斯考切波教授引述了温德尔·菲力普斯的经典语录，却为其构建了一个空间解释框架。这是从时间的对的思路走进空间的错的方法。错误发生的第一步，是其对规律的生硬寻找：

"任何对革命的有效解释，都需要分析家'超越'参与者的观点，去发现超出既定历史场景的重大规律。这些规律所覆盖的对象应包括：曾经发生过革命的局势中类似的制度模式和历史模式，革命曾经在特定过程中发展的冲突模式。"①

绵延分析法反对社会科学对规律的生硬寻找，认为同样的条件不会发生两次，而对规律的寻找便会导致机械决定论。这种机械决定论忽视时间中发生的各种错综复杂、相互融合的原因，而以空间的所谓规律作为最终的原因。制度模式、历史模式、冲突模式是其规律的对象，这三种模式最终归结为社会历史的结构性视角，形成空间研究方法，这是错误发生的第二步。而在空间中，西达·斯考切波教授可以自行取舍一些革命前提因素，而其舍弃的也许就是近代中国革命的某一个重要因素。

有关清政府覆亡的原因，西达·斯考切波教授认为"正是异乎寻常的外来压力和特殊的内在结构及其发展，才导致中国的旧制度陷入了革命性政治危机"②。这是马克思主义经典的内因与外因相互关系的理论，西达·斯考切波教授的社会革命理论正是脱胎于马克思主义理论。正如她所言："为了理解在社会革命中所卷入的某些冲突这一具体目的，我将大量地采用马克思主义和政治冲突视角的某些理论。"③ 马克思说："我们判断这样一个变革时代也不能以它的意识为依据，相反，这个意识必须从物质

①　[美] 西达·斯考切波. 国家与社会革命 [M]. 何俊志，王学东，译. 上海：上海世纪出版集团，上海人民出版社，2015：19.

②　[美] 西达·斯考切波. 国家与社会革命 [M]. 何俊志，王学东，译. 上海：上海世纪出版集团，上海人民出版社，2015：80.

③　[美] 西达·斯考切波. 国家与社会革命 [M]. 何俊志，王学东，译. 上海：上海世纪出版集团，上海人民出版社，2015：13.

生活的矛盾中，从社会生产力和生产关系之间的现存冲突中去解释。"①
但与很多马克思主义者一样，西达·斯考切波教授仅仅在空间中理解了马
克思主义理论，而真正的马克思主义理论始终在时间内，如马克思主义中
国化。由于自觉地采用了空间视角，西达·斯考切波教授自然地寻找中国
革命的规律——内因与外因相互关系——国际与国内的"双重压力"②，
从而忽略了更能反映中国革命的本质形成于时间的原因。

　　西达·斯考切波教授未能在时间中观察国际压力的深度价值渗透以
及中国社会的反应。鸦片战争前，西教已经东来。西方传教士经商、传
教、办刊物，同时，也把西方的平等、自由、权利等价值理念带到中
国。鸦片战争后，各国获准在通商口岸传教，但传教士往往突破限制潜
入内地农村社会。中国教徒与日俱增，传统社会价值观念受到考验。太
平天国运动就是受传教士的西方价值理念熏陶而从内陆农村社会发起的
席卷大半个中国的革命运动。西达·斯考切波教授承认，太平天国运动
的"反儒意识形态部分地受到了基督教传教士布道的启发"③。但受结
构理论的空间局限，她未能继续沿着传教士在中国的发展进行考察。事
实上，19 世纪末 20 世纪初的义和团运动也与传教士有关。只不过太平
天国运动则有自己的脱胎于基督教的拜上帝会信仰，而义和团运动以
"扶清灭洋"为口号。同样是农民运动，同样是内因，为何前后对西方
传教士及其宗教形成两种截然相反的态度——接受与排斥？这个答案只
能在时间中寻找。由于西达·斯考切波教授未能深入时间，过于专注结
构性的空间理论，致使其研究的内因与外因的关系呈现割裂状态。这也
是一些马克思主义研究者的通病。他们熟悉马克思主义理论，但却总是
割裂马克思主义理论之间的关系。他们使用内因与外因关系理论，却忘
记了唯物辩证法三大规律。他们也谈冲突、运动、变化，但却使时间失
去了意义。唯物辩证法三大规律的本质告诉我们，要在时间中发现问
题、研究问题、解决问题。

---

①　[德] 马克思．"政治经济学批判"——序言 [M] //马克思恩格斯全集·第 13 集．北
　　京：人民出版社，2006：9．
②　[美] 西达·斯考切波．国家与社会革命 [M]．何俊志，王学东，译．上海：上海世纪
　　出版集团，上海人民出版社，2015：343．
③　[美] 西达·斯考切波．国家与社会革命 [M]．何俊志，王学东，译．上海：上海世
　　纪出版集团，上海人民出版社，2015：87．

二、主权平等：国家层面的近代法治政治价值挑战

鸦片战争之前，平等尤其是主权平等观念已经在欧洲制度化运行近200年。这是1648年《威斯特伐利亚和约》创造的人类文明奇迹。当时，中国正值明清交替之际，清朝初兴。此后近200年，虽然屡有西方传教士和西方国家使节到访，但《威斯特伐利亚和约》及其主权平等理念始终未能落地中国。因此，中国与其他国家交往时始终秉持宗藩观念，坚持华夷秩序，即使是与英国这样的遥远的欧洲国家往来，依然奉行我尊人卑的等级礼制，进而导致律劳卑事件，并由此一步步引发鸦片战争，这是等级与平等观念的冲突。我们研究近代法治的价值基础，而这是一条足以贯穿这段历史的绵延的主线。美国东亚问题专家卡尔梅森·詹森（Chalmers Johnson）教授是以社会的核心价值取向为尺度来研究意识形态运动的著名学者。他认为，意识形态运动是这样出现的：

"如果从外部或内部出现了新的价值或技术，从而出现了价值与环境之间严重不协调时，这种情况就会发生。一旦出现不协调的现象，社会中的人们就会变得无所适从，并由此转向由革命运动提倡替代性价值。"[1]

西达·斯考切波教授认为，卡尔梅森·詹森教授的社会理论和社会变迁理论的"价值取向和政治合法性是解释革命情势出现、当局的选择、革命力量的性质和成功的关键因素"。[2] 价值取向或价值变迁是内在变化，是需要在时间中才能发现的变化。这种变化一旦形成性质上的变化，便预示着改革或革命的发生。我们无法在空间中发现价值的运动、冲突、变化，我们在空间中看到的价值是结构的人为基础，而这个基础在空间中呈现出静止状态。西达·斯考切波教授没有在时间的价值意义上停留，而是在未能结合唯物辩证法的前提下，转向马克思主义社会革命概念"所强调的社会结构变迁和阶级冲突"[3]，进而在错过卡尔梅森·詹森教授的时间的价值意义后，再次错过了马克思主义唯物辩证法的时间

---

① [美] 西达·斯考切波. 国家与社会革命 [M]. 何俊志，王学东，译. 上海：上海世纪出版集团，上海人民出版社，2015：12.

② [美] 西达·斯考切波. 国家与社会革命 [M]. 何俊志，王学东，译. 上海：上海世纪出版集团，上海人民出版社，2015：13.

③ [美] 西达·斯考切波. 国家与社会革命 [M]. 何俊志，王学东，译. 上海：上海世纪出版集团，上海人民出版社，2015：13.

分析的本质。

主权平等是清政府应对的国家层面的近代法治政治价值挑战。1648年，《威斯特伐利亚和约》签订，欧洲出现主权国家。主权国家即独立国家，其一大特征是国与国之间奉行平等交往原则。几乎在同一时期，即1644年，清廷定都北京，中国最后一个君主专制王朝建立。在外交上，清朝沿明制，延续宗藩体制。宗藩关系、封贡制度共同构建了明清时期的华夷国际秩序。① "夷"含有贬义，因此，"礼义"成了区别华夷之尺度。不过，时至近代，这个尺度因其天然缺乏平等性而遭到摒弃。平等思想在19世纪末传入中国，其主张有"天赋人权""人人生而平等"等。② 平等之前，"平均"是传统中国的政治心态，这种心态导致"中国传统政治文化主导方面是缺少平等规范的文化"，导致中国传统平均主义思想"缺少政治平等的前提"。③ 政治平等前提的缺少体现在外交上就是对华夷国际秩序下的宗藩关系的坚持和维护，而这种坚持和维护势必与秉持主权理念的国家产生冲突。

最初的冲突是外交冲突。鸦片战争前，外交冲突便已发生，最具代表性的外交冲突就是律劳卑事件。以往，为维护天朝上国尊严，两广总督与英人之间的文书须经行商转交，中国地方官员被禁止与英国商人和官员进行直接接触。1834年7月26日，新任英国驻华商务监督律劳卑奉英国外相巴麦尊之"燃烧炸药的信管"④ 之训令，直接致书两广总督卢坤，被拒。请注意，律劳卑的身份不再是习以为常的管理贸易的"大班"，而是英国政府的官方正式代表。他的这个身份并未引起各方重视。英国在华商人甚至认为"英国政府的直接代表律劳卑勋爵事实上确是中国的英国商务监督"。⑤ 中国政府也忽视了律劳卑身份的政治作用和意图。梁廷枏的《英吉利国记》中的记载大约可视为当时中国对律劳卑的真实了解：

"夷目律劳卑至，自称监督，移文督部，不自言其来意。"⑥

① 陈潮.传统的华夷国际秩序与中韩宗藩关系 [J].韩国研究论丛，1996 (02).
② 孙晓春，杜美玲.近代中国思想界对"平等"的误释——以康有为《大同书》为例 [J].探索与争鸣，2015 (08)：117.
③ 孙晓春.平均主义与中国传统政治心态 [J].天津社会科学，1992 (03).
④ [美] 马士.中华帝国对外关系史·第1卷 [M].张汇文，等，译.北京：商务印书馆，1963：139.
⑤ [英] 格林堡.鸦片战争前中英贸易通商史 [M].康成，译.北京：商务印书馆，1961：175.
⑥ 梁廷枏.英吉利国记 [M]//沈云龙.近代中国史料丛刊续编第52辑.台北：台湾文化出版社，1978：23.

由于在外交礼仪方面未能享受对等原则，律劳卑致书英国国内，主张武力对华。律劳卑的举动激怒两广总督卢坤，卢坤下令包围英夷馆，停止英人贸易。中英"鸦片战争前哨战"① 打响。当年，律劳卑因过度劳顿而病逝，引起英国国内的抗议，这就是律劳卑事件。1837 年 4 月，英国外相巴麦尊命令英国驻华商务监督义律，要求"不经行商"直接与两广总督公文往来，时任两广总督邓廷桢不允。1838 年 7 月 24 日，英国驻华商务监督义律抵粤，"要求平行往还"，两广总督邓廷桢再拒。② 拒绝与英国人平等交往在当时是否为错误的选择，甚至美国历史学家马士也未敢轻下定论。③ 很多英美人站在中国立场上，认为"所有的过失都在英方，中国人是无可指责的"。④ 诚然，英国的侵略战争和侵略意图是不容否认的，鸦片贸易是无耻的，但被侵略的是中国，所以我们一定要从中吸取除仇恨以外的更深刻的教训。如果推究律劳卑事件的历史教训，国与国之间的平等外交⑤应该列在首位。当然，当时的清政府无法做到这一点，因为"这是中国的邦交观念和政治体制不能容忍的"。⑥ 也正是由于做不到，所以此后列强侵略战争中的借口皆与不平等有关。无法给予平等的外交礼仪，那么对方感受到的一定是不平等。有这种不平等体会的还有生活在中国的英国基督教新教传教士，他们中的一些人渐渐把这种不平等体会转化为鼓动侵略的动力。

律劳卑事件发生后，包括传教士在内的旅华英人因意识到平等外交理念的缺失，便以《中国丛报》为阵地，采取激进立场。1834 年 12 月，该报发表《英国在华侨民上英王请愿书》，请求本国政府改变以往对华的"沉默政策"，因为"采取这种政策就是要让天朝的史册永远载着大不列颠国王是个中华帝国的朝贡者，而且虔诚地服从天朝的法令，这样传至后代都会认为外侨是野蛮的夷人"，这些在华英国侨民"建议让大不列颠国王陛下派出的全权公使先进驻接近北京的适当地点，而且要保证有足够的

---

① 顾卫民. 基督教与中国近代社会 [M]. 上海：上海人民出版社，1996：96.
② 郭廷以. 近代中国史事日志（上册）[M]. 北京：中华书局，1987：53-68.
③ 马士说，在 20 世纪，我们是不难分辨这局势之所以造成的责任，但假使我们是处于 1834 年当时人的地位，那就比较困难了，尤其是要去决定什么是照理应该做的。[美] 马士. 中华帝国对外关系史·第 1 卷 [M]. 张汇文，等，译. 北京：商务印书馆，1963：158.
④ [美] M.G. 马森. 西方的中国及中国人观念（1840—1876）[M]. 杨德山，译. 北京：中华书局，2006：122.
⑤ 当时的一些作者已经看到了平等这个问题。[美] M.G. 马森. 西方的中国及中国人观念（1840—1876）[M]. 杨德山，译. 北京：中华书局，2006：134.
⑥ 顾卫民. 基督教与近代中国社会 [M]. 上海：上海人民出版社，1996：96.

海军力量为后盾"，要求政府向中国提出索赔和规劝，并强调，"如果他们不接受规劝，就强逼他们接受。可能的话，就引导他们走上一条与他们的权利和义务相适应的道路"。① 这份请愿书还提到了重新开放"厦门、宁波和舟山各口岸"，以期"扩充商务"，并扩大"从贸易方面获利的机会"。② 显然，它透露了包括传教士在内的旅华英人不惜以武力维持和扩大资本主义贸易的要求。1836 年 2 月，该报发表《与中国缔约的迫切需要》一文，直言"如果我们要和中国订立英国条约，这个条约必须是在刺刀尖下，依照我们的命令写下来，并要在大炮的瞄准下，才发生效力的"。③ 这段激烈的赤裸裸的侵略言论的背后竟然有着一个要求平等的主张："为了对我们和中国的关系有着正当的理解，我们第一个步骤必须是向中国政府获得一个承认大不列颠是个独立自主的国家的绝对的保证。在《大清会典》里，我国是与高丽、暹罗等国列在同等地位的。只要我们仍被作为中国的封臣和诸侯中的一员看待，向他们建议订立平等互惠条约，或要求他们给我们的公使或商人以比过去更好的待遇，终是枉费心机。"④ 平等外交理念是宗藩体制与主权国家体制之间的最大差别。从这点看，清政府并非输在鸦片战争之后，而是之前。因缺乏平等外交理念，清政府的外交外贸政策引发了以新教传教士为主的计划在中国发展资本主义的旅华外人的激进主义思想。几年后，他们的激进主义思想终于在英国政府和国会内部发酵，并直接促成了对华战争命令的下达。

孙晓春先生尝云："自由和平等互为条件。"何谓互为条件？平等观念不会独自出现。由于它与自由互为存在条件，故有平等的地方，必有自由的存在。反之亦然。与自由和平等结伴而来的，还有权利观念。当然，观念到来之前，意识早已存在。意识是一种要求、一种愿望，是尚未形成概念的观念的雏形。观念是概念化的意识，是一种抽象的思维。中国传统政治思想中存在着大量可证实的自由意识、平等意识、权利意识，但这些意识仅停留在思想家的表述层面，虽经几千年的演进，惜未能形成观念，尤其是政治观念。近代以来，中西发生了激烈的文化碰撞，西方政治价值观念和思想随着大炮、随着战舰、随着传教士、随着贸易、随着译著，或大张旗鼓，或潜移默化，来到了中国。中国儒家传统法治思想需要西方政治思想的养分，这些标识着自由、平等、权利的养分是传统法治思想再获

① 广东省文史研究馆. 鸦片战争史料选译 [M]. 北京：中华书局，1983：39-40.
② 广东省文史研究馆. 鸦片战争史料选译 [M]. 北京：中华书局，1983：34.
③ 广东省文史研究馆. 鸦片战争史料选译 [M]. 北京：中华书局，1983：48.
④ 广东省文史研究馆. 鸦片战争史料选译 [M]. 北京：中华书局，1983：49.

新生的直接动力。平等来了，自由和权利亦并肩而至。由于中英法治思想
的价值差异，因此冲突一触即发，在所难免。那么，是否正义的价值的普
遍化需要强大军事武装来背书呢？完全不需要。正义的公平的价值理念如
自由、平等、权利是应然的理念，它们是人类进步趋势的产物。从应然到
实然，需要人类社会进步的推动。从绵延角度看，古代儒家思想及中华优
秀传统思想始终存在着自由、平等、权利等意识，这些意识受制于语言表
述的差异，其光芒往往被掩盖。如暴君放伐是古代民众自由、权利意识的
一个特殊表现，但因未被充分抽象概括，故无法成为政治哲学概念。但
是，不可否认，自由、平等、权利等近代价值意识始终存在于时间中。绵
延理论认为，这些价值意识始终存在，只有当其成为时间的主要价值观念
时，才会显现出来。因此，一些近代思想家以古代意识或理念套用近代概
念并非只是简单地机械地寻找对应关系，其中必大有深意。不过，依仗炮
舰之力的西方列强，以平等价值理念洞开中国国门，却在中国大行不平等
之实。

三、霸权主义与平等理念

鸦片战争是英国发动的对华侵略战争。从政治价值观角度看，鸦片战
争还是英国驻华商人为要求平等贸易权而怂恿政府发动的对华侵略战争。
政治价值观念暨平等与等级的对立是中英两国关系的最大障碍。不过，两
国的政治文化虽渊源不同，但值得注意的是，两国间仍存在共同尊重和遵
守的价值取向，或者说，某些普遍的价值观为两国人民自觉遵守。这一结
论有实例为证。

英军侵入广州，要求民众剪发。民人张遇祐拒剪发："辫为我天朝所
最重，头可断，辫不可割也。"英国全权代表义律闻此事，义之，赏银一
百元。张怒曰："我虽贫，不受逆金，急持去，毋污我目！"义律将其释
放。后，义律在与广州知府余保纯谈判时，称赞张遇祐，保纯赏"额外
顶戴"。邓廷桢有诗赞曰："截发何如竟断头，盤空硬语压夷酋。男儿要
膂坚如铁，愧杀夸毗惯体柔。"[1]

此事说明，中国儒家传统忠义思想与西方爱国主义观念是相通的。忠

---

①   不著撰人．英夷入粤纪略传抄本［M］//杨家骆．中国近代史文献汇编之1·鸦片战争
文献汇编·第3册．台北：台湾鼎文书局，1973：9.

义能够感动侵略者义律，同样能够感动中国官员余保纯和邓廷桢。对忠义的感动，证明中英文化间存在着一定的价值共识。魏源《海国图志》有云："中国文字，天下闻名已数千年，才能迭出，甲于天下。许多道理规矩，皆与欧罗巴之国略同，只是疲懦不善于战，故为外国人所轻。"① 但面对罪恶的鸦片贸易带来的巨大税收，英国内阁贪婪地选择了战争这个最野蛮的方式。为罪恶的鸦片贸易发动战争，这是大多数英国国会议员难以启齿的议案，因为他们知道鸦片贸易是可耻的。但 271 位明知鸦片贸易可耻且罪恶的英国国会议员，以各种借口为侵华战争投下了自己的赞成票，导致另外 262 位正直的议员阻止战争的努力付之东流。战争的借口之一是要求清政府给予英国商人平等待遇。那么，秉持平等理念的英国上流社会的绅士们是否真正在鸦片贸易与战争问题上给予中国必要的平等待遇呢？英国国会通过对华战争议案后，正直的斯坦厄普伯爵向女王上奏，提出了斯坦厄普命题：每一个住在别国的侨民对住在国中的法令都有责任无条件地绝对遵守。

"中英的友好关系之所以遭到破坏是由于英国臣民违背中国政府的禁令，坚持把鸦片运进中国去所引起的。他（斯坦厄普伯爵）请求女王陛下采取措施，制止英国人这类行为。不管中国政府禁烟的动机是不是道德的、政治的、财政上的或者是任性而行的，他认为每一个住在别国的侨民对住在国中的法令都有责任无条件地绝对遵守。鸦片的被禁止进口，无论其动机是否因为它败坏了中国人的智力和品格，或由于它引起了作为中国通货的白银的外流，我们同样也要尊重他们的法令……鸦片贸易或许是不可能禁止的，但是我们仍要尽一切努力去把这个已经被证明是有害于我们正当的商业利益的贸易抑制住。"②

用今天的话说，斯坦厄普伯爵的观点就是告诫英国不要干涉别国内政。清政府禁烟是中国政府自己的事情，其禁烟的动机不应是别国反对的理由。鸦片贸易自身的原罪性注定会给所有支持此项贸易的英国绅士带去永世的耻辱。而他们的支持无论以何种借口，都证明了他们的伪善。他们要求清政府给予平等贸易权，却不以平等之理念对待中国，无视清政府的合法禁令，践踏中国主权。打着平等的旗号，用不平等的手段去追求鸦片贸易利润最大化，英国政府给毫无平等观念的清政府上了一堂生动的霸权

① 魏源．海国图志卷 83·华事夷言录要［M］//《魏源全集》编辑委员会．魏源全集（7）．长沙：岳麓书社，2011：1987.

② 广东省文书研究馆．鸦片战争史料选译［M］．北京：中华书局，1983：231-232.

主义课。多年后，中国思想界对进化论的热衷与受到霸权主义的刺激大有关联。当然，在此，应该郑重介绍斯坦厄普伯爵。查尔斯·斯坦厄普(1780—1851年)，是第四代哈灵顿伯爵，少将军衔。斯坦厄普伯爵受人尊敬，地位高贵。他的言论引起了威灵顿公爵的反对。威灵顿公爵(1769—1852年)，是第一代威灵顿公爵，本名阿瑟·韦尔斯利，英国陆军元帅，两次担任英国首相，是英国政治领袖，也是发动鸦片战争的最主要元凶。威灵顿公爵反驳斯坦厄普伯爵，说：

"鸦片贸易确确实实是在违背中国法律中进行着的。然而这也是在中国的地方官的眼皮下进行着的。这些地方官由于通过鸦片进口获得不少钱财或关税以及取得贿赂而沉默。运进鸦片，这种贸易在中国的法律上虽被禁止，可是，实际上它是被许可的。这个矛盾，中国官吏们许多年来已经十分明白，中国皇帝也知道。应否把鸦片禁绝这个问题也曾提出来加以讨论。斯坦厄普伯爵曾对中国皇帝的正直美德说了不少好话。我现在请问伯爵，如果中国皇帝的正义感既因他让鸦片在缴纳重税的条件下由自由进口以代替私运，是这么极其崇高，那么，当他按照现在这样的办法任走私者在他的受了贿赂的官吏的默许下把鸦片运进广州，甚至用官方自己的船只，从海外把鸦片运进内地去时，他的正义感又会增加多少呢？我确实看不出伯爵关于鸦片贸易的非法性的论据有任何说服力，因为这已为中国政府所深知，不过它没有采取任何措施把鸦片禁止，反而打算让它在缴纳重税的条件下自由进口罢了……鸦片贸易仍要继续下去，这对我们来说，是一个重大的目标……对于从事鸦片贸易的人加以申斥……这实在有点刻薄了。这样的方针，我作为置身其事的一个人员，是绝不会参与的。"①

威灵顿公爵的反驳涉及国际法。鸦片战争前，中国政府已粗略了解国际法。1839年，林则徐禁烟前曾请美国传教士、医生伯驾翻译《滑达尔各国律例》，中国籍天主教信徒、林则徐的主要译员袁德辉翻译《法律本性正理所载第三十九条》，其中第172条规定："我思律例之设，原为保存身家性命起见，非关遵其例，即子其民之理。国家立法，应须如此。而外国人，一入其地，即该凛然遵顺……自法制一定，普天之下莫不遵守。故外国有犯者，即各按各犯事国中律例治罪。"② 此次国际法翻译是"有

① 广东省文书研究馆. 鸦片战争史料选译 [M]. 北京：中华书局，1983：233-234.
② 魏源. 海国图志卷83·华事夷言录要法律本性正理所载第三十九条 [M] // 《魏源全集》编辑委员会. 魏源全集 (7). 长沙：岳麓书社，2011：1992-1993.

明确中文史料记载的西方国际法著作首次传入中国"。① 国际法所定之条款，本着对各国公平、平等的原则，言之凿凿，不容违反。鸦片战争前即已出版，1863 年方在中国翻译并出版的《万国公法》强调"各国自主其事，自任其责，均可随意行其主权，惟不得有碍他国之权也"②。鸦片贸易是英国政府和国会心知肚明的罪恶贸易，中国禁止鸦片进口，无非是阻止其罪恶进一步扩散。而英国政府和国会置中国主权于不顾，悍然批准战争，令罪恶贸易合法化。一个对外灌输平等观念的国家，抛弃基本的国与国之间平等的理念，违反国际法，为罪恶的鸦片贸易正名，足见其要求的平等，何其虚伪！同时，英国也通过无耻的侵略证明了一个政治价值真理：自由与平等互为条件，缺一不可。

四、总理衙门的设立与君主专制法治基础的松动

一方面是西方列强炮舰之威，另一方面是主权平等观念大势所趋，清政府君主专制的法治价值基础受到考验，必须做出改变，以顺应时代发展。总理各国事务衙门的设立便是君主专制法治价值基础松动的重要表现。

清政府最初通过两广总督与西方列强打交道。两广总督虽贵为封疆大吏，但终究是地方官，在外交礼仪上与西方来华使节呈非对等关系。鸦片战争前后，清皇帝始终执意坚持这种非对等关系，甚至要求西方投书须经行商转交，导致中外双方矛盾频发。鸦片战争后，清政府允许五口通商，同意外国使节与两广总督平行交往。而几任两广总督又拒绝与外国人直接交往，因此矛盾依然不断，甚至导致第二次鸦片战争的爆发。第二次鸦片战争后，中外签署《天津条约》《北京条约》，允许外国使节驻京。至此，清皇帝才同意设立总理各国事务衙门，旨在通过该衙门与外国平等交往。

总理各国事务衙门成立于 1861 年 1 月 20 日，即咸丰十年十二月十日，简称"总理衙门"，亦称"总署""译署"。第一任总理大臣是军机大臣恭亲王奕䜣、军机大臣东阁大学士桂良、军机大臣文祥，符合"皇帝特简及军机大臣兼领"③ 的任命原则。这个机构由和硕恭亲王奕䜣统

---

① 王维俭．林则徐翻译西方国际法著作考略［J］．中山大学学报（哲学社会科学版），1985（01）：58.

② ［美］惠顿．万国公法［M］．丁韪良，译．北京：中国政法大学出版社，2003：70.

③ 刘耿生．奕䜣与总理衙门的建立述评［J］．历史档案，1990（04）：95.

领，显然向列强表明其在清代权力结构中的无比重要性。不久，它向全世界证明了自己的权力：不仅负责清政府的外交，而且是洋务运动的总枢机构。① 值得注意的是，一个如此重要的部门并未如军机处、内阁、六部那样，采用满汉复职制，而是仅用满族军机大臣。这就说明一个问题：清帝虽然在对外关系上接受了与列强平等交往的原则，但拒绝把这种平等因素向权力内部结构渗透。

总理大臣一般兼任军机大臣，总理衙门与军机处是什么关系呢？清政府最初设计的涉外权力机构是理藩院和礼部，但近代以来与列强的交涉实践，这两个部门并未参与其中。能够参与其中的主要是两广总督。这固然与清帝闭关锁国、仅开广州一关进行贸易有关，更为关键的原因是清帝把对外贸易简单化了，没有看到与列强开展贸易背后的政治因素。而鸦片战争后一步步地退让，以致清帝甚至无暇思考国家失败的根本原因。因此，第二次鸦片战争后，急于稳定局势的清帝不得已答应了恭亲王奕䜣的请求，允许成立总理衙门。总理衙门建立的初衷是为处理外国事务，为显示其重要性和清帝的重视，特命满洲贵族军机大臣兼领。表面上，军机大臣与总理大臣重合，但实际上，军机处负责国内事务，总理衙门负责外国事务，两个部门分工明确。不过，满洲贵族军机大臣同时兼任总理大臣，显示清帝对总理衙门的极度重视。

总理衙门是清帝与列强之间的政治与外交防火墙。以往，两广总督是清政府对外贸易的唯一媒介，也是清政府与列强交往的唯一媒介。两广总督收到列强投书后，须上奏北京。北京虽然有军机处和内阁，但涉外大事往往由皇帝亲自处理。因此，两广总督实际上就是传信的信使，没有处理权，这样的权力结构设计造成列强与清帝始终无法正面直接接触。清帝必须直接处理外国事务，但列强无法把书信直接交到清帝手里。清帝也多次启动钦差大臣机制弥补这个结构缺陷，但钦差大臣往往是临时指派，对清帝的态度和外交事务无法准确把握，因此，鸦片战争后，多位钦差大臣的下场凄惨。总理衙门设立后，相当于为皇帝与列强之间在北京建立了一道政治与外交防火墙。总理大臣都有涉外经验，甚至能够得到列强的信任，而且他们作为满洲最高等级的贵族，也能够得到皇帝的信任。这些总理大臣也在实际工作中证实了自己的能力。总理衙门存在 40 年，证明其运作是成功的。

---

① 吴福环. 论总理衙门在中国近代史上的历史地位 [J]. 社会科学辑刊, 1992 (01):
　　109.

　　总理衙门的设立向列强宣誓了清政府平等交往的决心，为洋务运动赢得了时间。清政府采用平等方式与列强交往，是其外交走向近代化的表现，不过，有些令人遗憾的是，清政府对平等有自己的理解。平等外交是两国交往时人员、级别、方式对等，清政府总理衙门以和硕恭亲王奕䜣为首领，显然极大提高了一个外交部门的地位。但这却造成了新的不平等，即清政府以高对低的逆向不平等。据史料记载，这种安排的原因是由于军机大臣与洋人之间较为熟悉，列强对军机大臣文祥尤为看重。① 或许，这只是清政府的权宜之计，但暴露了其尚未真正理解平等的含义。同时，这种安排也表明清帝对皇权的掌控欲望仍然一如既往。当然，站在列强的角度，他们是满意的，至少列强大使级的官员得到了与军机大臣对等交往的权利。新的"不平等"外交满足了列强的平等要求，也为清政府赢得了30 余年的稳定发展时期。这个时期就是洋务运动时期。洋务运动以自强为口号，加速了中国近代工业的发展。不过，清政府无法为加速发展的近代工业提供其所需要的政治基础，伴随近代工业而来的经济平等、权利意识又反过来动摇了清政府的专制统治。因此，从法治价值角度看，总理衙门的建立正如一叶知秋，君主专制的法治价值基础已然松动。

五、宗教信仰自由与羁縻政策：思想层面的近代法治政治价值挑战与应对

　　传教是基督教信徒心目中最神圣的工作。基督教有天主教、东正教、新教三大分支，其中，天主教和新教的传教与政治活动影响近代中国较深远。天主教（罗马公会）下有若干修会，如方济会、道明会等，其立会宗旨便是向所有异端传授福音。新教则有伦敦会、圣公会等修会。清末基督教传教弛禁主要针对天主教、新教这两个分支。

　　雍正初年，基督教禁于各省，传教士被逐至澳门，内地仅北京可合法供职。嘉庆年间，北京基督教北堂、东堂、西堂相继被毁，仅剩南堂。道光十八年（1838 年），南堂主教毕学源（Pires）逝世，"北京无西教士"。② 同年，道光帝下谕旨严禁天主教。曰：

　　"嗣后刑部审办天主教案，无论该犯等改悔与否，均著该部堂官当堂

---

① 刘耿生.奕䜣与总理衙门的建立述评 [J].历史档案，1990（04）：95.

② 徐宗泽.中国天主教传教史概论 [M].上海：上海书店出版社，2010：267.

亲讯明确。其情愿改悔者，著即将该犯家内供奉之十字架，令其跨越，以昭核实。"①

　　跨越十字架以示悔过，这种带有明显羞辱性质的惩罚方式说明清代禁教的决心，也说明清代宗教信仰自由的窘境。宗教信仰自由是近代中国迎来的第一种自由形式，也是清政府必须应对的思想层面的近代法治政治价值挑战。纵观历史，中国文化对外来宗教总是抱着好奇、尝试、接受的心态。西汉时期，印度佛法已经传入中国。② 景教于唐贞观年间进入中国，唐太宗"深知正真，特令传授"，③ 并敕造大秦寺一所，供信徒祷告礼拜。阿拉伯人阿布赛德哈散记载，回教、犹太教、拜火教等宗教曾于唐末出现在中国。④ 但中国古代帝王对外来宗教接受与否往往视政治需要或个人喜恶，并非遵照一定的价值理念。喜则由我迎，恶则为我逐。一种宗教，可以被奉为国教，亦会被定为邪教。天堂与地狱之择，其权力尽在君主。随意性是君主专制统治的常态。近代政治为规避这种随意性，采用宪法规范权力的界限和权利的范围。就宗教而言，宗教信仰自由是绝大多数近现代国家宪法规定的公民权利。近代中国弛禁天主教，即允许宗教信仰自由，始于鸦片战争后。

　　法国公使剌萼尼提出天主教弛禁的要求。鸦片战争失败后，清政府与英国签订《南京条约》等一系列不平等条约，众条约中未有明确与传教相关之内容。但有些条款，如允许英国人在五口（广州、厦门、福州、宁波、上海）定居和贸易，或能给传教士带来方便。随后的中美《望厦条约》则有"合众国民人在五港口贸易，或久居，或暂住，均准其租赁民房，或租地自行建楼，并设立医院、礼拜堂及殡葬之处"⑤ 等语，显示基督教信仰自由在五口得到法律上的肯定。当时，法国政府欲取代葡萄牙成为天主教在"非西方世界传教的保护者"，⑥ 法国公使剌萼尼积极配合，希望为天主教在华争取更多权利。他向中国负责签约的钦差大臣耆英提出弛禁天主教的要求。据记载，道光帝于 1844 年 12 月 28 日曾下诏令天主

①　宣宗成皇帝实录（5）·卷 309 [M]//清实录·第 37 册．北京：中华书局，1986：808.

②　张星烺．中西交通史料汇编·第 6 册 [M]．北京：中华书局，1977：83.

③　张星烺．中西交通史料汇编·第 1 册 [M]．北京：中华书局，1977：115.

④　张星烺．中西交通史料汇编·第 3 册 [M]．北京：中华书局，1977：35.

⑤　王铁崖．中外旧约章汇编·第 1 册 [M]．北京：生活·读书·新知三联书店，1957：54.

⑥　赖德烈．基督教在华传教史 [M]．雷立柏，等，译．香港：道风书社，香港汉语基督教文研究所有限公司，2009：196.

教弛禁，① 但中法《黄埔条约》之规定则更加具体："佛兰西人亦一体可以建造礼拜堂、医人院、周急院、学房、坟地等项……倘有中国人将佛兰西礼拜堂、坟地触犯毁坏，地方官照例严拘重惩。"② 此外，《黄埔条约》还允许法国人学习汉语、教习中国人学习法语、出售法国书籍，这些权利的赋予为法国人传播天主教奠定了基础。由于诏令仅弛禁天主教，其他宗教亦渴望获得平等待遇。不久，美国公使福士（P. S. Forbes）要求钦差大臣耆英解决此问题。1845 年 12 月 22 日，耆英答复说："凡习教为善者，中国该不禁止。至规矩之或异或同，断无分拒之理。"③《中国丛报》记载，耆英致函福士"宣布弛禁基督教"。④ 1846 年 2 月 20 日，道光帝发表上谕，"发还奉雍正谕旨没收入官的教产"。⑤ 天主教的传教自由和财产权利得到了恢复和保障，但传教士的旅行自由仍限于五口之内。

由于解除了法律束缚，宗教信仰自由得到保护，五口地区信教中国民众大幅增加。据统计，到 1846 年，天主教江南教区已有 48286 名教徒。⑥ 随着教徒的增加，传教士受到鼓舞，开始违法进入非条约开放地区。

拥有自由能够保护自己的权利，滥用自由亦能够侵害别人的权利。自由以法律为界，超越法律的诉求不受保护。传教士不满足于五口内传教地域限制，他们无视传教的地理界线，越界五口外宣传教义，吸收教徒。其实，当时中国与英法美等国所缔结的条约，虽然中国以不平等视之，但从法理角度看，这些条约的签订和执行都必须本着平等原则来进行。条约规定外国人只能合法居住在五口，那么，破坏这个规定，便是损害了中国的平等权益，违反了条约的规定。传教士越界五口，在法律意义上主动放弃了合法权益，其非法权利便不能受到条约保护。自由不能没有限度，权利不能没有止境。真正的自由不是放纵的自由，恰恰是被保护的自由。对传教士来说，保护他们的自由和权利的就是条约。当然，由于有着各种各样

---

① 郭廷以. 近代中国史事日志（上）[M]. 北京：中华书局，1987：133. [美] 马士. 中华帝国对外关系史·第 1 卷 [M]. 张汇文，等，译. 北京：商务印书馆，1963：373.

② 王铁崖. 中外旧约章汇编·第 1 册 [M]. 北京：生活·读书·新知三联书店，1957：62.

③ [法] 史式徽. 江南传教史·第 1 卷 [M]. 天主教上海教区史料译写组，译. 上海：上海译文出版社，1983：81-82.

④ 张西平. 中国丛报（1832.5—1851.12）·第 14 卷 [M]. 桂林：广西师范大学出版社，2009：550.

⑤ [美] 马士. 中华帝国对外关系史·第 1 卷 [M]. 张汇文，等，译. 北京：商务印书馆，1963：373.

⑥ [法] 史式徽. 江南传教史·第 1 卷 [M]. 天主教上海教区史料译写组，译. 上海：上海译文出版社，1983：154.

的目的，传教士渴望在五口之外实现更多的抱负。于是，他们不断走出五口，试探中国地方政府的容忍底线。毫无任何预案的地方官员见此情形，要么就是不作为，不管不理不问；要么就是上演全武行，撵人抓人杀人。传教士越界是放弃自己的权益，中国官员没能有效使用法律为国家争取权利和平等，是整体的官僚阶层缺乏外交公法知识和政治常识所致。传教士越界五口后，教案频发。

教案是晚清对外关系中最大的难题。一个教案往往涉及中国和外国、中国民众与传教士、地方政府与传教士等多重关系，稍有不慎，轻则赔款，重则引发战争。教案的发生既是不同文化冲突所致，又是思想观念碰撞所致，后者是前者的深层次原因。思想观念本质上是一种价值取向。向往自由的传教士当然知晓传统文化对中国人民的意义。天主教传教士最初在中国传教时，曾经竭尽全力试图将天主教与中国文化融合。"他们先穿上佛教和尚的衣服，而当他们发现绅士蔑视和尚时，他们穿上了儒教学者的外衣。"① 天主教禁止教徒有其他信仰，但面对中国孔子时，包括利玛窦在内的早期传教士确实有些为难。

"经过长期的研究后，利玛窦采取了缓和的立场，而且他认为，给孔子和祖先举行的敬礼只有社会性的意义；如果帝国的法律有这样的要求，基督徒们也可以参与其中。"②

应该说，利玛窦的实践是在文化平等主义下形成的最能尊重彼此的传教方案。历史证明，天主教在明代取得的发展与此是密不可分的。但利玛窦的耶稣会在华工作方案却遭到了天主教其他修会如道明会、方济会的反对，这些修会向地区主教控诉耶稣会的妥协方案。经过近半个世纪你来我往的申辩，最终，罗马教宗于1704年宣布"禁止信徒参与敬孔或敬祖先的祭祀礼仪"。③ 天主教在维护自身权利纯洁性的同时，忽略了与儒家文化交往所必需的平等的基础。中国有句俗语："入乡随俗。"这句俗语背后的价值取向就是平等，以平等的理念尊重对方的习俗与文化，与对方进行友好交往。康熙皇帝最初对源自利玛窦的传教方式充满好感，而当罗马教宗的禁令传到北京后，康熙皇帝对等地向天主教下了逐客令。当时，天

---

① 赖德烈. 基督教在华传教史 [M]. 雷立柏，等，译. 香港：道风书社，香港汉语基督教文研究所有限公司，2009：114.
② 赖德烈. 基督教在华传教史 [M]. 雷立柏，等，译. 香港：道风书社，香港汉语基督教文研究所有限公司，2009：115.
③ 赖德烈. 基督教在华传教史 [M]. 雷立柏，等，译. 香港：道风书社，香港汉语基督教文研究所有限公司，2009：121.

主教传教士在华传教，背后支持他们的只有地区主教和罗马教宗。然而两次鸦片战争后，躲在天主教传教士背后支持他们的除了主教和教宗外，还多了他们的祖国和炮舰。

新一代的传教士抛弃了入乡随俗的理念，代之以直接、任性甚至放肆的高高在上的耀武扬威的传教方式。文化平等主义不再是他们的护身符，缺失了平等条件的自由是他们钟爱的选择。为自由、为上帝，他们不顾一切地踏入并不合法地属于他们的活动范围的中国广大的乡村，企图用自由打开几千年来厚厚的文化积淀，把这些文化积淀换成天主的十字架。依据以赛亚·伯林的自由观，传教士的积极自由打破了中国乡村民众的消极自由的宁静。或者说，是传教士教会了中国乡村民众使用自由这个权利来反对外来文化对他们近乎羞辱的骚扰。1848 年，麦都思等 3 名传教士违反条约规定，前往江苏青浦县传教，在传教过程中与当地水手发生冲突，受了轻伤，史称青浦教案。事发后，英国驻上海领事阿礼国不顾事实，要求赔偿。上海苏松太道台咸龄据理力争，不愿"执民而媚夷"，① 阿礼国便用手杖击打其头部，极尽侮辱之能事。最后，阿礼国用炮舰封港威胁，清政府妥协，提出处理结果：10 名水手被捕、咸龄免职、赔款银 300 两。软弱的清政府和无耻的侵略者已经无数次遭到谴责，这里不再重复。青浦教案令一向以自由和平等自居的大英帝国蒙羞的是：炮舰下的强权霸权取代了自由与平等。此后，每当教案发生，这种炫耀武力的表演便要上演一次。法国传教士马赖违反条约，擅入广东西林县传教，为非作歹，扰乱地方，被西林县县令法办，史称西林教案即马神甫案。此案是法国加入英国发起第二次鸦片战争的由头。久而久之，中国官僚阶层和思想界基本形成了一个共识：强权就是真理。日积月累，这种共识逐渐成了接受西方进化论的主要认识基础。

第二次鸦片战争后，西方国家根据《天津条约》获得了赴中国内地传教的权利，从此，教案与日俱增，规模越来越大。西方国家获得赴内地的传教权，从法律层面讲，传教士得到了更大的自由空间。但是，这种靠武力获得的自由，令传教士更加相信做到这些是依靠炮舰而不是上帝。1860 年，英法联军攻入北京，焚烧圆明园。之后，与清政府签订《北京条约》，索要更多权益。其中，中法《北京条约》第 6 款堪称后期教案的导火索。该条约规定：

---

① 夏燮. 中西纪事［M］//齐思和，等. 第二次鸦片战争·第 2 册. 上海：上海人民出版社，1978：334.

"应如道光二十六年正月二十五日上谕，即晓示天下黎民，任各处军民人等传习天主教、会合讲道、建堂礼拜，且将滥行查拿者，予以应得处分。又将前谋害奉天主教者之时所充之天主堂、学堂、茔坟、田土、房廊等件应赔还，交法国驻扎京师之钦差大臣，转交该处奉教之人，并任法国传教士在各省租买田地，建造自便。"①

清中期后，国家政策起伏多变，令人无所适从。从历史角度看，外患内忧、软弱外交、技不如人等或可成为国家政策多变的原因。但从政治思想角度看，国家政策多变的根本原因还是政治价值观念无法接轨近代在作祟。所谓政治价值观念接轨近代，就是要抛弃传统的束缚发展的等级观等政治价值观念，用更进步的普适的平等、自由、权利等政治价值观念更新传统文化中无法适应近代要求的内容。从历史角度看，中国近代史就是不断发生战争、签订不平等条约、割地、赔款的历史；从政治思想角度看，中国近代史就是先进政治价值观念代替传统落后政治价值观念的历史，而后者才是导致中国近代史命运多舛的真正原因。道光帝鉴于鸦片战争的代价，同意弛禁天主教等西洋各教。在允许传教的同时，自由的火种便有通过传教士播种到中国各地的可能。咸丰帝即位后，一改其父之软弱，谁知侵略者报以更残酷的回应。结果，咸丰帝折腾 10 年，又回归了其父当初的政策，而且代价更大。中法《北京条约》第 6 款的"还堂"要求，造成了民间、地方官府、教会之间更大更多的矛盾。

"还堂"是一把双刃剑，一方面，法国传教士要求收回其既往财产的所有权；另一方面，中国民众在被迫的"还堂"过程中明晰了个人财产权观念。"还堂"涉及了许多无法明晰产权的问题。由于一些"还堂"权益所需原始档案须上溯到乾隆朝甚至更远，地方官府和教会往往均无法拿出合法有效的凭据来支持各自权益主张。而且，即使能够证明其权益要求的合理性，但百多年来，其地或已多次易主，有的人甚至持有合法地契，如何能够强制搬迁该处居民？这令地方官员颇感为难。正如 1861 年山东巡抚清盛上奏所言：

"臣复查从前废毁天主堂一案，臣衙门无卷可稽，既据历城县查明基址属实，似应按照条款分别交还。第该处久经改造民房，转相承买，执有契据，势难责令退让。"②

---

①　王铁崖. 中外旧约章汇编·第 1 册 [M]. 北京：生活·读书·新知三联书店，1957：147.

②　中国第一历史档案馆，福建师范大学历史系. 清末教案·第 1 册 [M]. 北京：中华书局，1996：194.

当时，清政府要求各地官员持平办理"还堂"等涉教问题。持平就是秉持公平、平等的原则处理因传教引发的纷争。但清政府纸面上说持平，实际则放弃了自己的平等权利，往往以偏袒外国传教士为持平第一要义。回复山东巡抚清盛的上谕曰：

"著清盛按照该国天主堂原基亩数，另查官地抵给，听其修造。如查无官地，即置买民地一段，给予该夷建立天主堂。其买地价值如该夷情愿归还，即照数收回。如不肯给价，亦不必与之争辩，以示羁縻。"①

"还堂"从财产权明晰演变为政治权利安抚。"羁縻"是清政府的常用外交术语，亦是其外交观。何谓·"羁縻"？羁縻是中国历代王朝统治边疆民族的一种制度，被羁縻方一般是已纳入地方行政管理体系或与羁縻方存在政治隶属关系。② 换句话说，羁縻是内政的需要。从经济上来讲，羁縻一般是援助、施舍、救助的代名词。从政治上来讲，羁縻就是放弃自己的部分权利以换取其他的权益。就晚清历史而言，羁縻就是清政府退让、软弱的官方表达。实际上，清政府实行羁縻政策给国家和人民的权利造成了巨大损害。因为羁縻是与天下观相配合的观念，几项不平等条约签订后，传统天下观已经在法律意义上荡然无存。清政府在国家层面上没有及时调整相关的政治价值观念，埋下更大矛盾和战争隐患。清政府通过羁縻政策主动放弃国家权利，是等级思维在外交上的延续。近代外交崇尚主权平等原则，国与国之间在平等原则基础上发展外交关系。在平等原则下，中国的国家权利才能得到保护，西方传教士及其教徒的自由和权利亦能得到保障。

羁縻政策的实施，促进了中国天主教教徒的财产、社会、政治的权利意识和观念的迅速进步。当时，天主教为吸引中国人入教，想尽了招数，其中之一是教民享受天主教会的保护，不向地方政府缴纳与天主教信仰相抵触的活动的费用。比如，天主教教徒无须支付民间迎神的摊派费用。这一福利很能吸引一批底层民众。但是凡事常与愿违，地方官员不管教徒与否，依然摊派如故，教徒怨声载道。为此，法国公使向清政府发出照会：

"山西各处教民仍须出迎神演戏等费，否则别项公用必致比常民加

---

① 中国第一历史档案馆，福建师范大学历史系．清末教案·第1册［M］．北京：中华书局，1996：195．

② 程妮娜．羁縻与外交：中国古代王朝内外两种朝贡体系——以古代东北亚地区为中心［J］．史学集刊，2014（04）：27．

倍，是仍与出演戏等费无异。且阳曲县即因此事将教民一人责打，二人收监。"①

法国公使向清政府提出如下要求：

"第一节：建造修理庙宇暨一切祈雨、谢神、演戏、赛会干涉仙佛等无益之事，皆永免习教人等摊钱。第二节：凡修桥、补路、填坑、挑河一切于人有益之善事，皆不可勒派习教人较常民格外多摊。第三节：若地方官将以上有益无益二事合并摊派，则教民只出有益之费，其无益者一概免出。第四节：若有各村堡会首等逼令教民摊出各项无益费用，因教民不从，故命人或自行抢掳教民什物，毁夺田禾，应令伊等赔偿。"②

法国公使出面保护中国教徒的合法权利，这是清政府羁縻政策下出现的怪现象。中国天主教教徒首先是大清国的子民，然后才是教徒。其合法权利本应由清政府保护，法国政府无权插手。令人无奈的是，清政府采用羁縻政策，放弃了保护国民的义务。因此，当中国教徒的权益受到损害时，他们首先想到的是教会。而教会能找到的最佳解决者就是法国公使——法国政府在中国的代言人。法国公使出面后，在无形当中，中国教徒不仅权利得到了保护，而且还得到了更大的自由。更大自由的获得，令这些中国教徒有了明显的优越感，成为特殊阶层。中国教徒与普通民众之间的矛盾便酝酿在这些优越感之中。清政府负责接受法国公使照会的是恭亲王奕䜣。奕䜣说：

"臣等业已行文各省，以后凡习教之人，于一切应出钱文之事，除正项差徭外，其余祈神、演戏、赛会等费，该教民既不愿与不习教者一律同出，即可免其摊派。"③

就像法国公使向清政府要一个苹果，清政府在羁縻政策的指引下，干脆送了一棵苹果树。书上常说，清政府丧权辱国。丧的什么权？其实就是国家平等和自由权，即主权。同时，由于失去了平等这个原则，清政府给予教徒的权利和自由越多，普通民众的权利受到的损失就越大。就摊派而言，在总额不变的情况下，分母越少，人均摊派额度就越多。这种经济权益的损失还在其次，最可怕的是中国教徒自由权的扩大。人的自由权是天

---

① 中国第一历史档案馆，福建师范大学历史系. 清末教案·第1册 [M]. 北京：中华书局，1996：206.

② 中国第一历史档案馆，福建师范大学历史系. 清末教案·第1册 [M]. 北京：中华书局，1996：207-208.

③ 中国第一历史档案馆，福建师范大学历史系. 清末教案·第1册 [M]. 北京：中华书局，1996：215.

然平等的。清政府通过合法免除中国教徒某些应缴纳的费用，实际是在中国教徒与普通民众之间创造了新的不平等。这种新的不平等反映在每个人的自由权上，便会形成自由权的不平等。清政府未能把握住自由和平等，并不等于它们就不存在。实际上，自由和平等作为政治价值始终存在于古往今来的政治活动中，存在于绵延中。中国传统政治思想中没有形成政治自由和平等的概念和观念，不等于自由和平等作为政治价值未出现在政治生活中。清政府过于仰赖羁縻政策，迫使朝臣上奏要求平等权利。广东道监察御史华祝三上奏：

"为教民激怒外夷，借端寻衅，请旨持平办理，以尊国体而弥后患……朝廷生杀予夺之权，操之自上，王公大臣尚且不得干预，设令夷人得以借端主持，则国事不可问，而后患将不可言矣!"①

华祝三（1811—1900年），字肇猷，号尧峰，今江西上饶铅山县人，道光丁未进士，时任广东道监察御史。华祝三请求朝廷不要偏听外国人的一面之词，以免大权遭人控制，形成对朝廷命官和普通民众不公平不平等的局面。"持平办理"是当时清政府最常用的办事原则，一般叮嘱封疆大吏处理民教冲突时必用。华祝三要求持平办理，是要求朝廷平等对待朝廷命官与洋人、民人与教民。这种自下而上要求持平的做法，是平等意识和权利意识的双重觉醒。此外，华祝三还另上一折，要求秉公对待教民，不能因其背后有洋人支持便容忍其为所欲为。华祝三的忠告可以视为对自由的警惕。宗教信仰自由是人的权利，但这个自由以及其他所有自由，如果没有平等原则和法律的约束，便会成为放纵的自由。华祝三的觉醒具有重要价值，只是有这种觉醒的官员属凤毛麟角，无法形成对自由和平等观念的公开追求与自觉遵循，法治价值也就无法完成近代转换。

---

① 中国第一历史档案馆，福建师范大学历史系．清末教案·第 1 册［M］．北京：中华书局，1996：321-322.

第四章　晚清法治政治价值原则的
内在弹性机制

近代法治政治价值在绵延中运动，共同影响中国法治近代化之进程。在众多政治价值的交融运动中，总有一种政治价值显现为某个阶段的斗争抓手。平等就是这样一种政治价值。主权平等是清政府必须应对的国家层面的近代法治政治价值挑战，个人权利平等观念触发的则是普通民众的激进主义思想。个人权利平等观念通过传教士传播至中国，又通过传教士印发的读本传递到落魄书生洪秀全手中。梁发是中国人，也是一名虔诚的受洗教徒，他曾作《劝世良言》宣传基督教新教，其中一些内容涉及中国人闻所未闻的个人权利平等观念。洪秀全科举失意，恰好读到《劝世良言》。令人意想不到的是，洪秀全从梁发的《劝世良言》中获得醍醐灌顶般的启发，进而回到广西桂平金田村，创立拜上帝会，发动太平天国运动。洪秀全的思想具有明确的个人权利平等观念，如男女平等观念。但洪秀全及太平天国的平等思想能够导致真正意义上的平等实践吗？

一、太平天国绝对等级制度实践及其
法治人民性的内在要求

1850 年年末，洪秀全在广西桂平金田村起义。这一时间距其在 1836 年第一次读《劝世良言》已经过去 14 年。律劳卑事件发生于 1834 年。也就是说，清政府与洪秀全几乎在同一时期接触到平等价值理念。洪秀全接触到平等价值理念，受其启发，放弃儒学主张，追求人人平等，创立拜上帝会。到 1851 年，洪秀全已经在价值层面和物质层面完成"太平天国"的创建。同样在 1851 年，清政府在对外关系上依然秉持等级观念，顽固拒绝主权平等理念。同年 4 月 22 日，美国公使伯驾（P. Parker）致书国务院，"论对华政策，主与英俄法西班牙共同行动"。① 这表明，清政府宗藩体制与西方列强基于主权平等的外交关系的矛盾冲突面临再次爆发的危险。从绵延角度看，平等价值理念在中国传播初期，其作用空前巨大。平等价值理念被洪秀全接受并加以利用，很快便创建了一个短暂、辉煌且极具破坏性的政权——太平天国。洪秀全的"太平天国"以平等为法治价值，向清政府发出最强烈的反抗与反对信号。清政府的对内政策面临平等价值最严酷的挑战。同时，清政府在对外关系上也面对着同样严酷的来自平等价值的挑战。两种挑战皆针对清政府法治价值与时代最脱节的等级观念，坚持还是改变？在三方利益的较量过程中，某一方的话语权不仅决定于其价值趋势判断的正确性，而且也需要军事和经济等实力作为支撑。但后者并非决定性因素，基于后者的胜利是短暂的，而基于前者的成功则是长久的，是符合时间进步趋势的胜利。太平天国是否具有这种胜利的基础？《资政新篇》可以回答这个问题。

洪仁玕（1822—1864 年），洪秀全族弟，拜上帝会早期信徒。曾旅居香港、上海，在外国传教士处教书，接触大量西学。1859 年，洪仁玕从香港回到天京，受到洪秀全重用，成为干王，总理朝纲，主持朝政。1859年秋，洪仁玕的《资政新篇》撰就并获准作为太平天国官书在太平军内印行传播。《资政新篇》问世以来，毁者有之，誉者有之，毁誉参半者亦有之。如何评价，在于评价时采用的方法和角度。杨向群教授主张将"其置于更加广阔的历史时空之中，探讨它与中国近代西学东渐思想历程的关系"②。这一角度与我们的绵延分析法不谋而合。西学东渐始于明末，其方式是和平、渗透、融合。西学东渐对清政府而言，更多的是被迫、无奈、不得已而为之。不过，对洪仁玕而言，其接受西学是在香港和上海，其对清政府持反对态度，故其对西学之接受可以完全基于太平天国未来之利益。因此，我们看到的《资政新篇》中饱含理想色彩。但这种理想化的内容却在绵延中与晚明的思想完成了关于法治的对话。

"夫事有常变，理有穷通。故事有今不可行而可预定者，为后之福；有今可行而不可永定者，为后之祸。其理在于审时度势，与本末强弱耳。然本末之强弱适均，视乎时势之变通为律。则自今而至后，自小而至大，自省而至国，自国而至万国，亦无不可行矣。其要在于因时制宜、审势而

---

① 郭廷以 . 近代中国史事日志（上）[M]. 北京：中华书局，1987：171.

② 杨向群 .《资政新篇》与西学东渐 [J]. 广西社会科学，1993（01）：91.

行而已。"①

洪仁玕接续了王夫之的法治思想的价值原则——因时通变。王夫之的思想乃基于传统文化而自生，洪仁玕的思想则是西学东渐的果实。从思想根源角度讲，两人并未共源。但可以肯定的是，洪仁玕亦是在对中学反思之后，才完全接受西学。正如其诗作所言："春秋大作别华夷，时至于今昧不知。北狄迷伊真本性，纲常文物倒颠之。"真理或许就是这样，无论从中还是从西，只要方法正确，都会掌握它。因时通变这一真理因此而被掌握。洪仁玕是拜上帝会信徒，自然不主张复古，同时，其法治思想也远远超越《天朝田亩制度》。

就法治思想而言，《天朝田亩制度》是基于绝对等级制度的绝对平均主义。1853 年，太平天国定都天京，《天朝田亩制度》问世。这是一份具有战时色彩的施政纲领，其主要内容为土地分配原则与方法。学界对其研究已经基本完整、饱和，其中，《天朝田亩制度》的平均主义思想亦是关注度极高的一个内容。《天朝田亩制度》的绝对平均主义早已引起学界关注，围绕绝对平均主义，学界产生了一些争鸣。有肯定其价值的，郑剑顺教授认为，"虽然绝对平均分配土地和平分产品是不切合实际的幻想，但作为一种理想，一种鼓动占人口 80% 的农民奋起斗争的目标却是无可厚非的"②。也有否定其价值的，操申斌教授认为，《天朝田亩制度》的绝对平均主义，"从性质上看，它是一种空想的农业社会主义"③。如褒贬杂糅，范文澜先生认为，《天朝田亩制度》的农业社会主义思想，在一定历史条件下，"一方面具有巨大的革命性，另一方面在实质上又带有反动性"④。著名历史学家金冲及、胡绳亦赞同此说。⑤ 学界关注了其中的绝对平均主义，忽视了其存在基础——绝对等级制度。

"盖天下皆是天父上主皇上帝一大家，天下人人不受私，物物归上主，则主有所运用，天下大家处处平均，人人饱暖矣。此乃天父上主皇上帝特命太平真主救世旨意也。"⑥

① 邓之诚，谢兴尧，等. 太平天国资料（1）[M] //沈云龙. 近代中国史料丛刊续编第36辑. 台北：文海出版社，1976：523.

② 郑剑顺. 关于太平天国史研究的几个问题 [J]. 史学月刊，2000（06）：63.

③ 操申斌. 对中国近代几种大同思想的评说 [J]. 社会科学战线，2006（03）：312.

④ 范文澜. 纪念太平天国起义一百零五周年 [C] //景栩，林言椒. 太平天国革命性质讨论集. 北京：生活·读书·新知三联书店，1962：7-8.

⑤ 王明前. 《天朝田亩制度》"反动性" 辩 [J]. 学术探索，2007（04）.

⑥ 邓之诚，谢兴尧，等. 太平天国资料（1）[M] //沈云龙. 近代中国史料丛刊续编第36辑. 台北：文海出版社，1976：322.

天父上主皇上帝实为拜上帝会所崇拜的上帝。在太平天国内部，天王洪秀全是天父之子，东王杨秀清托天父下凡，西王萧朝贵托天兄下凡。这种政治与宗教相融合的等级制度是固定的、绝对的。"物物归上主"名义上是归天父所有，实际上是归太平天国最高统治阶层所有。最高统治阶层在政治上实行绝对等级制，因此，其绝对平均主义理想在实践中便成为泡影。以圣库制度为例，"太平天国官兵所领的'礼拜钱'，高级官员所领的肉，都是有等差的"。① 如果说，《天朝田亩制度》的理想在实践中趋向破产，那么，《资政新篇》的理想则让我们看到近代法治的曙光。洪仁玕在因时通变方面接续了王夫之的思想，在"设法用人"方面则与明末清初三大家进行对话。洪仁玕在"设法用人"方面思想明确：

"昔周武有弟名旦，作周礼以肇八百之畿，高宗梦帝赉弼，致殷商有中叶之盛，惟在乎设法用人之得其当耳。盖用人不当，适足以坏法；设法不当，适足以害人，可不慎哉！然于斯二者并行不悖，必于立法之中，得乎权济。试推其要，约有三焉：一以风风之，一以法法之，一以刑刑之。三者之外，又在奉行者亲身以倡之，真心以践之，则上风下草，上行下效矣。否则法立弊生，人将效尤，不致作乱而不已，岂法不善欤？实奉行者毁之尔。"②

洪仁玕法治思想主张"设法"与"用人"并行不悖。与明末清初三大家不同，洪仁玕没有对"法"与"人"进行孰先孰后之分，而是强调二者"并行不悖"。就此而言，洪仁玕不仅超越明末清初三大家，而且对于因时通变的认识也超越王夫之。在时间中，"法"与"人"孰先孰后是个伪命题。无论是黄宗羲的"有治法而后有治人"，还是王夫之的"有治人而后有治法"，都忽略了法治的价值前提。也就是说，只有确立法治的政治价值前提，立法者才能依据法治政治价值立法，人与法之间或法与人之间始终由法治政治价值来维系。因此，在"治法"与"治人"之前，法治政治价值必然存在。法治政治价值由统治者决定，也由社会道德与习俗决定。明末清初三大家深谙社会道德与习俗的强大力量，故皆提倡"厚风俗"。洪仁玕针对风俗之养成，提出"以风风之"理念：

"夫所谓以风风之者，谓革之而民不愿，兴之而民不从，其事多属人

---

① 欧阳跃峰.　"圣库制度"考辨［J］.近代史研究，2005（02）：306.

② 邓之诚，谢兴尧，等.太平天国资料（1）［M］//沈云龙.近代中国史料丛刊续编第36辑.台北：文海出版社，1976：524.

心蒙昧，习俗所蔽，难以急移者，不得已以风风之，自上化之也。"①

移风易俗是德治，古代的德治就是现代法治。"以风风之"即新风俗通过教化叠置旧风俗。洪仁玕反对强制取缔旧风俗，主张上行下效地移风易俗，也就是以统治者（天王）以身作则的教化为主要方法。对于需要取缔的习俗，统治者"见则鄙之忽之，遇则怒之挞之"，经此教化，"民自厌而去之"，愚昧的民众"不刑而自化，不禁而自弭"。对于需要鼓励的新风尚，"上则亲临以隆其事，以奖其成"。②此思想可以上接贾谊。贾谊曾言："道之以德教者，德教洽而民气乐；驱之以法令者，法令极而民风衰。"③贾谊通过辨别"民风乐衰"，区别了德治与法治的功能，阐明了德治与移风易俗的必然联系。移风易俗既是德治的方法，也是德治的结果。移风易俗就是德治，但德治不仅仅是移风易俗，德治的内涵和外延更加广泛。《礼记·乐记》曰："移风易俗，天下皆宁。"此处移风易俗虽指"正乐"，但其意实指"治世"。因此，现代法治就是古代的德治，移风易俗就是德治。

洪仁玕的法治思想亦主中体西用。这种主张可以上接徐光启。与徐光启一样，洪仁玕并未明确提出"中体西用"，但其法治主张则完全可以用"中体西用"来概括。中体就是古代传统移风易俗的德治理念，西用就是其在《资政新篇》中提及的医院、礼拜堂、学馆、四民院、四疾院、书信馆、新闻馆等。他具体规划太平天国"中体西用"之蓝图："惟许牧司等并教技艺之人入内，教导我民，但准其为国献策，不得毁谤国法也。"④

洪仁玕通过《资政新篇》，赓续了徐光启的"中体西用"思想，回答并超越了明末清初三大家的治法与治人关系主张，接续了王夫之的因时通变理念。王夫之的因时通变为自生，洪仁玕的思想乃西学东渐之结果。萌芽于晚明的近代法治思想，经明末清初三大家之发展，至洪仁玕完成"中体西用"。但请注意，太平天国奉行政教合一，故洪仁玕的"中体西用"无法脱离宗教色彩。太平天国制定《天条》10款，要求人人遵行。洪仁玕说：

"十款《天条》，治人心恶之未形者，制于萌念之始；诸凡国法，治

---

① 邓之诚，谢兴尧，等. 太平天国资料（1）[M]//沈云龙. 近代中国史料丛刊续编第36辑. 台北：文海出版社，1976：525.

② 邓之诚，谢兴尧，等. 太平天国资料（1）[M]//沈云龙. 近代中国史料丛刊续编第36辑. 台北：文海出版社，1976：525.

③ 班固. 卷48·贾谊传第18[M]//汉书·第8册. 北京：中华书局，1962：2253.

④ 邓之诚，谢兴尧，等. 太平天国资料（1）[M]//沈云龙. 近代中国史料丛刊续编第36辑. 台北：文海出版社，1976：528.

人身恶之既形者，制其滋蔓之多。必先教以《天条》，而后齐以国法，固非不教而杀矣，亦必有耻且格尔。"①

《天条》先于国法，法治政治价值亦先于国法，如何区别《天条》与法治政治价值呢？洪仁玕的法治政治价值重在"以风风之"的移风易俗理念，要在因时通变的进化观念。《天条》既立，不能违反，但"设法与用人并行不悖"，天王具有教化权和生杀最终裁决权："然天王为天父所命以主理世人，下有不法，上（不）可无刑。是知遭刑者非人杀之，是彼自缚以求天父罚之耳。虽然为人上者，不可不亲身教导之也。"② 由此可知，《天条》亦是法治政治价值，前者内涵小于后者。《天条》10款为：

第一天条崇拜皇上帝，第二天条不好拜邪神，第三天条不好妄题皇上帝之名，第四天条七日礼拜颂赞皇上帝恩德，第五天条孝顺父母，第六天条不好杀人害人，第七天条不好奸邪淫乱，第八天条不好偷窃劫抢，第九天条不好讲谎话，第十天条不好起贪心。③

《天条》前4条言信奉皇上帝，后6条讲做好人。可见，其内涵远远小于法治政治价值。也可以说，《天条》"做好人"6款，是德治的目的，亦是近代法治政治价值的一般目的。《资政新篇》虽然强调笃信皇上帝和《天条》，但更强调天王"以风风之""以法法之""以刑刑之"的执政方式和能力。从这点看，洪仁玕并非极端宗教主义者，而是以拜上帝会的宗教之名，参照西方社会治理成熟经验，行儒家德治之实。洪仁玕的法治理想是近代法治思想发展的一个里程碑，因为他第一次提出"设法与用人并行不悖"理念。洪仁玕之前，设法与用人或治法与治人是两个割裂的概念，思想家们首先专注于二者孰先孰后，其次才是关注二者的融合或结合。洪仁玕放弃割裂思维，主张二者始终联系在一起，"并行不悖"。这是真正的时间思维。洪仁玕把"设法"与"用人"放在时间内，让二者真正的客观过程呈现出来。他不仅主张因时通变，而且能够把理论主张放入时间内进行考察。在这一点上，他已经超越明末清初三大家。王夫之是明末清初三大家中具有近代法治思想的代表人

---

① 邓之诚，谢兴尧，等. 太平天国资料（1）[M]//沈云龙. 近代中国史料丛刊续编第36辑. 台北：文海出版社，1976：538.

② 邓之诚，谢兴尧，等. 太平天国资料（1）[M]//沈云龙. 近代中国史料丛刊续编第36辑. 台北：文海出版社，1976：538.

③ 邓之诚，谢兴尧，等. 太平天国资料（1）[M]//沈云龙. 近代中国史料丛刊续编第36辑. 台北：文海出版社，1976：78-80.

物。但王夫之的"有治人而后有治法"并非时间思维，而是空间思维。这是一种静止的思维方法，他把治人和治法视为两个具有先后顺序的割裂的事物，这里的先后顺序不是时间的，而是空间的。这是把空间当作时间，时间在此失去了意义。因此说，洪仁玕的法治思想是近代法治思想的一个里程碑。

近年来，太平天国运动研究已经由热转淡，这是历史趋势，无可厚非。不过，研究近代法治思想则无法绕过太平天国运动的理论与实践。因为太平天国运动代表了法治的人民性要求。法治的人民性是中国古代法治固有的属性，后经孟子"暴君放伐"理念，得到最充分阐释。历代农民起义无一不是人民性的内在要求的爆发。但人民性的内在要求往往经传统民本思想的安抚而得到阶段性满足，在民智未开的时代，民本思想是君主专制统治者对冲人民性要求的最有效的工具。近代以来，平等思想与法治的人民性内在要求渐渐融合，成为一体，而太平天国运动就是这种融合的开端。太平天国运动的法治理论与实践成果是近代法治思想必然的组成部分，不能分割，无法越过。

洪仁玕法治思想的实践并不顺利。在太平天国运动期间，太平天国与清政府均以得到西方列强支撑为盼。从法治政治价值角度而言，太平天国似乎更容易与西方列强达成共识，因为其主张平等价值理念，且拜上帝会脱胎于基督教。但万万没有想到的是，西方列强却选择了与其始终在法治政治价值观念上相抵牾的清政府。学者菲利普·库恩认为，西方列强担心太平天国"不能建立一个有效率的政府，那就会使农村和商业陷入混乱"。[1] 事实上，西方列强担心的是法治的人民性的实践与实现。于是，1860 年出现了这样的怪事：西方列强一边发动第二次鸦片战争攻打清政府，一边击退李秀成部队对上海的进攻。可见，西方列强"根本无意同叛乱者合作，它们更感兴趣的毋宁是看到清帝国的力量在长江下游各省份复兴起来"。[2] 西方列强的这种选择值得我们思考：相同的法治政治价值理念并不能使太平天国与西方列强达成合作共识，后者还有更加实际的考量。我们将在绵延中考察这个"实际的考量"。

---

① ［美］费正清，刘广京. 剑桥中国晚清史（1800—1911 年）（上）［M］. 中国社会科学院历史研究所编译室，译. 北京：中国社会科学出版社，1985：292.
② ［美］费正清，刘广京. 剑桥中国晚清史（1800—1911 年）（上）［M］. 中国社会科学院历史研究所编译室，译. 北京：中国社会科学出版社，1985：289.

二、湘军与内在弹性机制的扁平化应用

湘军肇始于团练。太平军起义之初，所向披靡，一路从广西到湖南到湖北，清廷骇惶。咸丰三年（1853 年）正月，咸丰帝谕命广西、湖南等省成立团练，保护地方。清代团练始于嘉庆。嘉庆初期，白莲教在四川、湖北起事。清政府为鼓励地方自卫，始办团练。团练由地方官员负责，白莲教起义被镇压后，团练便遭解散。可见，在嘉庆时期，团练是由地方官负责的临时组织机构，完成任务后，便可裁汰。嘉庆朝团练也有弊端，如地方官保荐私人等。为扬长避短，咸丰帝一改地方官负责团练之传统，要求"公正绅耆，董理其事"。不仅把事权交予绅耆，而且还把财权交给他们："一切经费。均归绅耆掌管。不假吏胥之手。"① 绅耆，即绅士和耆老，是地方上受人尊敬并愿意承担社会责任的一个阶层。费孝通先生认为，"秩序和安全"是绅士"唯一的兴趣"。② 这个阶层包括致仕和丁忧官员、地主、富商、儒生等。他们虽然不直接拥有权力，但却深得统治者倚重，是地方稳定和安全的中坚力量。从嘉庆帝到咸丰帝，团练指挥权从地方官转移到绅耆，可以有多种解读，如清政府财政吃紧、绿营不堪大用等。我们则从这种权力转移中看到了君主专制法治政治价值原则的内在弹性机制。

君主专制法治政治价值原则的内在弹性机制原生于君主专制制度。等级是君主专制的法治政治价值，集权和极权是君主专制制度的特征。集权和极权是空间视角的君主专制制度特征，这样的视角往往忽视了时间。在时间中，专制君主在权力运用与分配方面通常表现出很大的弹性，如纳谏、蠲恤、重民等。这种内在弹性机制的理论基础是传统儒家民本思想。民本思想含义复杂，但一般可以"民为邦本""民为贵""重民"等观念来概括。古代统治阶层通过儒家思想教育接受了民本观念，并在政治实践中加以运用。以清代皇帝为例，在《清实录》中，历代清帝以"民""民生""民瘼""民心"等重民观念思考问题、解决问题的谕旨和案例，可谓俯拾皆是。例如，咸丰帝谕令团练，曾言："我朝列圣相承，深仁厚

① 卷 81 19 咸丰三年正月癸丑［M］//清文宗实录（2）. 台北：台湾华文书局，1964：1088.

② 郝秉键. 西方史学界的明清"绅士论"［J］. 清史研究，2007（05）：103.

泽，洽于黎庶。朕以薄德，绍承大统，三载以来，勤求民瘼，惕厉时深。"于是，他下令团练，只愿"吾民同登衽席，永戢干戈"①。因此，咸丰帝谕旨地方绅耆办团练，越过地方官员，把地方（县以下）武装自卫的权力直接授予地方绅耆。这就是集权政治所表现出的弹性。这种内在弹性机制从民主政治角度，也可以解释为任意性或随意性。任意性或随意性是相对于民主政治的程序性而言的，程序正义即是合法性的代名词。专制君主即是法律，面对突发事件，他可以根据自己的判断做出符合自身利益的选择，不受他人和组织派别的掣肘。专制君主在需要的时候，可以通过派遣钦差大臣等方式向下分配自己的权力，甚至可以直接把权力分配给远离行政体制的地方绅耆。因此，专制君主自身即有其合法性，其权力行使无需第三方参与和评估。这是集权和极权的来源。但这种权力运行方式的法治政治价值也因此而具有民主制度所不具备的弹性。这种内在弹性机制从集权到放权的表现是一个扁平化过程，一步到位，没有中间环节。虽然程序不民主，但却在效果上实现了地方安全防卫自治。由不民主的程序，实现了民主的现实。以往，这种内在弹性机制常常被忽略。忽略的原因是我们习惯于在空间中分析君主专制的法治政治价值基础。在空间中，君主专制的法治政治价值是等级与专制，是固定与静止。我们无法想象固定的静止的法治政治价值观念的内在弹性机制。一旦我们回到时间中，我们就在绵延中发现那些我们在空间中想象的法治政治价值观念也有自己的运动和变化。它们不是僵化的，无论是形式还是内容。正是因为这种内在弹性机制，团练得以扩大自己的自治权力，从而形成更加独立于国家体制的私人武装。

湘军就是这样的私人武装。1852年，曾国藩奉命办理团练，但因时局迅变，团练已无法满足地方对抗太平军的要求，于是，他上疏请求办理练勇千人。这是团练改勇营的肇始。勇营乃临时招募成军，饷银自筹，兵为将有，有官兵之名，无官兵之实。勇营实际上是曾国藩私人军队。1853年，曾国藩以勇营、"江忠源的楚军和王鑫、罗泽南等团练武装"② 为基础，组建湘军。湘军成立初期，军费由湖南藩库开支。但很快，清廷便无法支撑各地庞大的军费用度，咸丰帝不得已在1854年下放财权，允许各地就近筹粮。这又是一次君主专制法治政治思想内在弹性机制的表现。这

---

① 卷81 18 咸丰三年正月癸丑 [M] //清文宗实录（2）. 台北：台湾华文书局，1964：1087.
② 熊熊. 曾国藩湘军的宗法性及其命运 [J]. 社会科学战线，1990（02）：195.

种内在弹性机制并非完全的放权，只是赋予地方解决问题的具有时效性的权力，原则上，皇帝依然掌控着主动权。事实上，也是如此。由于曾国藩招募湘军过万人，有人在咸丰帝面前进言，一呼而万人应，"恐非国家福也"①。或许是因为这样的担心，咸丰帝对曾国藩的任用始终小心翼翼。直到1860年，太平军攻破江南大营，清廷危如累卵，咸丰帝才赏曾国藩兵部尚书衔、署理两江总督。可见，皇帝放权及其弹性仍由皇帝本人控制。虽然专制权力在某些方面和某些地方出现松动，但君主专制的法治政治价值基础未被动摇。以财权为例，湘军为筹饷，创立厘金制度，即以商品为征税对象的一种税赋。曾国藩曾言："东南用兵十年，全赖厘金一项支持。"②厘金是专为对付太平军而设，虽用度庞大，但也缓解了清政府的财政负担，同时，也有效地支持了湘军，维护了清政府的统治。可见，清政府君主专制法治政治价值的内在弹性机制能够有效地发挥作用，能够弥补君主专制集权体制的僵化和"皇权不下县"的弊端。但严格来说，这种权力下放有其未知性和危险性，如不得其人，国家或反受其害。曾国藩则完美传承并诠释了王夫之的"有治人而后有治法"理念。攻陷天京后，曾国藩便自削兵权，裁撤湘军；又自裁利权，停解厘金。曾国藩裁撤了自己的私人军队③，放弃了取之不尽的厘金，史家多谓其明哲保身。但我们换个角度看，能否得出清政府知人善任的结论？

　　弹性是清政府法治政治价值原则的内在特征，其内容和实质依然是等级和专制。内在机制的弹性是为弥补等级和专制的僵化而存在。内在弹性机制能够帮助专制君主迅速实现扁平化治理，从而实现最高层与国家任一角落的直线沟通。弹性也意味着风险，更意味着君主专制法治政治价值原则的性质改变，从等级和专制走向分权和自治。虽然弹性受时效性制约，存在的时间相对较短，但已然出现的性质改变必然会对社会产生多层面、全方位的影响。这种弹性会存在下去，会发生性质变化。我们发现湘军的产生是清政府法治政治价值原则内在弹性机制选择的结果，其决定权在专制君主手中。但作为专制君主，咸丰帝知人善任，把湘军组建权和控制权交给了曾国藩。湘军成为曾国藩的私人军队。1864年，攻克金陵后，曾

---

① 薛福成.庸庵文续编（卷下）［M］//清光绪刻《庸庵全集》本：7-8.
② 曾国藩.复劳崇光［M］//曾国藩全集·书信·5（25）.长沙：岳麓书社，1987：3155.
③ 有关湘军的属性，史学家认为是官军，但承认其具有私属性。（熊熊.曾国藩湘军的宗法性及其命运［J］.社会科学战线，1990（02）.）也有史学家直言"湘军就是曾国藩个人的私军"。（罗尔纲.湘军新志［M］//沈云龙.近代中国史料丛刊续编第95辑.台北：文海出版社，1983：195.）事实上，曾国藩只是得到咸丰帝组建湘军的授权，但湘军不是官军，只是曾国藩的私人军队。因为如果湘军是官军，曾国藩就没有裁撤权。

国藩亲手裁撤并解散 12 万湘军。① 湘军没有出现尾大不掉的现象，也没有发展为"民初的北洋军阀"，这是为什么呢？

最好的解释就是德治的作用。我们已经说过，古代的德治就是现代法治。因此，我们所说的清政府法治政治价值原则也是其德治原则。这种德治原则，在上表现的是对社会政治资源的分配，在下表现的是对三纲五常的履行。史学家常以清帝对曾国藩的猜忌、戒备、掣肘来论，但却忘记了清帝放权这个大前提。没有清帝放权，便没有曾国藩的湘军，这是一个真正的因果关系。忽视这个因果关系，一味强调清帝的猜疑，是放弃前提而自寻因果。诚然，我们不能否认这种猜疑，但历史事实告诉我们：清帝选了对的人在对的位置上。这就是德治在上的表现，它符合"有治人而后有治法"理念。这里的"治人"就是指曾国藩。对于这个理念，曾国藩本人亦认可。曾国藩上疏咸丰帝，言："即如广西一事，其大者在位置人才，其次在审度地利，又其次在慎重军需。"② 从绵延角度看，曾国藩继承了王夫之的理念，并身体力行之。因此，"位置人才"，把合适的人才放在合适的位置才是第一步，这也是实现德治（法治）的前提条件。

不过，清政府法治政治价值原则的内在弹性机制也有惨痛的教训。

三、义和团运动与内在弹性机制的失效

义和团运动是近代中国发生的一次大规模的排外运动。这次排外运动源自民间，但被清政府利用，而清政府却反受其害，濒临覆灭。清政府为何会与民间排外运动产生联系？清政府为何反受其害？

史学界已经就义和团运动进行了抽丝剥茧、事无巨细的研究。其研究从反帝反封建到奉旨造反，从农民战争到现代化问题，从组织源流到"扶清灭洋"口号，从社会意识到清政府态度，可以说，研究成果汗牛充栋，不计其数。这些研究成果为后来者奠定了研究基础，但它们之间充满矛盾的结论也让后来者无所适从；这些研究成果虽然覆盖广泛，但依托政治价值角度的研究却难得一见。义和团运动是近代社会冲突和政治冲突的复合矛盾的产物。它表面上肇始于民教相争，内在渊源则可以追溯到白莲

---

① 罗尔纲. 湘军新志 [M] //沈云龙. 近代中国史料丛刊续编第 95 辑. 台北：文海出版社，1983：193.

② 曾国藩. 敬呈圣德三端预防流弊疏 [M] //曾国藩全集·奏稿·1（1）. 长沙：岳麓书社，1987：24.

教；它表面上是清政府灭剿的对象，却在中外矛盾激化下，成为"扶清灭洋"的力量；它没有统一领导，却遍地开花，此起彼伏；它充满迷信和荒诞，挣扎生存于清政府与列强之间，却分化清政府为剿、抚两派。民教矛盾最初表现为社会冲突。这些社会冲突最常见的表现是占产，如教民教堂占平民庙产等。就公平而言，这些冲突的是非曲直今天已经不会得到比当事人或当时的审判者更加持平的结论，因为我们的结论必将掺杂很多理性因素，而这些理性因素往往已经先验地给出了这些冲突的答案。即使是当时的审判者，其公平性亦值得商榷。同为山东巡抚，前任毓贤主抚，继任袁世凯主剿。两人均言持平办理民教冲突，但前者令列强痛恨，后者为列强接受。由此，社会冲突转化为政治冲突。列强施压清政府，清政府明则虚与委蛇，暗中联络并培养义和团。于是，我们看到一个三角关系：清政府、列强、义和团。在这个三角关系中，每一个都与其他两个有深刻的矛盾。我们认为，这些矛盾的本质就是政治价值冲突。

首先，清政府与列强的政治价值冲突围绕主权平等。此时，清政府历经中法战争、中日甲午战争，其宗藩体制已经瓦解，其法治思想已经融入一些平等内容与形式，如允许外国公使驻京等。由于清政府是被迫接受这些平等内容与形式，因此还未能认识到平等政治价值的作用，未能把平等作为一种进步的思想武器。同时，列强虽言主权平等，但却行不平等之实。《崇陵传信录》记载了外国公使照会清政府"一，指明一地令中国皇帝居住；二，代收各省钱粮；三，代掌天下兵权"① 的无理要求。这份照会中还有一条：令太后归政。当然，事后证明，这是一张伪照会。但伪造照会能够摆上清政府最高层的会议桌，足见列强施压已是常态。驻华外国公使频繁向清政府施压，常常突破主权平等底线。英国驻华公使窦纳乐照会总理衙门，要求下发一道上谕，对义和团和大刀会进行"全面镇压和取缔"，并且要求在上谕中说明："凡加入其中任何一个结社或窝藏其任何成员者，均为触犯中国法律的刑事犯罪。"② 显然，列强发号施令，触碰了清政府的权力和权威底线，完全无视清政府作为主权平等实体的地位和尊严。在这种情况下，清政府不得不转向义和团，寻求"群众"的支持，以为这样，便可以一方面稳定社会局面，另一方面能够增强实力，共同对付列强。

---

① 恽毓鼎. 崇陵传信录 [M] //翦伯赞，等. 中国近代史资料丛刊第 9 种·义和团 (1).上海：神州国光社，1951：48-49.

② 英国蓝皮书有关义和团运动资料选译 [M]. 北京：中华书局，1980：13.

其次，清政府与义和团的政治价值诉求相冲突，前者与后者是统治与被统治的关系。义和团运动体现了近代法治的人民性内在要求，但与太平天国运动不同，前者并无明确宗教理论或正规宗教组织指导，其法治的人民性要求无法形成一种真正的革命力量，反而成为受制于人的缘由。清政府谋划利用义和团，但它没有想到的是，义和团是一个松散的民间宗教团体，不仅群龙无首，而且行事无章。其唯一团规《义和团团规》，是清政府任命载勋、刚毅统率义和团后所定，其性质是"清政府所定的义和团之行动纲领"。① 这个行动纲领的宗旨就是"扶清灭洋"。由此，清政府再次启动了法治政治价值原则的内在弹性机制，但这次内在弹性机制的启动忽视或者无视清政府与义和团在政治价值追求方面的差异性。此时，清政府在国际关系方面已经能够接受平等或对等原则，但在国内，尤其是面对义和团，皇帝依然是过去那个君主，清政府依然是专制政府。义和团在清政府看来，不过是暂时可以利用的"匪"而已。义和团方面以"扶清灭洋"为目标，这个口号所传递的政治价值是混乱的。作为等级制度中的下层群众的组织，义和团并未弄清楚"清"和"洋"谁是不平等的最终根源，或者先解决哪一个问题，另一个便不再是问题；义和团甚至并未弄清楚"洋"与"列强"和"洋教"的区别，它所谓的"洋"是包括"洋教"在内的"洋人、洋教、洋货、洋机器等"。② 义和团提出灭洋教，实与近代平等自由权利思想趋势相左，而其思想和组织却被清政府利用来灭列强，这也是义和团始料未及的。当然，它也无法预料，毕竟它只是一盘散沙：没有核心领袖，也没有核心思想。"扶清灭洋"固然是义和团自发提出的口号③，但这一口号只是它们"灭清复明"与"扫清灭洋"口号之间的过渡而已。④ "扶清灭洋"的口号仅存在于1898—1902年。

最后，列强与义和团是你死我活、势不两立的关系。义和团运动始于1896年3月山东单县大刀会。据记载，义和团与天主教教民的矛盾是这样发生的：大刀会鼓吹自己刀枪不入，一夜即可练成，"天主教不信其能

① 中国社会科学院近代史研究所近代史资料编辑组. 近代史资料丛刊·义和团史料（上）[M]. 北京：中国社会科学出版社，1982：1.

② 朱东安，张海鹏，刘建一. 应当如何看待义和团的排外主义 [M] //齐鲁书社编辑部. 义和团运动史讨论文集. 济南：齐鲁书社，1982：208.

③ 吴思鸥. 略论义和团"扶清灭洋"口号，张力. "顺清灭洋""灭清剿洋"两个口号在四川的由来及其影响 [C] //齐鲁书社编辑部. 义和团运动史讨论文集. 济南：齐鲁书社，1982.

④ 荣孟源. 义和团的揭帖 [C] //史学双周刊社. 义和团运动史料论丛. 北京：生活·读书·新知三联书店，1956.

避刀枪，指为妄诞，会众就因此与天主教为敌"。① 义和团的荒诞和愚昧早已人所共知，但其与洋教的矛盾更多表现在实质利益冲突，如庙产、教产等纠纷。孰是孰非，万难理析，无法片面归咎于任何一方。即如身陷主抚漩涡的山东巡抚毓贤，其主张亦有可圈可点之处。他认为，日照教案教民损失固应赔偿，但德国士兵烧毁村民房屋亦应赔偿，"彼即责偿于我，我亦可责偿于彼，亦系持平办法"。② 纠纷频发，传教士人身安全便受到威胁，教案相继爆发。教案以及传教士和教民的人身安全历来为列强关心和关注。1900 年 12 月，英国驻华公使窦纳乐写信给英国首相索尔兹伯里，说：

"过去几个月中，山东省北部遭到许多和各种秘密结社有联系的暴徒的骚扰，他们反抗官府，劫掠人民。一个称为'义和拳'的组织特别著名，他们的暴行最近已扩展到直隶南部的大片地区。由于这些匪徒的不法活动，看来该地区的中国基督教教徒较其他居民甚至受害更重。因此，外国教会组织在这两省中所面临的危险，已成为其他各国使节——特别是德国和美国公使——和我本人向中国政府多次提出抗议的主题。"③

民教冲突加深了列强与清政府之间的矛盾，同时，列强与义和团均以依靠清政府作为解决或消灭对方的重要途径。清政府面临关键选择。"剿"与"抚"两个选项代表清政府法治政治价值原则内在弹性机制的取向。取"剿"意味着清政府与列强就义和团的定性达成共识，义和团成为清政府与列强共同的敌人，同时，也代表清政府认可列强的相关价值理念，双方有利益共识基础；取"抚"则表示清政府与义和团达成价值共识，视列强为共同敌人，代表清政府反对列强的相关价值理念，双方无利益共识基础。"剿"和"抚"是两种政治价值相对的政治行为，清政府不仅均有过实践经验，而且剿、抚界限在多数时间并不清晰，"剿中有抚""抚中有剿""中央剿，地方抚""地方剿，中央抚"多种现象并存亦不鲜见。清政府这种矛盾的政治行为基于其对"拳民"与"人民"的错误理解。一般认为，义和团起源于秘密会社，思想蒙昧迷信，是清政府的对立面。④ 加入义和团的一般称为"拳民"。"拳民"是人民或农民的组成

① 李文海，等. 义和团运动史事要录 [M]. 济南：齐鲁书社，1986：2.
② 278 毓贤为饬属与安治泰辩论以了结日照教案事致总署电（光绪二十五年三月初四日 1899 年 4 月 13 日）[M] //中国第一历史档案馆编辑部. 义和团档案史料续编（上册）. 北京：中华书局，1990：261.
③ 英国蓝皮书有关义和团运动资料选译 [M]. 北京：中华书局，1980：2.
④ 丁名楠. 义和团运动评价中的几个问题，路遥. 论义和团的组织源流 [C] //齐鲁书社编辑部. 义和团运动史讨论文集. 济南：齐鲁书社，1982.

部分，但前者无法代表后者。历史证明，无论我们多么留恋过去的辉煌和曾经的自我，时间永远向前，保护一个国家的文化经济社会最好的办法就是与趋势同步或创造趋势。义和团不代表趋势，它只是社会冲突的产物或社会冲突本身。清政府主抚，利用义和团对抗列强，是错误地把"拳民"判断为"人民"，错误地选择了与趋势相对立的社会力量。一个国家最好的法治就是法治政治价值与时间趋势同向。清政府的错误判断导致更加错误的决定——慈禧太后向列强宣战。宣战后，八国联军进京，清帝后被迫西狩。国家权力中枢出现真空，清政府法治政治价值原则面临全面失效的危险。

紫禁城沦陷，帝后西狩，权力真空，国家耻辱，旷古未闻。从法治思想角度看，这也是清政府法治政治价值原则的内在弹性机制在实践中形成的反例。清政府在剿灭太平天国运动期间，成功地运行了其法治政治价值原则的内在弹性机制，通过君主权力扁平化下移，迅速建立了湘军。作为一支私人军队，湘军甚至获得了超越官军的军权和财权，为消灭太平天国运动准备了法治基础。这是清政府法治政治价值原则内在弹性机制的一次成功案例。但同样的内在弹性机制的运用，为什么在义和团运动中却一败涂地？

我们认为，内在弹性机制的运用应与绵延趋势同向。与绵延趋势同向，是指法治政治价值原则的内在弹性机制不仅要在时间中产生意义，而且要沿着社会进步的轨迹运动。在剿灭太平天国运动的过程中，清政府通过君主专制权力下移，使湘军在有效时空范围内，拥有了自由度最大化的军权和财权，从而保障了跨区域军事行动的成功。战事结束后，曾国藩立即解散湘军，交出财权，为历史贡献了一个晚清法治运行的成功范例。这个范例成功的要点在于君臣双方对自由与权力的理解。当然，自由与权力是现代政治术语，清帝与曾国藩所理解的"自由与权力"则是传统儒家思想的"忠与权"。清帝放权于曾国藩是基于君主对臣子尽忠的信任，曾国藩交权是臣子对君主尽忠的表现。在"忠"的基础上，权力在君臣间形成下移与交还的良性循环。"忠"是清政府法治政治价值原则内在弹性机制的道德基础。事实上，现代国家仍然重视"忠"，但这个"忠"的对象不再是君主个人等具体实体，而是国家、民族与政党等抽象物。可见，"忠"在绵延运动中始终保持着与社会进步同向发展的特征。有了"忠"的基础，清帝的权力得以脱离清帝本身而自由行使，同时，能够完成清帝赋权的目的。但最极端的威权也会遇到阻碍和掣肘。历史实践表明，为保障权力自由运行，权力的"治人"要与"治法"并行不悖。历史证明，慈禧太后并非这样的"治人"。

　　慈禧太后选择与敌对势力合作，导致清政府法治政治价值原则的内在弹性机制失效。义和团源自白莲教①，其思想根源是"反清复明"。由于民教相仇，义和团在地方民教冲突中扮演举足轻重的角色，他们渐渐归顺于一些"主抚"的清政府地方官员旗下，甚至改"灭清复明""扫清灭洋"口号为"顺清灭洋""扶清灭洋"。但义和团群龙无首，分布广泛，门类庞杂，"灭洋"是其思想核心，"灭清"亦是其目的。但1898年中日甲午战争后，各地义和拳纷纷打出"扶清灭洋"口号，并改义和拳为义和团，山东巡抚毓贤甚至承认义和团为合法团练。一些清政府高层官员如军机处大臣徐桐、刚毅等亦纷纷承认义和团，称其为"义民"。由于清政府对义和团的"剿抚兼施"政策大步滑向"主抚"一端，因此列强频频向清政府施压，要求清政府剿灭义和团。面对列强的步步紧逼，慈禧太后接受了"主抚"大臣们的主张，以义和团为可恃力量，对抗列强，向各国宣战，结果落得狼狈西逃的下场，国家受尽侮辱。慈禧太后招抚义和团，触发了清政府法治政治价值原则的内在弹性机制。对慈禧太后而言，义和团是足恃的，而且足恃的不是"法术"，而是"人心"。慈禧太后在宣战上谕中曰：

　　"近畿及山东等省义兵，同日不期而集者不下数十万人，下至五尺童子，亦能执干戈以卫社稷。彼仗诈谋，我恃天理，彼凭悍力，我恃人心。"②

　　我们姑且不论义和团之心是否能代表民心，我们只需阐明义兵与清政府是否一条心就足够了。义兵是指招抚后的义和团团民。作为义和团团民，他们曾经把清政府和列强均视为敌人，这是历史和史料均能证明的事实。慈禧太后招抚义和团团民并授予他们军事权力，实际上忽视了"忠"的理念在权力转移中的道德基础作用。义兵与清政府之间并未建立"忠"的基础。义兵进入北京便大肆劫掠财物，焚毁住宅，不独传教士被害，甚至清大臣和平民亦成牺牲品。义兵进京，令北京雪上加霜，社会动荡加剧。这是义兵的"不忠"。清政府在向各国宣战前，依然在讨论如何剿灭

---

　　① 义和团源流是义和团研究的重要问题之一。清代劳乃宣的《义和拳教门源流考》、支碧湖的《续义和拳源流考》以及奕劻、袁世凯等人的奏折，均指义和拳与白莲教同源。一些现代学者如范文澜、胡绳也认可这个说法。也有现代学者否认清人或清官员的观点，认为义和拳与白莲教有关系，但并非一回事，如金冲及的《义和拳和白莲教的关系》等。

　　② 上谕 光绪二十六年五月二十五日 [M] //故宫博物院明清档案部．义和团档案史料（上册）．北京：中华书局，1959：163.

义和团，如袁昶在宣战前 3 天还提出一份镇压北京义和团的奏折。① 这也足见清政府的"不忠"。双重"不忠"建立的信任难以为继，双重"不忠"形成的权力转移危机四伏。"忠"是传统儒家德治思想的重要内容。儒家"以德治国"的形式是"三纲"，即君为臣纲，父为子纲，夫为妻纲，其实质就是一个"忠"字。"忠"也是相互的概念，没有单方面的"忠"。慈禧太后忽视了义和团的"不忠"，以义兵为人民的代表，认为义兵有"忠"心；义和团团民则以为清政府会"忠"于自己，带领自己灭洋。双方的误判导致清政府法治失效，国家危如累卵；同时导致义和团及义和团运动成为炮灰。清政府法治政治价值原则的内在弹性机制虽然在北京失效，但这种弹性机制却在地方上自发地运行起来，这就是近代史著名的"东南互保"。

四、"东南互保" 与内在弹性机制的地方自生性

帝后西狩，北京政治出现真空，清政府法治政治价值原则的内在弹性机制面临全面失效危机。眼看大厦将倾，清政府却又起死回生。那么，清政府如何能够挺过这次重大危机？这要归功于近代史上的一次著名事件——东南互保。

慈禧太后宣战上谕发出，江苏、江西、安徽、湖北、湖南 5 省为"欲全东南，以保宗社"，于 1900 年 6 月 26 日，在盛宣怀的主持下，上海道余联沅与各国领事签署"东南互保"约章，目的是使"各省联络一气，以保疆土"。后来，又有浙江、福建、山东、广东 4 省加入。7 月 3 日，上海道余联沅与各国驻上海领事订立《保护南省商教章程》9 条和《保护上海租界城厢章程》10 条。同日，两江总督刘坤一与湖广总督张之洞宣布"不承认此后之北京上谕，负责保护外人生命财产"。② 史称"东南互保"。

针对东南互保历史意义的评价，史学界在不同时期有性质截然相反的结论。20 世纪 50 年代，史学界以阶级斗争理论为指导，评价义和团运动为反帝爱国运动，评价东南互保为帝国主义及其买办阶级为"镇压革命

① 袁昶．有关义和团奏稿［M］//翦伯赞，等．中国近代史资料丛刊第 9 种·义和团（4）．上海：神州国光社，1951：161．
② 郭廷以．近代中国史事日志（下册）［M］．北京：中华书局，1987：1084．

运动、迫害中国人民"① 而勾结的产物。这一观点一直持续到改革开放初期。② 改革开放后，有一些重要观点对资产阶级政治力量高于义和团的策略思想③以及地方政权对清政府的离心力④等方面，开始有所涉猎。可见，这一时期的历史研究方法更加客观和理性。近年来，学者从社会史、政治史角度开启东南互保研究新思路，东南互保的历史价值逐步得到肯定，如肯定其免南方于战火之历史功绩⑤、肯定互保大臣们"纾难救危"的报国赤诚等。⑥ 由于东南互保研究未能脱离义和团运动研究这个平台，因此在某种程度上，对后者的定性决定着前者的历史价值和意义。这是始终制约东南互保事件历史定位的一个问题。高全喜教授说："如果从一个长尺度的历史视角来看，其发生、运行乃至其结果以及其所引发的清王朝政治经济和社会结构的深层变革，远不是义和团所能兜住的，甚至其历史法政的意义要超越义和团运动的重要性，而具有承上启下揭示当今中国之未来的深远蕴含。"⑦ 高教授指出，其所谓的历史法政，一是政体结构，二是国际关系。高教授的观点，笔者深以为然。但与高教授不同，笔者以法治来解释历史法政，因为东南互保确实触发了一个前所未有的国家法治难题：中央法治政治价值原则的内在弹性机制失效与地方法治政治价值原则的内在弹性机制自生。我们已经论述过中央法治政治价值原则内在弹性机制失效的内在原因，一般认为，它的失效会触发地方产生连锁反应，进而造成国家失败。但是，我们最终未能看到理论上的国家失败的结果，相反，我们却看到了清政府的起死回生。历史学家会把清政府的起死回生归功于东南互保，而我们则看到了东南互保背后的地方法治政治价值原则内在弹性机制的自生。我们认为，正是这种自生才保障了清王朝"延寿"十年，保证了清政府的起死回生。这种内在弹性机制的自生来自何处呢？

它来自清政府的德治思想，确切地说，它来自"忠"观念。东南互保是地方官员在共同判断国家面临危机之时，通过电报、信件等信息传递方式交换意见，并迅速形成政治共识的一次合作。他们共同的"忠"的

---

① 金家瑞. 帝国主义导演下的"东南互保"[J]. 历史教学, 1951（10）: 22.

② 廖一中. "东南互保"评述 [J]. 历史教学, 1980（07）. 金家瑞. 论"东南互保"[J]. 福建论坛（文史哲版）, 1989（05）.

③ 何平立. 论督抚、列强、资产阶级与"东南互保"[J]. 史林, 1987（04）.

④ 黎仁凯. 张之洞东南互保新探 [J]. 江汉论坛, 1988（07）.

⑤ 刘芳. 核心与外围："东南互保"的范围探析 [J]. 江苏社会科学, 2016（04）.

⑥ 董丛林. "东南互保"相关事局论析 [J]. 晋阳学刊, 2018（02）.

⑦ 高全喜. 新制起于南国：政治宪法学视野下的"东南互保"[J]. 学术月刊, 2018（04）: 71.

基础建立在对清廷向各国宣战圣旨后果的悲观判断以及他们决心挽救国家于水火的政治共识上。史学界研究东南互保，有一项是研究其首倡者归属问题。[①] 李鸿章、张之洞、刘坤一、盛宣怀等官员，英国、日本等列强，赵凤昌、汤寿潜、何嗣焜等精英人物，都是可能的首倡者，很难取得公认的结论。为什么？因为东南互保形成之时没有一个特定的形式。一众地方官员在交流时事的电报信件中，潜移默化地精心安排或刻意暴露自己的观点，这些为了国家利益而结合在一起的观点迅速决定了与各国驻上海领事谈判的内容和形式，从而在第一时间形成了东南互保的法律框架。以绵延分析法分析，东南互保是真正在时间过程中形成的一次无组织特征但有具体内容、无领导人物但能够严格执行的政治合作。我们甚至无须探求其首倡者，因为为之奉献的每个中国人都心系国家前途命运。对国家而言，东南互保就是他们"尽忠"的具体实践。

这个实践的语言证据即历史资料很多，在此试举几例。在义和团运动时期，上海电报局是包括南方各省在内的全国通信枢纽。盛宣怀是上海电报局总办。"武昌的张之洞、南京的刘坤一、广州的李鸿章和山东的袁世凯，主要通过盛宣怀掌握的情报网互相沟通。"[②] 盛宣怀能够与这些清廷封疆大吏平等交往，不仅仅因其上海电报局总办的身份。《清德宗实录》记载，光绪二十五年（1899年），盛宣怀的官方身份是办理轮船电线事务大理寺少卿、督办铁路事务大臣大理寺少卿、轮船招商局督办。从职务上看，盛宣怀负责的多为近代新兴工业和商业，位置极其重要。由于其主办洋务，因此盛宣怀在涉外、传教、通商、银行、电报、铁路、轮船、矿业诸多领域均有实权，这也是东南各省督抚与其联系紧密的一个重要因素。由于盛宣怀是公认的东南互保核心人物，加之其留有翔实的文献《愚斋存稿》，我们便以这部书为基本资料，举例证明东南互保督抚们的"尽忠"言论。

1900年6月9日李鸿章来电，曰："若局面无速转机，各国必定并力，大局危亡，即在旦夕。"[③]

1900年6月10日，上海与北京间电报中断。[④] 23日，盛宣怀电告各

①　彭淑庆，孟英莲．再论庚子"东南互保"的首倡问题 [J]．东岳论丛，2011 (11)．

②　彭淑庆．空间·结构·心态——区域社会史视角下的"东南互保"运动 [J]．东岳论丛，2009 (02)：112．

③　盛宣怀．愚斋存稿·第35卷·电报12 [M] //沈云龙．近代中国史料丛刊续编第13辑．台北：文海出版社，1975：833．

④　(130) 盛宣怀致恽祖翼电 [M] //陈旭麓，等．义和团运动·盛宣怀档案资料选辑之7．上海：上海人民出版社，2001：52．

省"致京电线，只有保定可通"。①

1900 年 6 月 14 日袁世凯来电，曰："大局不堪设想，望随时教我，岘（刘坤一）香（张之洞）两帅有何善策？"②

当日，盛宣怀转袁世凯电与刘坤一和张之洞，曰："各国正在筹议，如两公再不设策，危殆即在旦夕，可胜痛哭。"③

次日，即 1900 年 6 月 15 日，刘坤一与张之洞分别回电。刘坤一说："若再不变计，大事将去，痛彻五内。"④ 张之洞说："大局不可思议，恐非疆臣所能为力矣，奈何！"⑤ 同日，袁世凯来电，说："衅端已成，大局将裂，殊深焦灼。"⑥

1900 年 6 月 22 日，盛宣怀发沁电。是电以巡阅长江水师大臣李秉衡及江鄂苏皖赣湘督抚联名电奏，请荣禄转交，曰："仰恳皇太后、皇上圣断，念宗社之重，速持定见，勿信妄言，明降谕旨，力剿邪匪，严禁暴军，不准滋事。速安慰各使馆，力言决无失和之意。告以已召李鸿章，李到，当与各国妥商办法。必先停兵息战，我方好专力剿匪。并请速发电，旨述皇太后、皇上之意，饬驻各国使臣令向外部道歉。日本被戕参赞优加抚恤，力任以后保护。明谕各省保护洋商教士，众怒稍平，庶可徐商挽救。宗社安危所关，间不容发。再过数日，大局决裂，悔无及矣。焦急惶悚。秉衡等意见相同，谨合词吁恳圣鉴。请代奏并恳钧堂示复。李秉衡、刘坤一、张之洞、鹿传霖、王之春、松寿、于荫霖、俞联三同肃。"⑦

同日，盛宣怀致电刘坤一与张之洞，曰："顷闻鑑帅（李秉衡）昨赴江阴，言遇外国兵轮即击，恐蹈大沽覆辙，关系东南全局，更难收拾。公

① (229) 盛宣怀致武昌、汉口等电局电 ［M］//陈旭麓，等. 义和团运动·盛宣怀档案资料选辑之 7. 上海：上海人民出版社，2001：82.
② 盛宣怀. 愚斋存稿·第 35 卷·电报 12 ［M］//沈云龙. 近代中国史料丛刊续编第 13 辑. 台北：文海出版社，1975：833.
③ 盛宣怀. 愚斋存稿·第 35 卷·电报 12 ［M］//沈云龙. 近代中国史料丛刊续编第 13 辑. 台北：文海出版社，1975：834.
④ 盛宣怀. 愚斋存稿·第 35 卷·电报 12 ［M］//沈云龙. 近代中国史料丛刊续编第 13 辑. 台北：文海出版社，1975：834.
⑤ 盛宣怀. 愚斋存稿·第 35 卷·电报 12 ［M］//沈云龙. 近代中国史料丛刊续编第 13 辑. 台北：文海出版社，1975：834.
⑥ 盛宣怀. 愚斋存稿·第 35 卷·电报 12 ［M］//沈云龙. 近代中国史料丛刊续编第 13 辑. 台北：文海出版社，1975：834.
⑦ 盛宣怀. 愚斋存稿·第 35 卷·电报 13 ［M］//沈云龙. 近代中国史料丛刊续编第 13 辑. 台北：文海出版社，1975：842-843.

当其任，似宜加慎。请电约鑑帅速赴宁，妥筹大局。"①

　　1900 年 6 月 23 日，已经 13 天未能收到北京消息的盛宣怀终于收到保定来的电报，得知天津大沽炮台已经被列强占领。盛宣怀将电报转发给刘坤一等督抚，并叮嘱："此信请勿传播，免兹谣惑。"② 同日，致电袁世凯与荣禄，曰："若再不定计，中国无完土矣。"③ 次日，袁世凯来电，曰："时局变幻，愈出愈奇，疆臣之义，惟有备战。"④

　　1900 年 6 月 24 日，盛宣怀致电李鸿章、刘坤一、张之洞，曰："如欲图救，须趁未奉旨之先，岘帅、香帅会同，电饬地方官、上海道与各领事订约：上海租界准归各国保护，长江内地均归督抚保护。两不相扰，以保全商民人命产业为主。一面责成文武弹压地方，不准滋事，有犯必惩，以靖人心。北事不久必坏，留东南三大帅以救社稷苍生，似非从权不可。若一拘泥，不仅东南同毁，挽回全局亦难。"⑤

　　1900 年 6 月 25 日，盛宣怀致电李鸿章，说："香帅电称时事奇变，敝处惟有谨遵保守疆土，联络一气之旨。长江一带止有会匪并无可恃义民。惟有遵照历年奏定章程，严拿重办。袁帅不声张，极是。岘帅电愿保东南疆土，留为大局转机，必当如尊处沁电办法。"⑥ 同日，致电李鸿章、刘坤一、张之洞，曰："欲全东南以保宗社，东南诸大帅须以权宜应之，以定各国之心。"⑦ 同日，张之洞、刘坤一分别致电，表示赞成沁电主张。同日，盛宣怀电告李鸿章、刘坤一、张之洞、鹿传霖等，上海道余联沅将于 6 月 26 日与各国驻沪领事召开会议。

　　1900 年 6 月 29 日，袁世凯致电盛宣怀，曰："沁电甚佩，立时递去。"袁世凯解释未在沁电署名的原因是"奏内有董宋聂语，袁同军，未

---

① 盛宣怀.愚斋存稿·第 35 卷·电报 13 [M] //沈云龙.近代中国史料丛刊续编第 13 辑.台北：文海出版社，1975：843.
② 盛宣怀.愚斋存稿·第 94 卷·补遗 71 [M] //沈云龙.近代中国史料丛刊续编第 13 辑.台北：文海出版社，1975：1966.
③ 盛宣怀.愚斋存稿·第 35 卷·电报 13 [M] //沈云龙.近代中国史料丛刊续编第 13 辑.台北：文海出版社，1975：843.
④ 盛宣怀.愚斋存稿·第 94 卷·补遗 71 [M] //沈云龙.近代中国史料丛刊续编第 13 辑.台北：文海出版社，1975：1966.
⑤ 盛宣怀.愚斋存稿·第 35 卷·电报 13 [M] //沈云龙.近代中国史料丛刊续编第 13 辑.台北：文海出版社，1975：844.
⑥ 盛宣怀.愚斋存稿·第 94 卷·补遗 71 [M] //沈云龙.近代中国史料丛刊续编第 13 辑.台北：文海出版社，1975：1966.
⑦ 盛宣怀.愚斋存稿·第 35 卷·电报 13 [M] //沈云龙.近代中国史料丛刊续编第 13 辑.台北：文海出版社，1975：844.

便附名"。①

　　根据盛宣怀的《愚斋存稿》，我们大略了解了东南互保前期酝酿的时间过程。东南互保的思想基础是各督抚对国家"尽忠"，各督抚皆主剿灭义和团。东南互保的引线人非盛宣怀莫属，但盛宣怀不是地方督抚，没有兵权。东南互保的地方督抚分为两个梯队，第一梯队是李鸿章（两广）、刘坤一（两江）、张之洞（湖广），第二梯队是江苏（鹿传霖）、安徽（王之春）、江西（松寿）、湖北（于荫霖）、湖南（俞联三）、山东（袁世凯）各巡抚。还有一位重要人物，也是一位颇有争议的人物，他就是李秉衡。李秉衡原为山东巡抚，是袁世凯的前前任。因任上偏袒义和团，被撤换。1899年，授巡阅长江水师大臣，以钦差身份赴任苏州。李秉衡身上虽有多种争议②，但"千里勤王"一事便足表其忠心，这与其附名沁电的意愿同源。当然，李秉衡与刘坤一、袁世凯存在政治主张上的矛盾，这是事实。事实上，这样的矛盾存在于上述所有政治人物中间，但"保护宗社"的共同目标与"保护宗社"这一为国尽忠的原则把他们的思想统合在一起。盛宣怀通过前期与各位督抚沟通，确认每个人"尽忠"的诚意，之后便水到渠成地发出沁电。沁电是东南互保督抚们的一份政治宣言。这份政治宣言是"爱国尽忠"的宣言，但它在政治和内容上与慈禧太后的宣战谕旨相悖。我们认为，正是这种相悖标志着清政府法治政治价值原则的内在弹性机制在地方上的自生。

　　这种自生的目的是维护现政府统治。离开这一目的，这个自生的结论便失效了。比如在辛亥革命时期，地方政府便没有自生出这样的内在弹性机制。因此，我们要回答的是：为什么庚子事变时期能够形成东南互保？为什么清政府法治政治价值原则的内在弹性机制在北京政治运作中失灵时，地方上能够自生一种足以修补这种失灵的机制？显然，"尽忠"这个答案不能涵盖全部。就"尽忠"而言，庚子祸首亦可谓"忠"，但就后果而言，这个"忠"明显是愚忠。与愚忠相比，东南互保督抚群体就是忠贞自持的"孤忠"。"孤忠"作为一种传统政治行为，其行动基础有二：一是与君主同向的德治思想内在修养，二是基于事实做出的符合国家与君主利益的价值判断。也就是说，督抚群体在做出"东南互保"决定时，每个人都等于回答了两个问题：一是这个决定是否符合君主利益，二是这

<hr>

① 盛宣怀. 愚斋存稿・第94卷・补遗71 [M] //沈云龙. 近代中国史料丛刊续编第13
　辑. 台北：文海出版社，1975：1966.

② 戴海斌. "误国之忠臣"——再论庚子事变中的李秉衡 [J]. 清史研究，2011（03）.
　赵亦彭. 李秉衡的"拳乱祸首"身份问题 [J]. 清史研究，2015（01）.

个决定是否符合国家利益。只有在这两个问题都得到肯定回答后，作为个体的督抚才能形成一个具有价值共识的东南互保督抚群体。历史学者挖掘出个别督抚在东南互保事件中对个人利益追求甚至引发派系斗争的史料和结论。我们不否认这样的史料和结论，但我们更相信这样一个重大政治行为具有所必须遵循的价值认同基础。这种价值认同基础在他们各自回答了前述两个问题之后，便自然而然地形成了。这种价值认同的实质是对君主专制制度的彻底的无条件的认同，也就是对清政府法治体系的坚定维护。我们已经知道，在太平天国运动时期，从中央与地方的关系看，清政府法治体系有个前者触发后者的机制。在这种机制下，前者是主动行为者，后者是被触发者。其实，这一机制始终存在，比如，团练可以追溯到清嘉庆帝剿灭白莲教起义时期，甚至追溯到明戚继光抗倭时期。我们使用绵延分析法，能够发现这一机制在历史过程中的运动痕迹。我们同样使用绵延分析法观察义和团运动时期的历史过程，却发现了政治行为角色的转换——被触发者变成主动者。这种转换是自生的，是自动完成的，其目的就是维护现政府统治，维护君主专制制度。但这个转换在实现过程中也自觉融入了近代西方政治价值观念。

这个近代西方政治价值观念就是平等。作为一个政治概念，鸦片战争前后，平等逐渐进入中国的政治文化。对于平等，尤其是与列强之间的平等交往（主权平等），清政府从最初的拒绝，到被迫接受，经历了一段复杂且痛苦的过程。1858年《天津条约》签订，英、法、美、俄公使先后入驻北京。允许各国公使驻京是清政府接受并基本认可政治平等价值观念的重要标志，但这种接受和基本认可是"被迫的""勉强的"。政治平等价值观念虽然已经进入晚清政府的政治生活和政治制度中，但它在最高层始终受到排斥。相比北京，地方层面则在接受、运用、履行政治平等价值观念上走在了前面。尤其是东南诸省更是榜样，它们在经济、政治、文化、宗教等方面均有平等价值观念的参与和渗透。以政治为例，至东南互保时期，东南诸省督抚在与各国领事的交往过程中，已经能够主动践行平等价值，实现了与各国领事的平等往来。由此，平等价值已经在绵延中与清政府法治理念相融合。当然，这种融合现象在北京和地方均有实际体现，但相比前者，后者的政治行为在履行平等价值观念时更加主动和自觉。李鸿章、刘坤一、张之洞等东南互保中坚力量，均为洋务运动代表人物，更是履行政治平等价值的实际行为人。此外，还有盛宣怀、袁世凯等颇具近代政治文化思想的重要官员，他们与三位中坚力量一起，组成东南互保坚强堡垒。我们说，这个堡垒的核心价值就是政治平等。基于政治平等，东南互保群体得以迅速形成；基于政治平等，东南互保群体与各国驻沪领事才能互相承认对等关系，进而商定东南互保各章程。这两种政治行为均为自生，是完全脱离北京指挥和命令的自发行为。这种自发政治行为以平等为价值核心，但自由亦在其中。

通过履行政治平等价值观念，各方在东南互保期间获得了相应的政治自由。在绵延中，政治平等与政治自由始终互为条件，缺少任何一方的政治行动都会走向所拥有的政治价值的对立面。慈禧太后以义和团为奥援，向各国宣战，导致北京乃至整个国家的政治秩序失控，这就是平等价值缺席后，自由社会走向混乱和崩溃的例证。东南互保群体形成后，也遇到过"自由"的危机，但由于平等价值观念的存在，危机总能化险为夷。自1900年8月18日起，英军3000人先后登陆上海，打破长江一带列强的军事平衡。此后，法国、德国、日本先后派军队进驻上海，形成国际势力的平衡。这种平衡是北京政治失控后，东南互保诸省能够取得的较好的政治效果。它们通过"妥善应对英国、日本、德国本于各自的国家利益而有意或无意引起的出兵纠纷，并最终通过'以夷制夷'的羁縻方略化解它们的危机，达到风险的控制，并最终取得广义性的东南互保的成功实现"[1]。正是由于履行了政治平等价值观念，列强在东南诸省的军事行为才形成互相牵制的状态，没有演变为进攻和占领等侵略行为；正是由于履行了政治平等价值观念，列强在东南诸省基本能够践行东南互保诸章程；正是由于履行了政治平等价值观念，东南互保诸省才能够在与列强羁縻的过程中享有来之不易的政治自由，保护了东南诸省的财力与资源。

亨利·柏格森说，开放社会有一种生命冲动带领。东南互保群体便是这样的生命冲动。他们能够带领社会走出危机，并使社会发生性质上的改变。1900年12月1日，清廷下诏准备变法，要求内外大臣督抚在2个月内"条陈呈朝章国政、吏治民生、学校科举、兵政财政等改革事项"[2]。这道谕旨标志着清政府已经意识到国家变革的迫在眉睫，但如何变革，尤其在"朝章国政"方面如何改革，尚需集思广益。"朝章国政"改革的根源在法治。关于法治，晚清思想家亦有颇多理论和思想贡献。

---

① 高全喜. 新制起于南国：政治宪法学视野下的"东南互保"［J］. 学术月刊，2018（04）：75.

② 郭廷以. 近代中国史事日志（下册）［M］. 北京：中华书局，1987：1114.

第五章 自生与西学东渐：晚清法治观念的知识来源

我们分析了东南互保，发现了清政府地方法治政治价值机制的自生，并辨析了这种自生所涵括的政治平等与自由观念。从 1840 年鸦片战争到 1900 年东南互保，整整一个甲子的漫长岁月，政治平等观念终于得以在清政府体制内自生与应用。从历史上看，政治平等与自由观念是历经第一次鸦片战争、第二次鸦片战争、太平天国运动、洋务运动、中法战争、甲午中日战争、庚子事变等一系列近代大事件而逐渐渗透进清政府体制内部，这也是政治平等与自由观念得以自生的历史逻辑。

一、自生于传统思想的平等意识与进化观念

平等观念虽然遇到了等级观念的坚决抵制，但任何真理、任何进步观念都不会遭到伟大思想家的抵制。他们接受真理和进步观念而传播之，亦能因环境的启迪而自我产生伟大的思想。近代著名思想家龚自珍便是后者。龚自珍（1792—1841 年），字璱人，号定盦（定庵），浙江仁和县（今杭州）人。"我劝天公重抖擞，不拘一格降人才"是其脍炙人口的名句，但作为思想家，其政治思想中含有强烈的但并不为世人所熟知的平等观。

"儒者失其情，不究其本，乃曰天下之大分，自上而下。吾则曰：先有下，而渐有上。下上以推之，而卒神其说于天。"①

1823 年，龚自珍 32 岁，居北京，任内阁中书。是年，龚自珍"第四次参加会试落第"。② 屡次落第，并未扑灭其心中济世之火。同年，其名

---

① 龚自珍. 农宗 [M] //龚自珍全集·第 1 辑. 上海：上海人民出版社，1975：49.
② 郭延礼. 龚自珍年谱 [M]. 济南：齐鲁书社，1987：91.

作《农宗》问世。《农宗》乃论社会经济改革之作，但其所表达的平等观更具有政治思想的光芒。谭嗣同说："民田受之于上，而其上之制禄，亦以农夫所入为差，此龚定盦所以有《农宗》之作也。"① 龚自珍的平等观，乃出于对上下孰先孰后之推究。古者，天为上，民为下。"天祐下民，作之君，作之师"②，于是圣人出。天子作民父母，与民同类，并非高不可攀的神仙。董仲舒出，倡君权神授，天子不再出自下，天子是天之子，只能天诞之。故其后，历代皇帝之出生均有神迹相随，意在向世人证明天子与普罗大众之不同：天子就是天之子，是神不是人类。上下等级明矣。但龚自珍认为，天子也是人，其与普罗大众的区别是智力和能力上的，而非种类上的。他曾赞叹乾隆皇帝之博识，曰："博矣夫！大圣人之知物也。"③ 龚自珍赞乾隆帝并非谬赞过誉，是据事实而赞。但包括他所钦佩盛赞的乾隆帝在内，他认为所有的"上"都是后于"下"而出，先有下，后有上。"而渐有上"，是"比其久也，乃有大圣人出"。人民以为这个大圣人是"天之藉"，但龚自珍则明确而坚定地说："天神，人也；地祇，人也；人鬼，人也。非人形，则非人也。"④ 圣人与我同类也，皆人也。

其实，龚自珍26岁时便已形成了较成熟的平等意识。1817年，龚自珍居上海，作《平均篇》。曰：

"龚子曰：有天下者，莫高于平之之尚也，其邃初乎！降是，安天下而已；又降是，与天下安而已；又降是，食天下而已。最上之世，君民聚醸然。三代之极其犹水，君取盂焉，臣取勺焉，民取卮焉。降是，则勺者下侵矣，卮者上侵矣。又降，则君取一石，民亦欲得一石，故或涸而踣。石而浮，则不平甚；涸而踣，则又不平甚。"⑤

龚自珍所谓的平均其实就是平等。他认为，唐虞之时，存在平等观念，当时的天子以平等为最高价值观。三代之时，社会开始出现等级观念，社会分配以等级为标准。三代之后，等级观念日重，社会分配越来越不公平。《平均篇》和《农宗》两篇文章是龚自珍平等观念的自白，应该说，他的平等观念早于鸦片战争的炮火，但并未引起重视。就平等观念而

---

① 谭嗣同. 仁学：谭嗣同集 [M]. 沈阳：辽宁人民出版社，1994：111.

② 《尚书·泰誓上》。

③ 龚自珍. 乙丙之际箸议第19 [M] //龚自珍全集·第1辑. 上海：上海人民出版社，1975：10.

④ 龚自珍. 壬癸之际胎观第一 [M] //龚自珍全集·第1辑. 上海：上海人民出版社，1975：13.

⑤ 龚自珍. 平均篇 [M] //龚自珍全集·第1辑. 上海：上海人民出版社，1975：78.

言，龚自珍无疑是时代先驱。其实，何止平等观念。钱穆先生说："嘉、道以还，清势日陵替，坚冰乍解，根蘖重萌，士大夫乃稍稍发舒为政论焉，而定庵则为开风气之一人。"① 钱穆先生说的是政治观念，其实就政治思想而言，龚自珍亦是开风气之人。当然，龚自珍并非一个人在为平等观念探路，其好友魏源亦是此路上的领跑人之一。

魏源（1794—1857 年），字默深，湖南邵阳人，与龚自珍齐名，时称"龚魏"。魏源幼受儒学，以曾子为偶像，尚宋儒理学，故其思想以儒学为根基。他的海洋、国家等知识来自在华传教士，其《海国图志》的资料有些便引自《每月统纪传》。《每月统纪传》由英国著名传教士米怜、麦都思及中国教徒梁发编辑，其内容"以宗教居大半，余为新闻及新知识之介绍"，② 前后刊行 7 年（1815—1821 年），共 7 卷，总 574 页。米怜和麦都思均为著名来华传教士，而梁发对中国的间接影响更要超过此二人。梁发是中国人，作为一名虔诚的受洗教徒，他曾作《劝世良言》宣传基督教新教，其中一些内容涉及中国人闻所未闻的平等观念。洪秀全的思想受其影响，形成明确的平等观念，如男女平等观念。

魏源阅读基督教新教刊物，接触平等思想。《海国图志》关注到人民的选举权利，并提到白人、黑人、妇女在权利上的差别待遇。魏源在介绍美国纽约州时指出，纽约"设立正总领一人，副总领一人，均由人民公举"，其立法之官"推举必须白人、年逾二十、居本部经一年者方能出书荐人，否则不能预也"。③ 在介绍新泽西州时，魏源指出，该州"设立总领及立法之冈色尔并总会公署一所，均由民人公举"，其人"须年逾二十、曾纳丁粮者方准出书荐人，若妇人、黑人，皆不得预"。④ 预即参与。在介绍英国政治制度时，魏源注意到了该国基于平等和自由观的民主政治："都城有公会所，内分两所：一曰爵房，一曰乡绅房。爵房者，有爵位贵人及耶稣教师处之；乡绅房者，由庶民推择有才识学术者处之。国有大事，王谕相，相告爵房，聚众公议，参以条例，决其可否；辗转告乡绅房，必乡绅大众允诺而后行，否则寝其事勿论……此制欧罗巴诸国皆从

① 钱穆. 中国近三百年学术史（下册）[M]. 北京：商务印书馆，1997：592.
② 王家俭. 魏源年谱 [M]. 台北："中央研究院"历史研究所，1981：9.
③ 魏源. 海国图志卷 62·弥利坚国东路 20 部 [M] //《魏源全集》编辑委员会. 魏源全集（7）. 长沙：岳麓书社，2011：1706.
④ 魏源. 海国图志卷 62·弥利坚国东路 20 部 [M] //《魏源全集》编辑委员会. 魏源全集（7）. 长沙：岳麓书社，2011：1709.

同，不独英吉利也。"①《海国图志》成书于1852年，其中多处引用30年
前的《每月统纪传》，后者对魏源的影响不可小觑。魏源的平等思想可从
"攻其异端"之解释得而见之：

"攻他人之异端，不如攻一身之异端。气禀物欲，皆为性分所本无。
去本无以还其固有，损之又损，以至于无。始而以道德战纷华，既而以中
行绳过、不及，内御日强，外侮日退，则人我一矣，则自身之异端
尽矣。"②

魏源有明确的追求平等的意识。异端之说出自孔子。子曰："攻乎异
端，斯害也已。"③此语一般作言治道解。三国何晏曰："攻，治也。善道
有统，故殊途而同归，异端不同归也。"④魏源视异端为人我均有之特征，
指出见人之异端不如见己之异端。去己之异端，则我回归本性。人人去除
自己的异端，则人我同一，不再有矛盾纷争。异端尽去，人我归于平等。
我不见人高低贵贱，人亦不见我高低贵贱。人我包括所有人，既有圣人也
有众人。圣人与众人皆本于天。

"万事莫不有本，众人与圣人皆何所本乎？人之生也，有形神、有魂
魄……其聚散、合离、升降、劝诫，以何为本，以何为归乎？曰：以天为
本，以天为归。黄帝、尧、舜、文王、箕子、周公、仲尼、傅说，其生也
自上天，其死也反上天。其生也教民，语必称天，归其所本，反其所自
生，取舍于此。大本本天，大归归天，天故为群言极。"⑤

"群"指众人。极，天地人三极，三才也，至极之道也。"天"不仅
是圣人之本之归，亦是"群"即众人之本之归之极。面对"天"，众人与
圣人是平等的、无差别的。黄帝本天、归天，众人亦本天、归天。这与
《诗经》中"天生烝民，有物有则"⑥的说法是一致的。但秦汉以后，君
主专制兴起，人民与天的关系逐渐脱节，而君主与天的关系逐渐神化。尤
其是董仲舒抛出君权神授理论后，"天子父母事天，而子孙畜万民"⑦，人

① 魏源. 海国图志卷52·英吉利国广述中 [M] //《魏源全集》编辑委员会. 魏源全集
(6). 长沙：岳麓书社，2011：1463-1464.
② 魏源. 默觚上·学篇一 [M] //夏剑钦. 中国近代思想家文库·魏源卷. 北京：中国人
民大学出版社，2013：13-14.
③《论语·为政第二》。
④ 何晏. 论语集解·为政第二 [M] //四部丛刊初编（8）. 上海：上海书店，1989：13.
⑤ 魏源. 默觚上·学篇一 [M] //夏剑钦. 中国近代思想家文库·魏源卷. 北京：中国人
民大学出版社，2013：16.
⑥《诗经·大雅·烝民》。
⑦《春秋繁露·郊祭第六十七》。

民沦为等级制的末端。魏源称董仲舒为"冒天下之道者"，① 恐怕意在此也。

"人者，天地之仁也。人之所聚，仁气积焉；人之所去，阴气积焉……'天地之性人为贵'，天子者，众人所积而成，而侮慢人者，非侮慢天乎？人聚则强，人散则尪，人静则昌，人讼则荒，人背则亡，故天子自视为众人中之一人，斯视天下为天下之天下。"②

魏源引东汉班固的《白虎通德论》中的名句为论据，其全句为"天地之性人为贵，人皆天所生也"③。人皆天所生，人性贵在此也。天子得到人民的拥护，方能由"众人所积而成"而为天子，故天子要尊重人民，侮辱人民就是侮辱天。天子虽然在地位上高于人民，但他应当把自己看作人民的一分子，把自己等同于人民。天子自视与民平等，只是要求天子须有与民平等的意识，虽然天子在事实上地位高于人民。天子以平等观念看待人民，便能够以"天下为天下所有"的眼光看待天下。基于平等观念，天下不是天子个人所有的天下，而是人民所有的天下，是天下所有的天下。

"天下其一身与！后元首，相股肱，诤臣喉舌。然则孰为鼻息？夫非庶人与……古圣帝明王，惟恐庶民之不息息相通也，故其取于臣也略，而取于民也详。"④

董仲舒曾用"心""体"比喻过君民关系："君者，民之心也；民者，君之体也。"⑤ 这种比喻表现出明确的等级观念。魏源的比喻则是另外一回事，人民不再是可有可无的四肢，而是不可或缺的呼吸系统。有生命的身体无法离开呼吸，天子也就无法离开人民而存在。人民在，天子在；人民亡，天子亡。人民与天子同呼吸、共命运。在这个意义上，天子与人民是平等的。

龚魏有平等意识或为当时之特例。其时，清代公羊学正盛。清代公羊学宗庄存与。庄存与传孙庄述祖，述祖传外甥刘逢禄与宋翔凤，龚魏均拜

---

① 魏源. 董子春秋发微序（1822 年）[M] //夏剑钦. 中国近代思想家文库·魏源卷. 北京：中国人民大学出版社，2013：86.

② 魏源. 默觚下·治篇三 [M] //夏剑钦. 中国近代思想家文库·魏源卷. 北京：中国人民大学出版社，2013：39.

③ 班固. 白虎通德论·诛伐 [M]. 上海：上海古籍出版社，1990：34.

④ 魏源. 默觚下·治篇 12 [M] //夏剑钦. 中国近代思想家文库·魏源卷. 北京：中国人民大学出版社，2013：52-53.

⑤ 《春秋繁露·为人者天第四十一》。

刘逢禄为师，学习公羊。"刘宋龚魏而后，闻声相和者日众，包慎言即其一也。"① 包慎言即包世臣（1775—1857 年）。包世臣不仅是公羊学家，亦是经世思想家，其经世思想与龚自珍、魏源齐名，且三人为好友。与龚魏不同的是，包世臣更重于经世致用，未见其对平等观念有过明显阐述。这个"尽读《日知录》三十卷"② 的饱学之士，似乎并未受亭林之熏染。

近代思想家在鸦片战争前后，已经形成了朦胧的平等意识。虽然他们未能把这种朦胧的平等意识理论化，但其对后世的影响是显而易见的。是什么影响呢？就是其平等意识中的集体主义特征。从龚自珍到魏源，"民"始终是一个集合的概念，从未化为个体而存在。在中国传统政治思想中，君主始终是最核心的概念。所谓"君一位"，君主必须以个人形式存在，独一无二，唯我独尊。君主之下的"臣""民"则均为集合概念，也唯有以集合形式，"臣""民"才能作为君主的对应物而存在。这就是我们所说的龚魏"民"观念的集体主义特征。为何会这样？大约是因为中国传统政治思想中个人权利观念的缺失所导致。至清中期，"三纲"观念已固化于中国文化，臣忠君、子孝父、妻节夫、弟义兄成为人民观念中的必然存在与自觉义务。忠、孝、节、义所形成的义务意识阻碍和淡化了个人权利意识的形成。这里所说的个人权利专指个人政治参与权利、个人自由权利、平等权利等与政治相关的权利。至于个人财产权等经济权利，中国人早就享有。由于缺乏个人政治权利的支持，个人经济权利无法得到保障的事件屡屡出现，这也是中国清官思想深入人心的原因。清官成为保护个人财产权利的最后一道屏障，个人财产权便岌岌可危了。清官思想还从侧面证明中国人政治参与平台的缺位。政治参与平台是培养个人权利观念和意识的最佳场所。在梭伦时期，雅典曾制定特别法律，要求公民参与政治，如果在发生内争时，公民"不加入任何一方者，将丧失公民权利，而不成为国家的一分子"。③ 而在同时期的中国战国时代，人民非但不是政治参与者，还是政治斗争的牺牲品。由于战争，人民被迫背井离乡，君主却慨叹"寡人之民不加多"。从战国时代直至清中叶，政治参与平台的缺位令人民无法有效地形成个人权利观念和意识，因此，平等意识形成之时，集体主义特征便融入进来。这也为后来国家主义思想取得主导地位埋

---

① 陆宝千. 清代思想史［M］. 上海：华东师范大学出版社，2009：225.
② 包世臣. 读亭林遗书［M］//刘平，郑大华. 中国近代思想家文库·包世臣卷. 北京：中国人民大学出版社，2013：282.
③ ［古希腊］亚里士多德. 雅典政制［M］. 日知，力野，译. 北京：商务印书馆，2009：13.

下了伏笔。无论是集体主义特征还是国家主义思想，都深刻影响晚清法治思想的价值基础及其运动方向。

正是基于平等理念，魏源的法治思想能够超越顾炎武。以"治乱循环"说为例，顾炎武认为，"一治一乱，盛治之极而乱萌焉，此一阴遇五阳之卦也"①。顾炎武用《易》之"姤卦"阐释"治乱循环"，体现历史宿命论。同样用《易》，魏源则用其"逆数"。

"'天下之生久矣，一治一乱'。治久习安，安生乐，乐生乱；乱久习患，患生忧，忧生治。《洪范》贵不列五福，崇高者忧劳之地，非安享之地也。康庄之仁我也，不如太行。故真人之养生，圣人之养性，帝王之祈天永命，皆忧惧以为本焉。真人逆精以反气，圣人逆情以复性，帝王逆气运以拨乱反治。逆则生，顺则夭矣；逆则圣，顺则狂矣。草木不霜雪，则生意不固；人不忧患，则智慧不成。大哉《易》之为逆数乎！五行不顺生，相克乃相成乎！"②

魏源领悟到"治乱循环"之发展意义。"逆则生，顺则夭"。"治乱循环"不是什么阴阳转换，而是"生于忧患，死于安乐"的生存和发展。植物、真人、圣人、帝王无不在忧惧中得以生存、生长、发展。"治乱循环"不是宿命，而是需要万物与人的主动。只有主动，才能"相克而相成"，才能实现发展。魏源的"治乱循环"观体现着进化思想。而且这种进化思想不是被动的生长，而是不断发生性质上的改变的发展。吴泽先生指出，魏源明确提出"三代为私，后代为公，公胜于私，后代胜于三代"的主张，这种主张体现了"由私到公，由三代到后代，是人类社会的进化"③的理念。李喜所教授认为，就进化史观而言，"魏源在这点上就较龚自珍高出了一层，有较完整的进化的历史观"④。当然，也有学者认为龚自珍也是进化论者。这是一个误解。龚自珍以"万物一而立，再而反，三而如初"⑤的历史循环论为理论框架，其所言之变化，是历史循环内的状态变化，而非性质变化。这是魏源高于龚自珍的地方。其实，魏源的进化史观还有一个重要特征，那就是：自生于传统思想。

① 顾炎武．日知录 卷之 1·姤 [M] //顾炎武全集·18·日知录（1）．上海：上海古籍出版社，2011：68．
② 魏源．默觚下·治篇 2 [M] //魏源集·第 1 册．北京：中华书局，1976：39．
③ 吴泽．魏源的变易思想和历史进化观点——魏源史学研究之一 [J]．历史研究，1962（05）：44．
④ 李喜所．魏源及其思想特征评述 [J]．唐都学刊，2003（01）：89．
⑤ 龚自珍．壬癸之际胎观第 5 [M] //龚自珍全集·第 1 辑．上海：上海人民出版社，1975：16．

魏源去世之时，达尔文的《物种起源》和赫胥黎的《天演论》均未出版，这两部近代化巨著不是其思想来源，其思想来源只能是中国传统思想资源。因此，魏源进化思想的自生乃基于对传统思想与其绵延历史过程的深刻领悟。这一发现非常重要，因为它能说明传统儒家政治思想之所以绵延不绝、生生不息的奥秘。这个奥秘就是儒家思想具有因时通变的自生基因。我们曾经在王夫之思想中发现过这种自生基因，也正是由于同样的自生基因，魏源法治思想才能接续并超越王夫之。

"医之活人，方也；杀人，亦方也。人君治天下，法也；害天下，亦法也。不难于得方而难得用方之医，不难于立法而难得行法之人。青苗之法，韩琦、程伯子所部必不至厉民；周家彻法，阳货、荣夷公行之，断无不为暴。弓矢，中之具也，而非所以中也；法令，治之具也，而非所以治也。买公田省饷之策，出于叶适，而贾似道行之，遂以亡国。是以郡县、生员二论，顾亭林之少作，《日知录》成而自删之；《限田》三篇，魏叔子三年而后成，友朋诘难而卒毁之。君子不轻为变法之议，而惟去法外之弊，弊去而法仍复其初矣。不汲汲求立法，而惟求用法之人，得其人自能立法矣。"①

治法与治人是中国古代法治思想的核心议题，近代思想家对这个议题尤为关切。魏源接续王夫之，做出治人先于治法的回答。与王夫之不同，魏源能够做出这个回答，因其回答是在时间绵延中思考问题的发展，而非在空间中对问题坐以静观。沿着时间绵延的线索，魏源得以发现万物与人的进化趋向，才能够发现人在进化过程中的决定性作用，从而将治人视为治法的主宰。魏源是怎样在绵延过程中自生了这样的观念？根据绵延理论，"自然特意事先向我们提供了有关这一自发的人类社会图式，同时使我们的理智和意志完全自由地向这个方向努力"②。《易》是古代中国人了解自然、预测未来的系统学说，它复杂深奥，导致不同学者往往针对同一问题有不同解读。魏源深得《易》的进化理论精髓——逆数，从而挖掘出人在自然世界主动作为的必要性，并推断即便面对人类的精神产品——法，人类依然是主动行为者。空间思维者往往忽略法为"人类精神产品"这一根本属性。他们认为"法"是独立存在的实体，甚至可能不受"人"的影响，或者"法"一旦订立，便不受"人"的控制。显

---

①　魏源．默觚下·治篇4 ［M］//魏源集·第1册．北京：中华书局，1976：45-46.

②　［法］亨利·柏格森．道德和宗教的两个来源 ［M］．彭海涛，译．北京：北京时代华文书局，2018：314.

然，这是一种机械思维。它把"法"看作一种自然物，"法"是人类的主宰，而非相反。魏源法治思想的进步意义在于他把治人的作用与进化观念融为一体，在理论上超越了明末清初思想家，在实践上为晚清思想家开辟了新路。

二、"以夷款夷"策略与主权平等思想

魏源《海国图志叙》云："是书何以作？曰：为以夷攻夷而作，为以夷款夷而作，为师夷长技以制夷而作。"[1] 魏源这句话被后世人简化为"师夷长技以制夷"。实际上，它有三句话：以夷攻夷，以夷款夷，师夷长技以制夷。其中，"以夷款夷"最令人费解。何为"款夷"？一般认为，"款夷"是与外国交往的外交手段。常青先生解释，"款夷"就是用"和平的外交手段在敌国之间制造矛盾"[2]，以期形成于己有利的局面。还有学者认为，"款"就是"和"，用"款"不用"和"是清政府的"阿 Q 精神胜利法"。[3] 既然"款夷"是外交手段，那么，魏源的"款夷"思想来自哪里呢？魏源与林则徐是好友，而《海国图志》又是后者向前者交代的临终遗愿，故其思想根源在后者。

林则徐以公平意识形成"以夷治夷"理念。"以夷治夷"最初是林则徐的表述，后经魏源理论化，形成"师夷长技以制夷"的主张。1840 年4 月 27 日，林则徐上《复奏曾望颜条陈封关禁海事宜折》，云：

"今若忽立新章，将现未犯法之各国夷船与英吉利一同拒绝，是抗违者摈之，恭顺者亦摈之，未免不分良莠，事出无名。设诸夷禀问何辜，臣等碍难批示。且查英吉利在外国最称强悍，诸夷中惟米利坚及佛兰西尚足与之抗衡，然亦忌且惮之。其他若荷兰、大小吕宋、嗹国（丹麦）、瑞国（瑞典）、单鹰（普鲁士）、双鹰（奥地利）、堪波拉等国到粤贸易者，多仰英夷鼻息。自英夷贸易断后，他国颇皆欣欣向荣，盖逐利者喜彼绌而此赢，怀忿者谓此荣而彼辱，此中控驭之法，似可以夷治夷，使其相间相

---

① 魏源. 海国图志叙（1842 年）［M］//夏剑钦. 中国近代思想家文库·魏源卷. 北京：中国人民大学出版社，2013：343.

② 常青. 释"攻夷""款夷"与"制夷"［J］. 史学月刊，1985（03）：143.

③ 易振龙，彭忠德. "以夷制夷"正解［J］. 北京师范大学学报（社会科学版），2012（02）：142.

暌，以彼此之离心，各输忱而内向。"①

　　林则徐区别来粤贸易的国家分为抗违者、恭顺者两部分。他意识到，如果制定新法规把抗违者和恭顺者一同拒之门外，有违公平，"不分良莠，事出无名"。公平意识的存在有助于平等观念的产生。公平意识是一种善。孔子的"不患寡而患不均"②便是其公平意识的流露。公平意识源于不平等的现状，因此其归宿必然是平等，尤其是机会平等。当代著名政治学家约翰·罗尔斯非常重视公平的机会平等。他以男女平等为例，认为在家庭法中应"规定某些具体的条款，以使生育、抚养和教育儿童的重担不要完全落在妇女身上，从而破坏她们所享有的公平的机会平等"。③林则徐意识到"一棒子打死所有人"的新法规缺失公平性，他为此提出反对意见，要求区别对待抗违者和恭顺者。尽管林则徐还未能用形而上的理论表达公平和平等，但其说法已足以证明他即将走向公平的机会平等。可惜的是，他在半路上提出了"以夷治夷"的观念，致使其无法抵达平等的理论彼岸。"以夷治夷"是一种政治、外交、军事策略，亦是中国传统文化中所谓的谋略。当然，林则徐作为政治家，提出"以夷治夷"的策略不仅无可厚非，而且意义深远。"以夷治夷"强调的是制驭与平衡。林则徐认为，制驭之道"惟贵平允不偏，始不至转生他弊"。④至于平衡，则是利用诸国逐利之心理，用利益使恭顺者与我亲近。由于未能将平等上升至形而上高度，而是转向治夷之谋略，致使林则徐"以夷治夷"观的公平性远逊于其暗含的攻击性。而把这种攻击性展示于外的便是林则徐的好友、魏源所作的《海国图志》。

　　魏源虽有明确的追求平等的意识，但面对"夷"，他并未沿着林则徐的公平意识一路探究下去，而是把"以夷治夷"更加全面化、细化，形成以夷攻夷、以夷款夷、师夷长技以制夷的命题。其中的"以夷款夷"就是林则徐"以夷治夷"的翻版。

　　"不能守，何以战？不能守，何以款？以守为战，而后外夷服我调度，是谓以夷攻夷；以守为款，而后外夷范我驰驱，是谓以夷款夷……款

　　① 林则徐. 复奏曾望颜条陈封关禁海事宜折（1840 年 4 月 27 日）［M］//杨国祯. 中国近代思想家文库·林则徐卷. 北京：中国人民大学出版社，2013：266.

　　② 《论语·季氏第十六》。

　　③ ［美］约翰·罗尔斯. 作为公平的正义：正义新论［M］. 姚大志，译. 北京：中国社会科学出版社，2011：18.

　　④ 林则徐. 复奏曾望颜条陈封关禁海事宜折（1840 年 4 月 27 日）［M］//杨国祯. 中国近代思想家文库·林则徐卷. 北京：中国人民大学出版社，2013：267.

夷之策二：曰听互市各国以款夷，持鸦片初约以通市。"①

魏源的"款夷"二策与林则徐"以夷治夷"的主张完全相同。思想家为国献策无可厚非，但优秀的思想家不应该仅把自己停留在为国献计献策上，而是要在思想层面为国家发展和治理提供更强大的智力支持。国与国交往必定矛盾重重，能解决矛盾的不是金钱、不是武力，一定是某种普适的思想。普适的思想可以理解为各国普遍接受的价值观，这样的价值观是冲突国家之间的共识基础。国与国之间共识的基础和价值观是友谊和交往的基础，没有这种价值观的存在，国与国便形同陌路，甚至兵戈相见。普适的价值观能同时为多国所接受，各国均愿意遵守和服从这种价值观的安排。在众多普适价值观中，公平观念无疑是最能被接受的一种。个人需要公平，国家也需要公平。清政府认为英国做法对其不公平，英国亦有相似看法。为何处在鸦片战争中的两个当事国会同感不公平？唯一的解释是平等原则缺失所致。双方均未能以主权平等国家对待彼此。林则徐的公平意识没能走向平等；魏源没有抓住林的公平意识，只抓住了谋略。谋略自然是有用的，但有思想支撑的谋略才有作用。

"故款夷之事，能致其死命使俯首求哀者上；否则联其所忌之国，居间折服者次之。"②

由此看来，"款夷"只是对策，未见思想支撑。没有思想支撑的对策或有短期效果，却难言长期功效。英美法三国为何能联合修约？英法为何能联合攻打北京？八国为何能联合起来攻打北京？侵略是无耻且卑鄙的国家行为，但如果仅看到侵略的事实，那么下一次的侵略还会到来。深挖侵略者集团的本质，这些组团侵略他国的国家必然遵循某种共同的价值观，他们依据共同的价值观可以肆无忌惮地理所当然地侵略中国。共同价值观是什么？就是主权平等。魏源亦有平等思想，但其平等思想虽具有集体主义特征，但未上升到国家主权平等。林则徐的公平意识或为通往主权平等的一条道路。但魏源未能接续林则徐的公平意识，而是转向以夷治夷、以夷款夷的策略，错过走向主权平等思想之路。虽然与主权平等思想失之交臂，但魏源的"师夷长技以制夷"理念很快便深入人心，甚至号召了洋务运动。"师夷长技以制夷"本身是一个非常适合中国当时社会和国情的发展理念。夷之长技或许是那个时代人们的共识。同时期的著名学者姚莹

---

① 魏源．筹海篇一 议守上（1842 年）[M] //夏剑钦．中国近代思想家文库·魏源卷．北京：中国人民大学出版社，2013：311.

② 魏源．筹海篇四 议款（1842 年）[M] //夏剑钦．中国近代思想家文库·魏源卷．北京：中国人民大学出版社，2013：341.

便曾以"夷人之长全在大船火器"① 向道光帝上奏，讨论用兵之道。学习西方优秀的军事、工业技术是正确的，但推广"师夷长技以制夷"理念的人也许忘了，任何科学技术都是建立在一定思想基础上的。思想为本，科技为末。舍本逐末，必定半途而废。从近代政治思想史的进程来看，"平等观念之到来"早于"平等观念之接受"近半个世纪。但这就是历史，既让人遗憾，更让人无奈。

三、冯桂芬法治思想：从平等自由到国家自强

冯桂芬（1809—1874 年），字林一，江苏吴县（今苏州）人，林则徐学生，近代重要思想家，其代表作为《校邠庐抗议》。该书成稿于 1861 年 11 月，共有文 40 篇，内容涉及治理、税赋、养民、西学、科举、法治等。冯桂芬法治思想以"复三代圣人之法"为鹄的，主张在"三代圣人之法"的框架内因时取舍。

"然则为治者，将旷然大变一切复古乎？曰：不可。古今异时亦异势，《论语》称损益，《礼》称不相沿袭，又戒生今反古，古法有易复，有难复，有复之而善，有复之而不善，复之不善者不必论，复之善而难复，即不得以其难而不复，况复之善而又易复，更无解于不复。去其不当复者，用其当复者，所有望于先圣后圣之若合符节矣。"②

冯桂芬的《自序》是其全部思想的基本价值基础。一句话，即"以三代之法为本，以因时取舍之为要"。虽然这种理念呈现出变化观念，但这种变化不是时间的变化，而是空间的变化，是空间实在的显现与消失。也就是说，这种变化仅是量的变化，无法出现质的变化。这种观念不仅与进化论相悖，也与人类社会发展规律相左。这种观念认为，曾经发生过的是最完美的，后来的一切都无法与其媲美，人类不断重复过去，但永远无法超越过去。作为一名坚定的儒学思想家，冯桂芬主张学习西学，尤其是"格物至理，舆地"③ 等方面的知识，强调"以中国之伦常名教为原本，

① 姚莹. 遵旨筹议覆奏［M］//施立业. 中国近代思想家文库·姚莹卷. 北京：中国人民大学出版社，2015：463.

② 冯桂芬. 校邠庐抗议·自序［M］//采西学议：冯桂芬 马建忠集. 沈阳：辽宁人民出版社，1994：2-3.

③ 冯桂芬. 校邠庐抗议·下卷·采西学议［M］//采西学议：冯桂芬 马建忠集. 沈阳：辽宁人民出版社，1994：82.

辅以诸国富强之术"①。这是冯桂芬的"中体西用"说。他的"中体西用"说内容广泛，包含一些具体举措。此处试举一例。《收贫民议》受西方影响，内容涉及教育平等。

（一）平等受教育权意识

"法苟不善，虽古先吾斥之；法苟善，虽蛮貊吾师之。尝博览夷书，而得二事，不可以夷故而弃之也。荷兰国有养贫、教贫二局，途有乞人，官若绅辄收之；老幼残疾入养局，廪之而已；少壮入教局，有严师又绝有力，量其所能为而日与之程，不中程者痛责之，中程而后已。国人子弟有不率者，辄曰：逐汝，汝且入教贫局。子弟辄奢为之改行，以是国无游民、饥民。瑞典国设小书院无数，不入院者，官必强之。有不入书院之刑，有父兄纵子弟不入书院之刑，以是国无不识字之民。"②

据冯桂芬自述，其上述有关荷兰、瑞典两国教育的内容得自美国传教士祎理哲之《地球说略》。《地球说略》中译本于 1856 年在宁波印刷出版。近代来华传教士通过书籍等载体带给中国社会大量新鲜的知识、常识和见闻，冯桂芬等近代思想家去粗取精、披沙拣金，从中发现了一些值得为中国所用的政治、经济等方面的思想和知识。荷兰、瑞典两国强制学龄儿童教育的举措令其大开眼界。冯桂芬所不知的是，他对强制教育的关注已经非常接近教育平等的理念。

荷兰、瑞典两国的教育是普及教育。在欧洲，普及教育的存在是为民主制度服务。民主制度需要公民意识、政治参与意识和参与能力的支持与配合，而这些意识和能力必须通过教育灌输来完成。民主制度以平等和自由为基础，其教育平等原则主张人人有受教育的权利和机会，甚至立法保护未成年人受教育的权利和机会。民主制度提倡个人自由，同时重视对个人权利的保护，未成年人受教育的权利便是其一。在今天的美国纽约市，每到未成年人上学上课时间，便会有教育警察在街道和学校外巡逻，遇到未依法上学的学生，教育警察将行使执法权，该学生监护人亦会受到法律制裁。保护未成年人受教育的权利亦是民主国家保障自身未来发展能力的重要和关键一环，公民只有受过教育，才有能力参与国家和社会事务，这是民主国家的智慧。而君主专制国家对教育则是另一番态度，美国哲学

---

① 冯桂芬. 校邠庐抗议·下卷·采西学议 [M] //采西学议：冯桂芬 马建忠集. 沈阳：辽宁人民出版社，1994：84.

② 冯桂芬. 校邠庐抗议·下卷·收贫民议 [M] //采西学议：冯桂芬 马建忠集. 沈阳：辽宁人民出版社，1994：52.

家、胡适的老师杜威说："说教育是一种社会的功能，通过未成年人参与他们所在群体的生活，他们得到指导和发展，实际上等于说，教育将随着群体中生活的质量的高低而不同。一个不仅进行着变革，而且有着改进社会的变革理想的社会，比之目的在于仅仅使社会本身的风俗习惯沿袭下去的社会，将有不同的教育标准和教育方法，这一点尤为正确。"① 这里所说的"风俗习惯沿袭下去的社会"就是当时清朝的写照。

清代教育是君主专制和等级制度下的教育。在清代，君主专制得到前所未有的加强，其教育方针的等级特征更加鲜明，其表现为："纯粹本于满族利益的立场上，对汉人施行统治教育，其主要方案在笼络士子与利用士子以吸收汉民族的文化。"② 在等级特征之外，还有一个特征就是政府缺席未成年人教育。中国文化传统非常重视未成年人教育，如孟母三迁、欧阳修母亲画荻教子等，此类故事俯拾皆是。未成年人教育即蒙养教育，其对象一般是七八岁至十五六岁的青少年。蒙养教育完全是私学性质，由民间独自承担其责任，政府基本置身事外。"也即是说，在中国古代的官学的体系中，还没有纳入蒙养教育这一教育的低级阶段形式。蒙养教育为私学所独占，这是中国古代教育的一大特色。"③ 至清，这种说法乃不适用于满族学童。清代八旗各参领，下设义学。雍正六年（1728 年），清政府规定"各旗选择官房立一学"，入学对象为十至二十岁旗人；规定"每甲喇设一清文学舍"，要求"旗下十二岁以上余丁，俱令入学学习清语骑射，学习伦理。一年一次考试，成绩归档"。④ 显然，这是具有官学性质的政府参与的蒙养教育。由于实行满汉差别对待，尤其是蒙养教育时期的差别对待，民族不平等的观念便根深蒂固地刻在了满汉人民心中。牢固的民族不平等观念令中国士族阶层无法形成平等受教育权意识，直到冯桂芬读过《地球说略》，思想界才算是有了启蒙。

"至官强民入塾，中国所难行，惟责成族正，稽察族人，有十五以下不读书，十五以上不习业者，称其有无而罚之，仍令入善堂读书习业，亦善法也。或曰贫民且廪至，何以给之？是不然，此举实禁锢耳。衣食之瑟缩，使令之苛暴，所不待言，其人至瑟缩苛暴之不畏，可怜悯孰甚，正仁

① ［美］杜威. 民主主义与教育［M］. 王承绪，译. 北京：人民教育出版社，1990：86.
② 任时先. 中国教育思想史［M］. 上海：上海书店，1984：247.
③ 吴霓. 中国古代私学发展诸问题研究［M］. 北京：中国社会科学出版社，1996：259.
④ 张国昌. 满族教育在清代［J］. 满族研究，1986（03）：58.

人君子所不忍弃也。且吾知其为数之必不甚多矣。"①

可喜的是，冯桂芬提出了具体举措。他主张采用江浙一带善堂、义学、义庄的做法，由宗族族正负责此事。族正由宗族内部选举出的德高望重的人担任，负责核查族中子弟品行，地位高于族长。② 可惜的是，冯桂芬未将此事上升到国家高度和理论高度。

平等受教育权必须由国家法律规定并且由国家执法机构保护。宗族是中国传统社会结构的核心单位，其在中国社会、政治、文化中的作用历来为学界所重视。宗族内部有其自身的民事习惯法，这种习惯法与国家法律相辅相成，即互相配合，又时见抵牾。应该说，一个国家如要走向近代，民事习惯法与国家法律相抵牾的内容必须得到纠正与清理。由于民事习惯法的存在，宗族在履行其督促教育的职责时会各行其是，其结果便会五花八门。而国家法律具有强制性，任何人都必须无条件遵守，从理论上讲，皇帝以下无人能超越国法。用国家法律强制推行平等受教育权，才能使教育作为一种义务深入人心。未成年人强制教育如能取代民间蒙养教育，中国不仅会很早便尝到普及教育的成果，而且还能尽享由平等教育权带来的平等观念。但直到 20 世纪初，清政府内部始用"普及教育"一词，③ 可见其是何等后知后觉。公平地说，历史仍要感谢冯桂芬这样的思想家。因为他能有此学习近代先进教育制度的意识，便已经走在一众思想家前列。

（二）自由权利与君民不隔

作为晚清西学思想先驱，冯桂芬通过了解西方科学知识，研究西方器物，并结合中国实际，得出"四个不如夷"的论断。

"人无弃材不如夷，地无遗利不如夷，君民不隔不如夷，名实必符不如夷"。④

"四个不如夷"分别指教育、经济、政治、道德四个方面。"君民不隔不如夷"实际上蕴含着对平等和自由的渴望。冯桂芬通过探究"不如夷"的原因而提出政治解决方案，即实现君民不隔。何谓君民不隔？

君民不隔体现平等意识。当时，实行君主立宪制且对中国影响最大的

---

① 冯桂芬. 校邠庐抗议 [M] //沈云龙. 近代中国史料丛刊第 62 辑. 台北：文海出版社，1971：104.
② 常建华. 清代族正制度考论 [J]. 社会科学辑刊，1989（05）：92.
③ "普及教育"首次正式出现是在直隶总督袁世凯预备立宪官陈十事奏折中，时间是光绪三十三年六月十九日（1907 年 7 月 28 日）。
④ 冯桂芬. 校邠庐抗议·制洋器议 [M] //熊月之. 中国近代思想家文库·冯桂芬卷. 北京：中国人民大学出版社，2014：326.

西方国家是英国。君主立宪制是民主制度的一种，君主是名义上的国家元首，当官不理政。人民的意愿通过民选的下议院来表达，议会设上下两个议院相互制衡。首相由下议院多数党选出，负责处理国家事务。与"无父无君"的美国、法国的民主制度相比，英国的这种政治制度设计很符合近代中国思想家的改革理念。毕竟，改革如果改掉了皇帝，是肯定不会得到皇帝同意的。英国式的议会无疑是皇帝与平民之间最可靠的政治交流平台，林则徐、魏源等思想家早已通过《四洲志》《海国图志》等著作表达了对议会制度的肯定和向往。冯桂芬具有明显的平等意识，可惜的是，他无法把这种平等意识上升到理论高度。

君民不隔体现自由的政治参与意识。"三纲"维持下的社会秩序仅需民众无条件的服从，无需民众自由的参与。或者说，服从是"三纲"社会最大的义务，也是最重要的参与形式。服从是等级制上端对下端压制和限制的结果，是不平等对自由的摧残。"君民不隔"意味着君民之间有着良好的沟通渠道，这个渠道可以是议会，也可以是媒体，或者是君民面对面的交流。实现君民良好的沟通，必须保证这些渠道的畅通。而这些渠道的畅通不仅需要法治的完善，更需要对民众政治参与意识的培养。在"君民不隔"意识下，君主与民众共同构成政治参与的主体。君主与民众在这样的设计中成为平等的政治参与者，民众可以在政治参与中自由表达自己的意见，君主亦然。如果没有平等与自由，政治参与的最好结果是服从，其最坏后果是暴君放伐。暴君放伐是中国古代儒家政治思想内涵中的属于人民的最自由的革命权利，是法治的人民性的内在要求。由于中国古代思想家只有平等意识，未能形成平等政治观念，故儒家思想未能形成约束暴君放伐革命权的理论体系。平等意识虽对自由放任具有约束作用，但平等仅有意识还远远不够，平等要形成观念，更要寻求法治的保护。只有这样，政治参与才能真正实现。

君民不隔体现权利意识。平等意识、自由意识、政治参与意识实际上都是权利意识。在"三纲"社会中，专制君主掌握至上权力，民众只是威权下的无条件履行义务的刍狗。民众的存在只是为君主和国家尽自己的义务，义务的尽头也是他们自身价值的尽头。在"三纲"社会中，民众依然享有私有财产权，但经济上的权利只是经济上的权利，受等级制所限，他们无法享受政治权利。事实上，"三纲"社会的民众就不曾有过真正的政治权利。民本思想虽然把"民"提高到"贵"的社会优先序列中，但并未因此而赋予民众应得的权利，如政治参与权。因此，这样的"贵"民只是毫无政治权利与政治实践意义的摆设，而"轻"君却拥有绝对权力，肆无忌惮地成为所有政治权利的唯一主人。法治思想要在近代完成转换，必须融入权利观念。冯桂芬未能继续把"君民不隔"理论化，而是提出了国家自强的要求。

"不自强而有事，危道也；不自强而无事，幸也，而不能久幸也。矧可猜嫌疑忌，以速之使有事也。自强而有事，则我有以待之，矧一自强而即可弭之使无事也；自强而无事，则我不为祸始，即中外生灵之福，又何所用其猜嫌疑忌为哉。"①

自强是国家与政府的责任，需要人民的政治行为配合。君主专制国家要实现自强，必须解决人民的受教育权问题，从而培养人民的政治参与能力，配合国家与政府的自强实践。政治思想家提出自强的要求也是一种责任，但其更大的责任不仅是推行具体救国策略，更要在理论上指导国家前进的方向。当然，等级制限制了包括社会科学在内的一切科学的自由发展空间，科学没有自由和平等的滋养，其精神便无法树立，国家和人民便无法享受其成果。冯桂芬提出自强的要求，标志着其思想在权利观念形成道路上戛然止步，不再前进。

四、赫德法治观念：从人权观念到契约精神

罗伯特·赫德（Robert Hart，1835—1911 年），英国政治家，清政府聘用的首位外籍海关总税务司，也是在华时间最久的清政府外籍高级公务员（正一品）。赫德在海关事务中的成就有大量文献记载，此处从权利意识角度解读赫德为清政府法治发展所做的贡献。

《续定招工章程条约》体现了近代人权观念。第二次鸦片战争后，英、法两国分别与清政府签订了《北京条约》。两份条约中均有华工出口内容，因此需要清政府筹定中国公民出国工作细则，并与英、法两国就此续约。当时，清政府对外事务由恭亲王奕訢负责。同治五年（1866 年），奕訢见"从前约内，原有会定章程，保全华工之说"②，便请时在北京的赫德驰赴广东，会同两广总督瑞麟办理此事。就学问而言，瑞麟后官拜文渊阁大学士，亦是清官员之佼佼者。《续订招工章程条约》内有多少内容

①　冯桂芬. 校邠庐抗议·善驭夷议［M］//熊月之. 中国近代思想家文库·冯桂芬卷. 北京：中国人民大学出版社，2014：331.

②　筹办夷务始末. 同治卷 39［M］//《续修四库全书》编纂委员会. 续修四库全书·419·史类·纪事本末类. 上海：上海古籍出版社，2002：691.

出自赫德，有多少内容出自瑞麟等中国官员，我们对此不得而知。但从该条约内容看，赫德应该是主笔。该条约更令人惊艳的是出现了一些关心人权的条款。比如第 8 款规定：

"一、在彼作工预定日期、时刻；一、在彼承工应受衣物、工食并各等利益；遇有疾病、医治医药不用该人工值；一、支身出洋，或有眷口留在中华，意欲按年计月拨给养家之费，应扣若干。"①

第 10 款规定：

"承工工作日期时刻，定准七日之内必得休息一日，一日之内作工不过四时六刻（即外国九点钟零二刻也）。"②

第 22 款规定：

"华工出洋到彼，夫妇不能分派两处作工，幼儿不及十五岁者不准令离父母。"③

条约内容涉及海外华工的工资、医疗、休息日、工作时长、家庭团聚等多项与个人工作权利和生存权利相关的内容。个人权利和国家权利都是平等基础上的社会秩序的产物。社会秩序由法律约束，法治保障社会的正常运转；国际秩序由条约束缚，条约保障国际社会的和平发展。法律、法例、条约都是平等各方的共同意愿的表达。等级制社会亦有法律，但难言公平，更惶谈权利。等级制社会更加注重对义务的履行，但当它与平等制社会碰撞时，便会自觉或不自觉地出卖人民和国家的权益和权利，因为等级制君主并不以为那些是属于人民和国家的，在他眼里，不过是宁与友邦，不予家奴耳。

《续订招工章程条约》透露的一个重要信息是：清政府已经开始采用平等姿态与英、法两国展开外交谈判。从鸦片战争到同治五年（1866年），26 年时间，两次鸦片战争，无数不平等条约，终于令顽固的清政府决定尝试一下平等交往所能带来的利益。正因以平等意愿为基础，条约充满个人权利和权益的意识。平等带来权利的自觉，这是自然而然的事情。因为平等基础的存在，个人便自动地被赋予了自由。一个自由的个体所应有的权利便均可在平等的条约中见到。这并非夸大其词，事实上，平等、

①　王铁崖. 中外旧约章汇编·第 1 册 [M]. 北京：生活·读书·新知三联书店，1957：243.

②　王铁崖. 中外旧约章汇编·第 1 册 [M]. 北京：生活·读书·新知三联书店，1957：244.

③　王铁崖. 中外旧约章汇编·第 1 册 [M]. 北京：生活·读书·新知三联书店，1957：246.

自由、权利三者虽息息相关，但没有平等为基础，自由便倾向积极自由，社会秩序便无法保障个人权利。同时，平等如果没有自由作保障，平等一定是伪平等，是不平等。因此，虽然清政府采用平等的姿态向英、法两国提出了海外华工的权利要求，但这只是国际交往或对外关系中的进步。等级制的君主专制不打破，中国社会不可能实现真正的平等。遗憾的是，英、法两国政府未能批准《续订招工章程条约》。

赫德的《局外旁观论》阐明了契约精神与中国国家前途之间的关系。1865 年 11 月，赫德向清政府呈递了其名篇《局外旁观论》，洋洋万字。其中，就契约精神的意义和作用，他说：

"民间立有合同，即国中立有条约。民间如违背合同，可以告官准理。国中违背条约，在《万国公法》，准至用兵，败者必认旧约赔补兵费，约外加保方止……照约办理，内情如何？曰民化而国兴。外国所有之方便，民均可学而得；中国原有之好处，可留而尊……国民两沾其益，愿学者皆能学，故曰民化；中外来往日多而敦好，外无多事之扰，内有学得之益，故曰国兴。"①

虽然赫德早期在贝尔法斯特皇后学院求学期间，便曾获得过逻辑和形而上学的奖章，但在《局外旁观论》中，他使用的都是平实易懂的语言。他提出的"民间立有合同"，实际是为社会秩序的维护而使用的形象的说法。赫德没有上升到形而上地揭开合同背后的契约精神面纱。契约精神是世界上有文字记载的最古老的社会约束机制，可以追溯到公元前 1762 年古巴比伦的《汉谟拉比法典》。维护契约精神有效运行的自然是法律，但支持契约精神得以存在的价值原则是公正和平等。公正和平等的背后就是正义，因为正义"是某些事物的'平等'（均等）观念"。② 法律保护契约精神，保护的是信用；正义支持契约精神，支持的是公正和平等。亚里士多德认为，政治学上的正义"以公共利益为依归"。③ 国家产生后，维护社会秩序成为国家的责任。社会秩序的安全和稳定对国家来说就是最大的公共利益。要实现这个最大的公共利益，就必须实现正义，践行公正和平等。就个人而言，就是履行契约精神，遵守法律。"不公正可以被划分

① 筹办夷务始末·同治卷 40 ［M］//《续修四库全书》编纂委员会. 续修四库全书·420·史类·纪事本末类. 上海：上海古籍出版社，2002：9.
② ［古希腊］亚里士多德. 政治学 ［M］. 吴寿彭，译. 北京：商务印书馆，1965：152.
③ ［古希腊］亚里士多德. 政治学 ［M］. 吴寿彭，译. 北京：商务印书馆，1965：152.

为违法和不平等，相应地，公正可以划分为守法和平等。"① 契约精神的公正是在守法和平等中获得的。

赫德认为，遵守契约精神，则民化。一方面，"民化"是通过学习"外国所有之方便"而来，是平民自觉自愿求知的结果，故"民化"不是教化，而是新知；另一方面，"民化"也包括吸收中国固有的优质文化。如何学习西方以及学习西方什么，是当时社会精英阶层讨论的热点话题。正如"师夷长技以制夷"，这种讨论是一种国家宏观战略上的考量，与平民距离相对遥远。而赫德的"民化"则不然，它强调的是平民的参与，一种时间的参与。平民学习外国先进知识，受益的不仅是平民，还有国家，"国民两沾其益"。"民化"还包括具有平等受教育权的含义。"愿学者皆能学"，每个想要学习的中国人都有受教育的机会。冯桂芬曾提出相似的看法。中西学者不谋而合，足以证明平等教育或普及教育对中国法治走入近代的意义。当时国人的受教育程度非常低，据美国驻上海总领事西华估计，"每一百个中国人中，大约有三个人能阅读各种体裁的著作或古典著作。每一千个妇女中大约有一个这样的人"。② 当然，受教育程度或识字率是有一定标准的，一般的标准是以两千字为门槛。而美国驻上海总领事西华的标准更高，大约为一万字。不过，不管是怎样的标准，清代民众受教育程度低是事实，无可争辩。这种文化程度要想与近代政治、科学、文化接轨，谈何容易。因此，必须提高民众的受教育比例，愿学者皆能学，让每个需要受教育的人享有受教育的权利，则国家和人民皆受益。

赫德认为，遵守契约精神，则国兴。"中外来往日多而敦好"，遵守和约，与其他国家平等往来，是清政府获得国际尊重和认可的唯一途径。国与国交往并不复杂，但拒绝遵守平等原则，以天朝自居，则必在自大中失去所有。清政府坚持等级制的天下观，不仅与西方列强无法沟通，甚至在平等观念传播开来后，其亚洲藩国也一一他去。殖民主义或可为天下观崩塌的借口，但平等观念的缺失是清政府更应从中吸取的教训。因为殖民主义不是引导历史前进的观念，平等、自由、权利等观念才是。遵守国际条约，国与国平等交往，清政府亦能从中获得自己应得的权利。这点从日本明治维新及其果断遵守西方契约精神取得的成就上便可证明。国家在国

---

① [古希腊] 亚里士多德. 尼各马可伦理学 [M]. 王旭凤，陈晓旭，译. 北京：中国社会科学出版社，2007：185.
② 中国第一历史档案馆，福建师范大学历史系. 清末教案·美国对外关系文件选译·第5册 [M]. 北京：中华书局，2000：53. 有关清代识字率的问题，学界颇有争论，参见：刘永华. 清代民众识字问题的再认识 [J]. 中国社会科学评价，2017（02）.

际上的权利归根结底就是主权。主权在国际交往中是既虚拟又真实的存在。虚拟的是主权无处不在，所有与国家利益相关的都与主权相关；真实的是主权就是领土、领海、领空这些可见的存在，非法越界就是侵犯主权。但西方列强并没有给予清政府主权国家待遇。究其原因，从历史角度看，西方国家侵略了中国，把中国变成了他们的半殖民地；从政治思想角度看，在清政府放弃与西方国家平等交往的同时，便成为主权国家的国际法意义上的敌人。持任何借口的侵略都不可宽恕。西方列强通过战争给中国带来了近代观念，正是由于他们的侵略，这些观念来到中国后，并没有形成普遍的个人平等、个人自由、个人权利等观念。善良的中国智识阶层从国家救亡、民族利益出发，提出了国家平等、民族平等、国家自由、民族自由等与国家和民族有关的法治思想。

五、政治世俗化理念与普选权

魏源的"师夷长技以制夷"、冯桂芬的国家自强观、赫德的法治观念以及统治集团内部的辩争与来自外国列强的压力，最终使清政府决心开展一场经济改革——洋务运动。洋务运动是一场长达 30 年的"师夷长技以制夷"的改革，在政府层面上，设立总理各国事务衙门负责改革的全面事务，设立同文馆负责培养外语人才以及翻译外文图书；在军事层面上，加强练兵、造船、兵工、筹饷等事宜；在工业层面上，发展矿业、纺织、铁路、电报等。可以说，洋务运动之"洋"就是清政府官方主导的东渐之"西学"。聘用洋人为官，聘请洋人教习，翻译西方各种书籍，以及选送幼童留学等都给长期封闭的中国带来阵阵新鲜的空气；机器的引进，铁路的建设，信息的速递，以及产业工人的出现大大影响了中国人的传统观念。中国智识阶层如想不被这突如其来的西学洋务抛在身后，就必须在观念上追赶并超越。有学者认为当时中国人的传统观念根深蒂固，很难接受新事物、新观念。其实，传统和守旧不分古今，不见今天尚有人视网络为害吗？不仅不分古今，而且不分中外。英国人最初见到火车时，也不乏反对的声音。

"但是在英国，一位著名的律师说，在有狂风的时候是不可能使蒸汽机运转的，就是'搅拨火炉，或是增加蒸汽的压力到汽锅要爆炸的程度'，也是没有用处的；医学专家们说，隧道的暗淡与潮湿，汽笛的尖叫，机器的飞转，火车头悽怆地睨视着人们，都将给公共卫生带来很大的损害，他们将这种损害描绘成一幅可怖的图画。人们说，机车通过时的火花将引起房屋的火灾，或是使房屋被倒塌的防堤打碎。乡下的士绅们对他们的猎场的前途感到忧惧，因为火车头将穿过他们的地产，放出毒烟，破坏了他们的猎场；他们坚信他们的牛将受惊慌而永远不想再吃饲料，他们的母鸡在新情况之下将不再下蛋。"①

观念是顽固的，一经形成便会固守在人的意识里，很难改变。在这点上，中西并无差别。英国人在观念上走入近代并非一蹴而就，而是一个时间中的过程。中国有更悠久的历史、更传统的文化、更复杂的社会结构，其走入近代之困难便不难想象。观念走入近代，是普通平民的工作，是文武百官的工作，但主要是思想家的工作与责任。薛福成就是这样的思想家之一。

薛福成（1838—1894 年），号庸庵，江苏无锡人，清末思想家、外交家、洋务运动主要领导者之一。光绪元年（1875 年），薛福成上书北京，洋洋数千言，建议扩大条约内容的宣传范围，敦促各级官员熟悉自己的权利：

"条约诸书宜颁发州县也。西人风气，最重条约。至于事关军国，尤当以《万国公法》一书为凭。如有阻挠公事，违例干请者，地方官不妨据约驳斥。果能坚韧不移，不特遏彼狡谋，彼且从而敬慕之；如或诡随觊法，不特长彼骄气，彼且从而非笑之。盖西洋立国，非信不行，非约不济，其俗故如此也。"②

炮舰下签订的条约固然不平等，但在寻求改变的同时，也须了解条约的作用。条约并非仅给予一方权利，而强迫另一方尽义务。理论上，条约必须是平等的双方或各方自由签订的产物，它平等地规定了各方的权利和义务。比如，《南京条约》规定五口通商，外国人禁止进入五口之外的地区，这便使清政府能够行使"禁止"的权利。同样，中英《北京条约》规定了华人出国的权利，亦可视为对等的权利。利用《万国公法》和各种条约与外国"据约驳斥"或交往，显示薛福成已经具有国家权利意识以及如何保护国家权利的观念。自从鸦片战争失败后，清政府官僚阶层在与西方官员和传教士交往时，便常常出现两种极端：一种极端是惧怕，另一种极端是强硬。惧怕是不敢与洋人交往，强硬是不怕与洋人冲突。当

① 高斯特．中国在进步中［M］//中国史学会．中国近代史资料丛刊·洋务运动·第8册．上海：上海人民出版社，1961：428.
② 薛福成．诏陈言疏乙亥［M］//沈云龙．近代中国史料丛刊续编第95辑．台北：台湾文化出版社，1973：71-72.

然，还有叶名琛那种"拒不接触"型的官员。这些表现大约均来自对权利的无知。

权利，尤其是政治权利，对个人和国家来说，便如同保护网或防火墙。没有它，个人的言论和人身安全便无法得到保障；没有它，一个国家便无法融入世界。在薛福成的权利意识产生的同时，意味着其平等意识也同时存在。地方官与外国人据理力争，必须具有与外国人平等或对等的权利。最初，因仅广州一地开埠，故清政府指派两广总督或钦差大臣负责对外事务。五口通商后，此例沿袭，造成地方外交的不便。国家掌握外交权，但地方官必须享有与外国领事官员对等的交往权利，才能更好地应对地方突发事件。地方官熟悉和掌握《万国公法》和条约，就是熟悉和掌握自身与国家的权利，就是让地方官认识到平等为何物、权利为何物。地方官的尊严就是国家的尊严，其尊严必须建立在平等的权利基础上。当然，地方官必须拥有一定限度的自由，可以灵活运用自己的权力，否则，其权利的使用便会出现窒碍。除薛福成外，就平等思想而言，洋务运动时期的佼佼者当属王韬。

王韬（1828—1897 年），号弢园老民，江苏苏州人，清末思想家。王韬独占中国近代史三个第一：创办中国第一份政论性报纸——《循环日报》、第一位提出变法口号的思想家①、近代中国第一位提出君主立宪制的思想家②。当然，王韬还是一位非常重要的近代法治思想家，其法治思想源自其平等思想。请注意，这里使用的词是思想而不是意识。意识是思想的出发点，思想是意识的形而上理论。王韬的平等思想始于对男女平等的关注。

"故欲齐家治国平天下，则先自一夫一妇始。"③

王韬认为，婚姻之中必须实行一夫一妻制，才能符合婚姻伦理，才能符合"天地生人，男女并重之说"④。王韬皈依基督，崇尚男女平等，主张一夫一妻制度。卢梭认为平等是与生俱来的。王韬则把与生俱来理解为"道"。他说："道不自孔子始，而孔子其明道者也。"⑤ 道先于孔子而存

① 朱英. 中国近代最早提出"变法"口号的思想家——王韬 [J]. 史学月刊，1982（06）.

② 忻平. 中国最早提出君主立宪制的是王韬 [J]. 华东师范大学学报，1983（06）.

③ 王韬. 弢园文录外编 [M] // 张岱年. 中国启蒙思想文库. 沈阳：辽宁人民出版社，1994：11.

④ 王韬. 弢园文录外编·原人 [M] // 张岱年. 中国启蒙思想文库. 沈阳：辽宁人民出版社，1994：10.

⑤ 王韬. 弢园文录外编·原道 [M] // 张岱年. 中国启蒙思想文库. 沈阳：辽宁人民出版社，1994：3.

在，孔子是明道解道传道之人。同样，耶稣也不是平等的缔造者，平等先于耶稣而存在，耶稣只是崇尚平等。男女平等属于婚姻伦理、家庭伦理，而家庭是社会的基本单位，是维持社会秩序的最小细胞。中国人的权利尤其是妇女权利出自家庭这个社会细胞，只有妇女与男子平等，前者才能获得社会上应有的权利。王韬的"自一夫一妇始"别有深意。中国是"三纲"社会，夫为妻纲是"三纲"的最后一纲，也是最基本的一纲。如果"夫为妻纲"变成了"一夫一妇"的男女平等观，则父子平等、君臣平等便有可能实现。等级制的"三纲"只有依靠平等思想才能将其和平瓦解，"三纲"瓦解后，人人平等才能有实现的可能。人人平等是社会走向秩序的唯一合法途径。集权和暴政固然能带来社会秩序的暂时稳定，但等级和奴役造成的政治权利的消失，必然会招致法治的人民性内在要求的强烈反弹。集权的专制君主热衷于独享国家的权利，殊不知他在剥夺人民政治权利的同时，其国家便已经被国际社会剥夺了主权国家的权利。把权利交给人民，把平等和自由还给人民，君主不会再是专制君主，而是具有公民权利的平等的人。王韬通过平等，转向了权利的诉求。

"上有以信夫民，民有以爱夫上，上下之交既无隔阂，则君民之情自相浃洽。"①

"夫能与民同其利者，民必与上同其害；与民共其乐者，民必与上共其忧。"②

"苟得君主于上，而民主于下，则上下之交固，君民之分亲矣。内可以无乱，外可以无侮，而国本有若苞桑磐石焉。"③

王韬的"上下之交既无隔阂"颇似冯桂芬的"君民不隔不如夷"，不过，由于前者已经形成了平等思想，故其对上下之交的理解便是一种平等的关系，而非后者的君臣名分。王韬翻译过《圣经》等西方思想著作，对西方政治制度有着较清楚的认识。他了解民主制度，知道民主国家的人民拥有什么样的权利，故他敢于直言"民主于下"，表达了强烈而明确的政治权利和政治参与观念。与冯桂芬朦胧的平等意识和朦胧的政治参与权利意识相比，王韬则坚定地向专制君主提出了政治权利诉求。王韬诉求的

① 王韬．弢园文录外编·重民上 [M] //张岱年．中国启蒙思想文库．沈阳：辽宁人民出版社，1994：31.
② 王韬．弢园文录外编·重民中 [M] //张岱年．中国启蒙思想文库．沈阳：辽宁人民出版社，1994：33-34.
③ 王韬．弢园文录外编·重民下 [M] //张岱年．中国启蒙思想文库．沈阳：辽宁人民出版社，1994：36.

是政治参与权利。

政治参与权利，即参政权，是政治世俗化的关键。自董仲舒提出"君权神授"以来，专制君主的合法性便得自"天"，政治一变而为神权政治。虽然明末清初黄宗羲倡导"天下是天下人之天下"，但其分量不及王韬之"民主于下"，因为后者不仅要求参政权，而且要求政治世俗化。世俗政治是神权政治的反面。清代政治是以政统教，宗教受皇权制约。皇权虽非得自宗教，但皇权乃得自"天"。这个"天"的具体化就是昊天上帝，而皇帝的父亲、祖父、曾祖父是昊天上帝身边的顾问，在昊天上帝身边保佑人间的皇帝，因此皇权来自神授。这种神授实际就是人授，只不过假借"天"之名而已。专制君主通过"君权神授"，独揽国家权力和权利，成为国家所有权力和权利的唯一主人。政治世俗化就是通过参与政治，行使参政权，把专制君主独享的权力和权利的一部分或全部变成人民的权力和权利。这样一来，人民和君主同时成为权力和权利的拥有者和参与者，人民和君主在某种意义上有了平等的可能。经过政治世俗化的过程，法治才能得以完成近代转型。

参政权还能促进社会平等的进步。历史证明，经济上的财产权无法导致政治权利的实现。中国古代极为重视对私有财产的法律保护，房屋、土地等私人财产受到法律的明文保护。但这种人人享有的财产权并未能形成人人平等的政治理念和社会理念。甚至，一些朝代的富商巨贾往往因得罪官府而导致家破人亡的境遇。不独商人，就是政府高官时常也面临不白之冤而申诉无门。究其原因，乃人民缺乏平等的政治权利使然。中国政治文化崇尚"三纲"等级理念，故义务是社会最大的责任。义务有社会义务、政治义务、伦理义务之分。其中，政治义务的表现就是"忠"。"忠"是政治参与的一种态度，但"忠"的对象是决定这种态度性质的关键。现代政治强调忠于国家，而专制社会必须忠于君主个人。因此在专制社会，只有忠于君主本人才能获得参与政治的机会。也正因如此，君与臣之间便形成了等级制的上下关系，双方在人格上是主仆或主奴的关系；而现代政治强调忠于国家，总统或国家元首与下属的上下级关系只是职务上的等级差别，双方是平等的政治人。参政权能促进社会平等的进步，也能巩固君主的地位。王韬认为，巩固君主地位最好的方法就是实行君主立宪制。无独有偶，清末政治思想家郑观应也有相似观点，且其观点建立在绝对平等的基础之上。

关于权力分配，郑观应主张：

"凡军国大政，其权虽决于君上，而度支转饷，其权实操诸庶民。"

关于选举资格，郑观应主张：

"盖必使举人者不限于资格，然后能各供所知；而于所举者必严其限制，然后能杜绝虚声也。"①

郑观应提出一视同仁的平等的选举人资格，是巨大的进步。郑观应（1842—1922年），字正翔，广东香山（今中山）人，清末启蒙思想家。"举人者不限于资格"是郑观应绝对平等思想的最佳写照，他强调的是人人都有选举权，即普遍选举权。要知道作为世界民主国家典范的美国直到1964年才给予黑人合法选举权，而《盛世危言》是在1894—1900年间完成的，可见郑观应思想之进步意义。平等是民主制度的基石，也是法治的政治价值基础。君主立宪制是民主制度的一种形式，它赋予人民政治参与的权利。在郑观应看来，这种政治参与权利必须惠及每一个人，不能以资格为借口排斥某些人。这使郑观应的平等观倾向绝对化。绝对的平等在实际操作中无法实现，比如年龄较小的幼年儿童尚未形成自己的政治观，无法表达政治意愿，故各国宪法均对选举人的年龄有限制。当然，不限制选举人的种族和性别，是巨大的进步，这种平等也是民主制度需要的。郑观应平等思想的进步是清末洋务运动启蒙思想家整体知识水平和观念的进步，这是毋庸置疑的。

洋务运动时期的启蒙思想虽然有些生涩，但作为一种进步力量，它们不断推动社会政治走向近代。在绵延中，近代法治所需的政治价值逐渐从生涩到成熟。一些思想家由于掌握了近代法治价值这个武器，他们准备向顽固的君主专政制度发起挑战。他们的武器只有思想，他们谋求从思想上改变中国政治，尤其是晚清法治的政治价值基础。

① 郑观应.盛世危言·公举［M］//张岱年.中国启蒙思想文库.沈阳：辽宁人民出版社，1994：62.

第六章　维新派法治思想的进步与局限

按照绵延理论，清末是政治思想和政治制度不断发生质变的历史时期。这里所说的"清末"是指从 1898 年戊戌变法到 1911 年辛亥革命这段历史时期。与清末相比，之前所论述的近代法治思想皆为量变时期。量变时期也间或出现某些方面的性质变化，但这些局部性质变化未能改变整体的发展方向，故其性质仍为量变。清末则不然。维新派发动变法直指政治改革，而革命派则直接起义推翻清王朝，建立中华民国。清政府从未坐以待毙。戊戌变法为其敲响了警钟，他们不得不寻找"新政"之路。事实上，清政府已经做出了性质上的改变。但这种改变在时间上已经落后于革命洪流，最后，清政府不得不和平交接权力。清末历史虽不长，但其法治思想却相当丰富。清末法治思想不仅内容丰富，而且不同法治思想相互碰撞，相互融合，从而达成因时通变、革故鼎新的社会变革。"任何严格意义上的体系都是一位天才人物的成果"①，亨利·柏格森所说的"天才人物"不仅革命派有，维新派和清政府都有。但这些"天才人物"也有高下之别，决定其高下的就是其思想。思想之高下，需要放到历史进程中来分析。绵延的历史进程一定按照时间的方向前进，一切符合时间方向的思想才是在历史进程中起积极作用的思想。不过，有些思想只能陪伴时间一段路程，它们无法坚持到最后，因为进化是曲折前进的过程，也是进步的标签。我们可以给维新派贴上这样的标签，也可以给革命派与清政府改革派贴上这样的标签。同时，他们又各有思想局限，无法完成或无法独自完成时代赋予的进步使命。

---

① ［法］亨利·柏格森. 创造进化论［M］. 姜志辉，译. 北京：商务印书馆，2004：4.

一、维新派的进化观及其局限

考察近代思想家的法治思想必须从进化观入手。进化论深刻影响了近代中国思想界，进化观决定一位思想家的思想方向，无论是复古三代还是发展前进，都能通过进化观甄别出来。我们已经分析过魏源的进化观，并认为那是一种自生的进化观。戊戌变法前，严复把赫胥黎的《天演论》、斯宾塞的《社会学研究》（《群学肄言》）的部分内容，以及一些达尔文的进化论思想译介到中国。维新派思想家能够接触并接受这些新思想，其他社会栋梁也能。在严复之前，还有一位传播进化论的重要人物，他就是华蘅芳。华蘅芳（1833—1902 年），字若汀，今江苏无锡人。华蘅芳是近代数学家、教育家、科学家、翻译家。《地学浅释》是其代表作。该书由美国传教士玛高温口译，华蘅芳笔录。《地学浅释》内含进化观念，深深影响了包括康有为、梁启超、谭嗣同在内的维新派代表人物。《地学浅释》是一部专业的地质学著作，它怎么会给维新派思想家带来进化观启迪呢？

1873 年，江南造船总局铸刻出版《地学浅释》。该书译自英国地质学家赖尔（Charles Lyell）的《地质学纲要》（*Elements of Geology*）。[①]《地质学纲要》脱胎于赖尔的另一部著作《地质学原理》（*Principles of Geology*），两部书各自独立，又有密切联系，前者论述古代，后者论述近代，但二者有共同内容。[②]赖尔在书中提出自然变迁"渐进"观点："地学之事，能令人知地面之物，其变不知几何次，高山为深谷，深谷变为高山，海变为陆，陆变为海，凡地面有更变，则天空之冷热，亦必因之变。而动植之物，递生递灭于其间。"[③]（《地学浅释》第 38 卷）这种"渐进"进化观点亦被达尔文接受。达尔文说："赖尔爵士的《地质学原理》将被后世历史学家承认在自然科学中掀起了一次革命，凡是读过这部伟大著作的人，如果不承认过去时代曾是何等的久远，最好还是立刻把我的这本书合起来不要读它吧。"[④]可见，达尔文在论述地质进化方面是以赖尔学说为基础的。恩格斯也称赖尔"以地球的缓慢变化所产生的渐进作用，取代了由

---

① 孙晓菲．晚清译著《地学浅释》研究［D］．呼和浩特：内蒙古师范大学，2016：34.
② 孙晓菲．晚清译著《地学浅释》研究［D］．呼和浩特：内蒙古师范大学，2016：34.
③ 叶晓青．早于《天演论》的进化观念［J］．湘潭大学社会科学学报，1982（01）：101.
④ ［英］达尔文．物种起源［M］．周建人，等，译．北京：商务印书馆，1995：354.

于造物主一时兴发而引起的突然变革"①。恩格斯则明确指出赖尔的地质学说就是一种进化论。因此,《地学浅释》出版后,便受到进步思想家的关注。有学者认为,谭嗣同、康有为、梁启超等近代思想家均受这部著作启发,形成了具有近代意义的进化观念。② 这样的结论未能完全反映历史事实。虽然维新派思想家受其启发,但他们的进化观念并未全部具有近代意义。

(一) 谭嗣同:"圣人"进化论

谭嗣同受地质学学说启发,形成其"圣人"进化论。谭嗣同指出,地质学家通过考察三四十里深度的地下,发现"山海水陆之改形""冰期火期之变",得出生物进化之次序:先螺蛤之属,次鱼属,再次蛇黾,又次鸟兽,最后是人。③ 人类出现后,经历漫长的进化,从初生"肉食而露处",到智者"规画榛莽",最后有圣人"利之以器用,文之以等威,经之以礼义,纬之以法政,纪之以伦类,纲之以师长",发明文字,教化天下。谭嗣同慨言:"故人,至贵者也,天地阅几千万亿至不可年,而后有人。"④ 他甚至展望了人类的未来:

"自此而几千万亿至不可年,必有大圣人出,以道之至神,御器之至精,驱彗孛而挞沧溟,浑一地球之五大洲,而皆为自主之民,斯为开创之极隆,而别味辨声被色之伦,赖以不即于冥也。"⑤

谭嗣同的进化观自生于其文化修养,富含绝对平等之民主理念,且极具想象力。其"圣人"观念与亨利·柏格森的绵延理论的"天才人物"观念不谋而合。时代的进步以及人类的发展需要一种引领力量。这种引领力量在亨利·柏格森看来是"生命冲动",在谭嗣同看来是"冲决网罗",但操纵这种引领力量的一定是"天才人物",一定是"圣人""大圣人"。后者的理念受地质学学说的启发,并结合其自身文学修养而自生。后者与

① [德] 恩格斯. 自然辩证法·导言 [M] //马克思恩格斯选集·第3卷. 北京:人民出版社, 2012: 853.

② 吴凤鸣. 一部西方译著的魅力——《地学浅释》在晚清维新变法中的影响 [J]. 国土资源, 2007 (09). 叶晓青. 早于《天演论》的进化观念 [J]. 湘潭大学社会科学学报, 1982 (01).

③ 谭嗣同. 石菊影庐笔识卷下 [M] //汤仁泽. 谭嗣同卷. 北京:中国人民大学出版社, 2015: 174.

④ 谭嗣同. 石菊影庐笔识卷下 [M] //汤仁泽. 谭嗣同卷. 北京:中国人民大学出版社, 2015: 175.

⑤ 谭嗣同. 石菊影庐笔识卷下 [M] //汤仁泽. 谭嗣同卷. 北京:中国人民大学出版社, 2015: 175.

前者的理念在"创造进化"观念上重合，这种重合的基础是双方关于时间与空间的殊途同归的深入思考。谭嗣同言：

"昨日之天地，物我据之以为生，今日则皆灭；今日之天地，物我据之以为生，明日则又灭。不得据今日为生，即不得据今日为灭，故曰：生灭即不生不灭也。"①

时间是独立于人类的存在。人类无法掌控时间的绵延向前，但又要在有限的时间内完成"生存"所必需的工作。今天是我们生存和发展的一个必经阶段，但今天不是人类生存和发展的全部，我们永远有明天，有未来。今天虽然过去，不代表时间从此消失，因为明天依然来临；明天消失，不代表时间消失，因为明天之明天依然来临。谭嗣同抓住了时间的运动永恒性，同时也抓住了时间的发展性。时间有"生灭"，而"生灭即不生不灭"。由"不生不灭"，谭嗣同推导出其《仁学》最重要的政治价值观——平等。

"仁为天地万物之源，故唯心，故唯识。"

"不生不灭，仁之体。"

"不生与不灭平等，则生与灭平等，生灭与不生不灭亦平等。"

"生近于新，灭近于逝；新与逝平等，故过去与未来平等。"②

谭嗣同认为，"仁"的本质具有与时间一样的永恒性。"仁"是本体，是万物之源。"仁"既有生有灭，又不生不灭。"仁"具有永恒性，其永恒性建立在时间的客观性基础上。时间是客观的，是绝对平等，是所有平等的客观基础。这是"仁"对时间的解释。就空间而言，"仁"是"以太"。"以太"观是谭嗣同的空间观念，这种观念与当时世界物理学理论高度吻合。"以太"是国际物理学界认可的理念。"以太"理念产生于19世纪中叶，直到20世纪初爱因斯坦"相对论"的提出，才退出物理学主流舞台。有些学者把"以太"当作唯心主义观念，或认为谭嗣同给予"以太"以唯心主义解读，这样的结论值得商榷。③ 同样值得商榷的是："以太"对于"仁"的价值与意义。魏义霞教授认为，谭嗣同是借助西方近代物理学理论来构建其仁学理论体系，但"仁与以太原本属于两个不同的领域，是风马牛不相及的"。④ 魏教授甚至认为，"以太"是谭嗣同

① 谭嗣同. 仁学 [M] //汤仁泽. 谭嗣同卷. 北京：中国人民大学出版社，2015：22.

② 谭嗣同. 仁学 [M] //汤仁泽. 谭嗣同卷. 北京：中国人民大学出版社，2015：5.

③ 董增刚. 论谭嗣同《仁学》"以太"说 [J]. 首都师范大学学报（社会科学版），1994（05）.

④ 魏义霞. 从以太与仁的关系看谭嗣同哲学的性质 [J]. 求是学刊，2017（05）：49.

哲学的名词"点缀"。① 这样的结论彻底否定了"以太"在谭嗣同"仁学"中的价值。事实上,这样的否定令人遗憾。"以太"是西方近代物理学概念,用以解释空间构成。我们说,"以太"是一个有关空间的物理学概念。作为哲学家,谭嗣同借用物理学"以太"概念来解释哲学的空间问题,着实是近代哲学的一大跃进。他认为,"以太"是电,是心力,是通"仁"之具。请看谭嗣同为"以太"所作的定义:

"遍法界、虚空界、众生界,有至大而精微,无所不胶粘,不贯洽,不筦络,而充满之一物焉。目不得而色,耳不得而声,口鼻不得而嗅味,无以名之,名之曰'以太'。其显于用也,为浪、为力、为质点、为脑气。法界由是生,虚空由是立,众生由是出。无形焉,而为万形之所丽;无心焉,而为万心之所感,精而言之,夫亦曰'仁'而已矣。"②

从这个定义看,"以太"与"仁"是相同的,是"实同"。其实,这是一个误解。谭嗣同在《仁学》中为"以太"作过大致相同的定义。但他还补充,"其显于用"的是"孔谓之'仁',谓之'元',谓之'性';墨谓之'兼爱';佛谓之'性海',谓之'慈悲';耶谓之'灵魂',谓之'爱人如己''视敌如友';格致家谓之'爱力''吸力';咸是物也"。③可知,"以太"是孔子的"仁",不是谭嗣同的"仁"。"以太"是哲学家空间观念的综合,是谭嗣同"仁学"的空间观念。他说:

"由一身而有夫妇,有父子,有兄弟,有君臣朋友;由一身而有家有国有天下,而相维系不散去者,曰惟以太。"④

"以太"是一种实在,它能够维系一片叶,也能够维系整个宇宙。这就是谭嗣同的空间观念。这个空间观念吸收了西方近代物理学理论,视野更加开阔。因此,谭嗣同的"仁学"超越孔子的"仁"。孔子的"仁"是"以太",谭嗣同的"仁学"是本体的"仁"与"以太"的合体,是具有明确时间与空间观念的近代思想学说。理解了谭嗣同的进化观念,理解了谭嗣同的时空观,我们才能真正理解其法治思想。另一位与谭嗣同同时代的著名思想家更加推崇《地学浅释》,这位思想家就是康有为。

---

① 魏义霞.从以太与仁的关系看谭嗣同哲学的性质[J].求是学刊,2017(05):50.
② 谭嗣同.以太说[M]//蔡尚思,方行.中国近代人物文集丛书·谭嗣同全集·增订本下册.北京:中华书局,1981:434.
③ 谭嗣同.仁学[M]//汤仁泽.谭嗣同卷.北京:中国人民大学出版社,2015:7.
④ 谭嗣同.仁学[M]//汤仁泽.谭嗣同卷.北京:中国人民大学出版社,2015:7.

（二）康有为三世说：空间思维的变化观

1894 年，康有为在广西桂林桂山书院讲学。其间，作《桂学答问》。该书"西学"① 一项，载有《地理浅识》一书。1896 年，39 岁的康有为讲学于广州万木草堂。弟子张伯桢作《南海师承记》详记所学科目，其中"西学"② 一项，亦载《地理浅识》一书。同年，康有为撰《日本书目志》，载有"《地学浅释》一册 乙骨太郎、久保田乙成训点 一圆"③ 一条。显然，康有为知道且了解《地学浅释》一书，但确认其思想受过该书启发则是一个难题。康有为确实有过关于地质与变化的简短论述：

"地之爆出于日而为金汁也，金汁面干而为石也。介虫苔生，积石面而岁成层也，积数万年而地质厚数十里也。积介层、虫层、大草大木层、大鸟大兽层而后至于人层也。积火成石，虫成石，沙成石，泥成石，而地质之学出焉。"④

"《诗纬》曰：王者三百年一变政。盖变者天道也。天不能有昼而无夜，有寒而无暑，天以善变而能久。火山流金，沧海成田，历阳成湖，地以善变而能久。人自童幼而壮老，形体颜色气貌，无一不变，无刻不变。"⑤

康有为认为，从自然角度看，天地人皆在变化，"天以善变而能久""地以善变而能久"，人"无一不变，无刻不变"。这一论点也见于其作《变则通通则久论》。然而，就此得出康有为受《地学浅释》进化思想影响则大大缺乏根据。不过，无论康有为进化思想源起何处，其进化观念终要落实到人的发展。康有为接受西学后，其对中学与西学关系有哪些关键论断，是我们研究其进化观念乃至法治思想的一个重要路径。对于西学，康有为有"西学多本墨子"⑥ 之论：

① 康有为. 桂学答问（1894 年）［M］//姜义华，张荣华. 康有为全集（增订本）·第 2 集. 北京：中国人民大学出版社，2020：23.

② 张伯桢. 南海师承记［M］//姜义华，张荣华. 康有为全集（增订本）·第 2 集. 北京：中国人民大学出版社，2020：217.

③ 康有为. 日本书目志［M］//姜义华，张荣华. 康有为全集（增订本）·第 3 集. 北京：中国人民大学出版社，2020：285.

④ 康有为. 日本书目志［M］//姜义华，张荣华. 康有为全集（增订本）·第 3 集. 北京：中国人民大学出版社，2020：285.

⑤ 康有为. 进呈《俄罗斯大彼得变政记》序［M］//姜义华，张荣华. 康有为全集（增订本）·第 4 集. 北京：中国人民大学出版社，2020：35.

⑥ 康南海先生口说·卷上［M］//姜义华，张荣华. 康有为全集（增订本）·第 13 集. 北京：中国人民大学出版社，2020：59.

"墨氏绝似耶氏，墨灭而耶昌者，地中海之故也。地中海各国环绕，急则易逃。墨氏生于中国，无地中海可逃。故公孙宏等专杀侠家，侠即墨派也。"①

康有为认为墨子与耶稣相似，是指墨氏多言"尊天""明鬼"② 之说，是指墨氏与耶氏皆"能死，能救人，能俭"③，是指二者皆能"死于传教"④ 等。康有为解释得越多，我们便越迷惑，因为其所有证据皆指向空间，但未见任何出自绵延的证据。在空间中，我们能为两个风马牛不相及的实在，找到数不清的相同与相似，但我们永远也说不清二者在时间中是否有过渗透融合。亨利·柏格森说："一种生命理论，如果不伴以对认识的批判，就不得不原样地接受知性随意提出的概念：不管愿意不愿意，它只能把事实局限在预先存在、它视为确定的各种框架之中。"⑤ 康有为对中学与西学关系的认识就缺少这样的批判，从而导致其在运用固有的知识体系评判二者关系时，基本以中学为中心，为源起。虽然我们在康有为的著述里能够找到一些西学先于中学的反例，但并不能因此减轻其认识方法的空间倾向的危害性。康有为的认识方法只能得出"一种方便的、实证科学所必需的象征主义，而不是关于其对象的一种直接看法"。⑥ 同样的方法和观点，他也施用于评价孔子、孟子和庄子。关于西学与孟子，他说：

"孟子言治天下，皆曰与民同之。此真非常异义，全与西人议院民主之制同。"⑦

关于西学与庄子，他说：

"庄子谓天在内，天在外，甚奇，直与西人所讲微生物之说合。"⑧

关于西学与孔子，他说：

①　康南海先生口说·卷上 [M] //姜义华，张荣华. 康有为全集（增订本）·第13集. 北京：中国人民大学出版社，2020：58.
②　张伯桢. 康南海先生讲学记 [M] //姜义华，张荣华. 康有为全集（增订本）·第2集. 北京：中国人民大学出版社，2020：117.
③　万木草堂口说 [M] //姜义华，张荣华. 康有为全集（增订本）·第2集. 北京：中国人民大学出版社，2020：179.
④　万木草堂口说 [M] //姜义华，张荣华. 康有为全集（增订本）·第2集. 北京：中国人民大学出版社，2020：178.
⑤　[法] 亨利·柏格森. 创造进化论 [M]. 姜志辉，译. 北京：商务印书馆，2004：4.
⑥　[法] 亨利·柏格森. 创造进化论 [M]. 姜志辉，译. 北京：商务印书馆，2004：4-5.
⑦　康南海先生口说·卷上 [M] //姜义华，张荣华. 康有为全集（增订本）·第13集. 北京：中国人民大学出版社，2020：61.
⑧　万木草堂口说 [M] //姜义华，张荣华. 康有为全集（增订本）·第2集. 北京：中国人民大学出版社，2020：175.

"波罗斯、土耳其皆孔子之教。"①

康有为将墨子、孟子、庄子、孔子等先贤学说与西学曲为比附，试图建立民族文化自信。正如魏义霞教授所言："他的最终目标是证明孔教高于耶教。"② 强烈的民族自尊心驱使他走上民族文化中心主义这条路。这条路不应是一位思想家所走，而应是一位有着强烈主观偏好的政治家、舆论家所走。正因如此，无论康有为读过多少部康德，多少部拉普拉斯，他依然是中国的康有为。"一种认识理论如果不把智慧重新放到生命的一般进化中，就不能使我们了解认识框架是怎样构成的，也不能使我们知道怎样才能扩大和超越这些框架。"③ 康有为多采用语录体论述西学，往往只有一个结论，而忽略论证过程，这就导致其认识框架对读者而言是模糊的，进而导致其结论的可靠性也模糊了起来。亨利·柏格森说："必须结合认识理论和生命理论这两种研究，必须通过一种循环过程使其不断地相互推动。"④ 显然，康有为的认识方法难以完成这样的相互推动。这样的相互推动是绵延的，而康有为的认识方法是空间的。因此，康有为基本忽视了西学对于中国近代化的实质意义，忽视了西学对其思想构建的性质转变的贡献。在此意义上，我们认为，康有为的思想只有变化没有进化。他的进化观实际上只是变化观。以唯物辩证法的观点看，只是量变或空想而已。我们来看看康有为如何说：

"人道进化皆有定位，自族制而为部落，而成国家，由国家而成大统。由独人而渐立酋长，由酋长而渐正君臣，由君主而渐为立宪，由立宪而渐为共和。由独人而渐为夫妇，由夫妇而渐定父子，由父子而兼锡尔类，由锡类而渐为大同，于是复为独人。盖自据乱进为升平，升平进为太平，进化有渐，因革有由，验之万国，莫不同风。"⑤

康有为在解释《论语》孔子的"百世可知"之时，做了上述论述。这段论述表达了康有为的人类社会进化思想——从独人到独人的进化过程。这个进化过程也是据乱—升平—太平的社会发展过程。人类从据乱世的独人进化到太平世的独人，其意义何在？是什么力量驱动着这个进化过程？康有为没有说明。但康有为的"世有三重"却为我们提供了一个空

① 万木草堂讲义 [M] //姜义华，张荣华. 康有为全集（增订本）·第2集. 北京：中国人民大学出版社，2020：281.

② 魏义霞. 康有为论墨学与西学的关系 [J]. 理论探讨，2018（06）：80.

③ [法] 亨利·柏格森. 创造进化论 [M]. 姜志辉，译. 北京：商务印书馆，2004：5.

④ [法] 亨利·柏格森. 创造进化论 [M]. 姜志辉，译. 北京：商务印书馆，2004：5.

⑤ 康有为. 论语注 [M] //姜义华，张荣华. 康有为全集（增订本）·第6集. 北京：中国人民大学出版社，2020：393.

间解释的范例：

"然世有三重：有乱世中之升平、太平，有太平中之升平、据乱。故美国之进化，有红皮土番；中国之文明，亦有苗、瑶、僮、黎。一世之中可分三世，三世可推为九世，九世可推为八十一世，八十一世可推为千万世，为无量世。太平大同之后，其进化尚多，其分等亦繁，岂止百世哉？其理微妙，其事精深，子张欲知太平世后之事，孔子不欲尽言，但以三世推之，以为百世可以知也。"①

学界一般认为康有为的三世说是历史循环论。张汝伦先生以其绝对主义，否定其具有进化思想；② 王彩波、徐百军以其相对主义，认为其"保留了对现代性进行反思的能力"。③ 其实，这段论述正是古希腊伊利亚学派芝诺悖论的中国康有为版。著名的芝诺悖论是：阿基里斯永远追不上一只乌龟。但事实上，阿基里斯能够追上乌龟。"伊利亚学派的错误在于把这两方面的东西等同起来：一方面是这一系列的动作，其中每一个都有确定的样子，又是不可分的；另一方面是纯一的空间，即这些动作所发生于其中的空间。"④ 空间是可以分割的、可以重合的，但运动不是。运动是连续的、不可分割的。芝诺的错误在于分割了运动，造成阿基里斯永远追不上一只乌龟的悖论。康有为的论述与芝诺悖论异曲同工。三世是空间，三重就是空间中的运动。故一世分三世，三世再分为九世，无穷无尽也。如此一来，我们甚至永远都走不出三世的某一世。可见，这种论证方式是错误的，它错在分解了运动。康有为之所以能够推导出此结论，无非是要论证"虽百世可知也"的正确性。根据绵延理论，我们无法预见未来，因为空间不能为我们提供前进的方向和动力，而时间是自由的，不是被决定的。康有为与亨利·柏格森是同时代人，前者知道后者吗？当然。康有为甚至读过亨利·柏格森的书。他在《诸天讲》中说：

"吾人所用泛神论之义，与斯宾挪、歌德辈稍异。彼辈之意，以为神无往而不在，故谓泛神；吾人之意，重在其无本体而日在变迁，是为柏格

① 康有为. 论语注［M］//姜义华，张荣华. 康有为全集（增订本）·第6集. 北京：中国人民大学出版社，2020：393.

② 张汝伦. 现代中国思想研究［M］. 上海：上海人民出版社，2001.

③ 王彩波，徐百军. 在决定论与自由意志论之间——康有为和严复进化论思想之比较［J］. 理论月刊，2013（03）：80.

④ ［法］亨利·柏格森. 时间与自由意志［M］. 吴士栋，译. 北京：商务印书馆，1958：84.

森之言。柏格森以自由作绝对之非定命解，以其谓上帝自身亦在变迁中也。"①

康有为作《诸天讲》于 1926 年，是年亨利·柏格森 67 岁，康有为 68 岁。此时的亨利·柏格森早已名满欧洲，康有为对其学说有所了解也不足为奇。奇的是康有为引述的亨利·柏格森理论说的就是时间的意义，但其并未抓住亨利·柏格森学说中的最核心概念——绵延。康有为反对"泛神论"，殊不知其"三世说"所展现的统一性，就是亨利·柏格森所反对的"泛神论"。有学者认为康有为接受了亨利·柏格森的创造进化论，其三世说就是"创造进化的过程"。② 这个结论显然是错误的，因为康有为不仅创造了一个中国版的芝诺悖论，而且他从未思考过时间在三世进化过程中的意义，也就是说，他从未考虑过人在时间中的能动作用。例如康有为的《大同书》认为，从升平世到太平世必须消灭家庭。为此，他提出由政府建立胎教院、育婴院、蒙学院、大中小学、公立医院、养老院等"公养"机构，以期达到：

"且子女之与父母隔绝不多见，并且辗转不相识，是不待出家而自然无家，未尝施恩受恩，自不为背恩，其行之甚顺，其得之甚安。故必天下为公，而后可至于太平大同也。"③

《大同书》中的人是被动的人，他们受社会牵引而行，服从社会的所有安排。人不再是社会的主体，不再具有创造性，而只是社会的服从者。这种进化充其量是社会在进化，而人最后又是那个"独人"。社会没有人的参与如何进化？如果仅有少数人参与"公养"政府的决策，那么，大多数人的人生又有何意义？"公养"政府怎么才能保证自身不会成为独裁者？康有为的进化论既非"唯意志论"，也非"创造进化论"，它只是具有复古思想的一种空想社会主义。

我们如此细致地分析康有为的进化观念，是因为近代进化观念影响着每一位思想家的法治思想。我们不能说有什么样的进化观念就有什么样的法治思想，但我们可以肯定不同的进化观念必然导致不同的法治思想。康有为的进化观念是空间化观念，是脱离了时间的观念，他的观念时常遭到另一位近代著名思想家的批判，这位思想家就是严复。

---

① 康有为. 诸天讲 [M] //姜义华，张荣华. 康有为全集（增订本）·第 12 集. 北京：中国人民大学出版社，2020：93.
② 何金彝. 康有为的全变思想和创造进化论 [J]. 社会科学战线，1995（06）：141.
③ 康有为. 大同书 [M] //姜义华，张荣华. 康有为全集（增订本）·第 7 集. 北京：中国人民大学出版社，2020：93.

(三) 严复：以人持天与进化

严复是近代翻译并传播西方进化论思想的第一人。严复（1854—1921 年），字又陵、几道，福建侯官（今福州）人，近代翻译家、教育家、思想家。从 1897 年起，严复先后翻译并出版了英国生物学家赫胥黎的《天演论》、英国经济学家亚当·斯密的《原富》、英国社会学家斯宾塞的《群学肄言》、英国政治思想家约翰·斯图亚特·穆勒的《群己权界论》《穆勒名学》、英国社会学家甄克斯的《社会通诠》、法国启蒙思想家孟德斯鸠的《法意》等著作，对西方平等、自由、权利等民主思想在中国的传播居功至伟。至于进化思想，严复得自三家，即达尔文、斯宾塞、赫胥黎。三位伟大的进化论学者均对严复有不同程度的启发和影响，但严复进化思想最终落脚在赫胥黎的《进化论与伦理学及其他论文》，即严复译作《天演论》上。《天演论》中文译本的主要内容由赫胥黎的"进化论"和严复的按语组成，基本能够体现严复早期进化思想。但学界对《天演论》文本的理解大为不同，进而对其进化思想的认识存在天壤之别。这种区别主要来自两方面：一部分学者认为严复接受斯宾塞的社会进化论，另一部分学者主张严复赞同赫胥黎的进化观念。由此，严复进化思想被划为两大迥异特征：亲斯宾塞者持决定论，亲赫胥黎者持唯意志论。两派学者各有代表，各有所据，难以调和。

前一派以本杰明·史华兹为代表。史华兹教授认为，严复之所以翻译《天演论》，与该书强调"自强保种"① 有关。但"自强保种"所体现的社会达尔文主义思想特征与"赫胥黎的关注是风马牛不相及的两回事"。② 于是，史华兹教授自问："严复为什么选择一本与他的基本宗旨很少相符的著作来翻译呢？"他在"推测"的基础上，给出了如下原因：首先，赫胥黎的著作阐述了达尔文主义的主要原理，赫胥黎的著作广泛涉及人类思想的全部历史；然后，"最重要的是，赫胥黎反斯宾塞的基本态度，给了严复为斯宾塞的观点进行辩护的极好机会"。基于上述理由，史华兹教授认为，《天演论》的定位是"将赫胥黎的原著和严复为反赫胥黎而对斯宾

---

① 严复.天演论·自序 [M] //王栻.严复集·第 5 册·著译 日记 附录.北京：中华书局，1986：1321.
② [美] 本杰明·史华兹.寻求富强——严复与西方 [M].叶凤美，译.南京：江苏人民出版社，1996：91-92.

塞主要观点进行的阐述相结合的意译本"。① 他的结论是：严复支持斯宾塞，反对赫胥黎。史华兹教授的观点在国内受到一些重量级学者的支持，如王中江教授。当然，有支持就有反对。

反对一方的主要观点是：严复赞同赫胥黎"以人持天"② 的基本进化主张。正反两方都注意到了斯宾塞与赫胥黎观点的不同：斯宾塞认为生物进化理论可以应用于社会进化思想；赫胥黎否定这种观念，认为人类社会进化是一个与宇宙进化不同的且与其斗争的过程。晚清学者吴汝纶为《天演论》作序，言：

"因物变递嬗，深契乎质力聚散之义，推极乎古今万国盛衰兴坏之由，而大归以任天为治。赫胥黎氏起而尽变故说，以为天不可独任，要贵以人持天。以人持天，必究极乎天赋之能，使人治日即乎新，而后其国永存，而种族赖以不坠，是之谓与天争胜。而人之争天而胜天者，又皆天事之所苞，是故天行人治，同归天演。"③

吴汝纶对赫胥黎的肯定，实则即严复对赫氏的肯定。这是显而易见的，但却常常被人视而不见。同样，严复在《天演论·自序》中也肯定了赫氏思想：

"赫胥黎氏此书之恉，本以救斯宾塞任天为治之末流，其中所论，与吾古人有甚合者。且于自强保种之事，反复三致意焉。"④

虽然《吴序》《自序》均肯定了赫胥黎思想对《天演论》的意义，但该书内容却有大量肯定斯宾塞与否定赫胥黎的按语。显然，序言与按语之间的矛盾反映了严复思想的矛盾，这种思想矛盾是正反两方各有所据的原因。为阐释这一矛盾，学者把这一矛盾上升为哲学问题，即"决定论还是自由意志论"或"必然与自由"⑤ 的问题。简单地讲，斯宾塞的"任天为治"属于决定论，赫胥黎的"以人持天"属于自由意志论。

一些学者认为，严复思想介于二者之间。林毓生教授结合史华兹教授

① ［美］本杰明·史华兹. 寻求富强——严复与西方［M］. 叶凤美，译. 南京：江苏人民出版社，1996：93.

② 吴汝纶. 天演论（商务本）·吴序［M］//严复全集·卷1. 福州：福建教育出版社，2014：257.

③ 吴汝纶. 天演论（商务本）·吴序［M］//严复全集·卷1. 福州：福建教育出版社，2014：257.

④ 严复. 天演论（商务本）·自序［M］//严复全集·卷1. 福州：福建教育出版社，2014：261.

⑤ 高瑞泉. 严复：在决定论与自由意志论之间——对史华慈严复研究的一个检讨［J］. 江苏社会科学，2007（01）：2.

的论述，认为"严复的论点是以斯宾塞的术语来表达的，但他的唯智论的先入为主，却将斯宾塞的充满决定论性质的思想模式歪曲成唯意志论的世界观"，这是因为严复"把思想力量作为研究问题的出发点"。① 与林毓生教授的"歪曲"观不同，李强教授持"结合"观，认为严复思想"存在着决定论与唯意志论的结合"，这种结合的来源是对赫胥黎观点的改造，"经过严复改造的赫胥黎的观点在严复整个思想体系中占有重要的地位"，而且这种结合"也是整个中国近现代思想的特征之一"。② 高瑞泉教授放弃"旷古以来没有得到确定答案的问题"的争论，选择一条"决定论和自由意志论在满足动力的追求上可以合而为一"③ 的道路。决定论与自由意志论可以合而为一吗？这种调和是否意味着之前的争论本身并无实质意义？高瑞泉教授解释说：

"神作为这个世界的'决定性'原因，同时却是'创造性'的。无法想象上帝是被决定的，他当然具有自由意志。上帝并不服从决定论。而人是上帝的创造物，已经是被决定的，更何况如果没有因果律，全部科学知识将不能成立。"④

这个解释的核心要点就是决定论与唯意志论能够合而为一。显然，上帝这个例子并不恰当。无论是达尔文、斯宾塞、赫胥黎，还是严复，他们理论中的"天"是广义的自然和狭义的自然——整体宇宙与最小的物质。决定论包括自然决定论和因果机械决定论，但绝对不是上帝决定论。科学知识和理论诚然离不开因果律，但这个解释却引起另一个重要问题：自然科学理论能够解释社会问题吗？亨利·柏格森阐释"绵延"理论，告诉我们唯一的答案：不能。

根据"绵延"理论，决定论与唯意志论之间的问题是"空间"与"时间"的问题。亨利·柏格森认为，决定论有两种：一种是物理的，一种是心理的。"前者可以还原为后者。后者所依据的是人们对于意识状态

① 林毓生. 中国意识的危机——"五四"时期激烈的反传统主义 [M]. 穆善培，译. 贵阳：贵州人民出版社，1986：52-53.
② 李强. 严复与中国近代思想的转型——兼评史华慈《寻求富强：严复与西方》[J]. 中国书评，1996（02）.
③ 高瑞泉. 严复：在决定论与自由意志论之间——对史华慈严复研究的一个检讨 [J]. 江苏社会科学，2007（01）：6.
④ 高瑞泉. 严复：在决定论与自由意志论之间——对史华慈严复研究的一个检讨 [J]. 江苏社会科学，2007（01）：6.

的众多性或绵延的众多性所采取的不准确看法。"① 亨利·柏格森承认科学，但否认科学决定论能够判断人的意识状态和绵延的众多性。他指出，"如果能量守恒律普遍有效，则生理的、神经的现象是必然被决定的。但意识状态也许不然"②。他继而证明意识状态不是彼此绝对决定，因此，他"无法承认能量守恒律的普遍有效性"。③ 他认为，能量守恒律"假定事物可以恢复原先的状态"，但"它没有顾到绵延，因而不适用于生物，不适用于意识状态"。④ 能量守恒律是物理学定律，解释的是宇宙空间的各物质点相对位置关系，即"它们在指定瞬间的相对位置只严格地取决于这位置对前一瞬间位置的关系"。这个理论说明的是物理现象。物理现象与心理现象平行发生，但心理现象不受"分子运动的绝对支配"，⑤ 心理现象，即意识状态，发生于绵延，绵延不是别的，是真正的时间，而物理现象只能产生于空间。时间与空间能够合而为一吗？物理学的光速理论告诉我们可以，但哲学理论告诉我们"人不能两次踏进同一条河流"。物理学与哲学的时间概念迥然不同：前者没有人的参与，忽略过程；哲学强调人的参与，重视过程。过程即绵延。"绵延是个过程，它具有承上启下的作用，比如它可以承接过去、启发未来。绵延是过去的不断发展，是未来的逐步侵蚀。"⑥ 绵延的真正意义在于人的参与，没有人就没有"生命冲动"，就没有社会进步。根据绵延理论，亨利·柏格森对斯宾塞和赫胥黎各有评点。他对斯宾塞的进化论持否定态度。他认为，"斯宾塞提出的观点实际上并没有对变化进行研究，这是因为斯宾塞用错了研究方式，在通常情况下，斯宾塞都是用那些已经结束进化的片段重新构建进化，并以此对进化进行研究"⑦。这实际上是说，斯宾塞关于进化的思考完全是在空间中进行的，进而完全忽视了在时间中考察进化的意义。赫胥黎则不

---

① ［法］亨利·柏格森. 时间与自由意志［M］. 吴士栋，译. 北京：商务印书馆，1958：107.
② ［法］亨利·柏格森. 时间与自由意志［M］. 吴士栋，译. 北京：商务印书馆，1958：108.
③ ［法］亨利·柏格森. 时间与自由意志［M］. 吴士栋，译. 北京：商务印书馆，1958：109.
④ ［法］亨利·柏格森. 时间与自由意志［M］. 吴士栋，译. 北京：商务印书馆，1958：112.
⑤ ［法］亨利·柏格森. 时间与自由意志［M］. 吴士栋，译. 北京：商务印书馆，1958：110.
⑥ ［法］亨利·柏格森. 创造进化论［M］. 刘霞，译. 天津：天津人民出版社，2019：7.
⑦ ［法］亨利·柏格森. 创造进化论［M］. 刘霞，译. 天津：天津人民出版社，2019：242.

然。赫胥黎虽然是达尔文学说的坚定拥护者，但他对自然进化仍有自己独到的观点。他认为，"'所谓的基本原子的恒常性'就像对'物种的恒常性'的信仰一样是毫无根据的。在一个进化着的宇宙中，没有什么是不变的"①。作为生物学家，赫胥黎的哲学思想具有与众不同的时间意义。

引入绵延分析法后，决定论与唯意志论的争论便简单易解了。那些决定论与唯意志论的永远无法厘清的概念及其边界在绵延面前成为退居其次的问题，首要问题是时空。我们在时间中思考人的问题与社会问题，但不追寻唯意志论，而是依靠绵延理论。自然科学研究在空间中完成，这不是说时间不重要，而是自然科学注重的是两个端点，而非两点之间的线，即过程。那么，严复的进化观意识到绵延，意识到真正的时间了吗？严复确实意识到了"治人"的价值。赫胥黎《天演论·导言8·乌托邦》言：

"且圣人知治人之人，固赋于治于人者也。凶狡之民，不得廉公之吏，偷懦之众，不兴神武之君。故欲郅治之隆，必于民力、民智、民德三者之中，求其本也。故又为之学校庠序焉。学校庠序之制善，而后智仁勇之民兴，智仁勇之民兴，而有以为群力群策之资，而后其国乃一富而不可贫，一强而不可弱也。嗟夫！治国至于如是，是亦足矣。"②

严复大赞这段话，称其"语最精辟"。他说：

"如'圣人知治人之人，赋于治于人者也'以下十余语最精辟。盖泰西言治之家，皆谓善治如草木，而民智如土田。民智既开，则下令如流水之源，善政不期举而自举，且一举而莫能废。不然，则虽有善政，迁地弗良，淮橘成枳，一也；人存政举，人亡政息，极其能事，不过成一治一乱之局，二也，此皆各国所历试历验者。"③

圣人与治人主宰人的进化，人的进化不是自然过程，而是一个被动过程。这是赫胥黎的观点，也是严复的观点。就国家而言，教育是开启民智的必由之路。教育制度完善，能够为国家培养大批有用之民，这些有用之民就是国家政通人和的基础，也是国家法治得以畅行的基础，而教育是这个基础的基础。同时，严复解答了传统中国知识界必须面对的难题——治乱循环。兴教育、开民智是解决治乱循环的最基本的前提条件，也是严复

---

① [美]吉梅纳·卡纳莱丝. 爱因斯坦与柏格森之辩：改变我们时间观念的跨学科交锋[M]. 孙增霖，译. 桂林：漓江出版社，2019：111.

② [英]赫胥黎. 天演论·导言8·乌托邦[M]//严复全集·卷1. 福州：福建教育出版社，2014：279.

③ 严复. 天演论·导言8·乌托邦·复按[M]//严复全集·卷1. 福州：福建教育出版社，2014：280.

法治思想的最基本观念。严复说：

"夫言治而不自教民始，徒曰'百姓可与乐成，难与虑始'，又曰'非常之原，黎民所惧'，皆苟且之治，不足存其国于物竞之后者也。"①

严复赞赏赫胥黎之情跃然纸上矣。赫胥黎重视开民智，也重视保群。群，社会也，集体也。"群道"观念反对自营即个人主义，与中国传统集体主义观念完美契合。这种观念也是严复主动向西方寻求的。赫胥黎阐明"自营大行，群道息而人种灭"② 观念后，严复按语云：

"人道始群之际，其理至为要妙。群学家言之最晰者，有斯宾塞氏之《群谊篇》，拍捷特《格致治平相关论》③ 二书，皆余所已译者。"④

显而易见，严复是主动向西方寻求"群学"理论，以为自己的保群护种思想筑牢根基。面对不同的群学理论，严复有自己的审读和评判。而他对赫胥黎思想的某些批判，加之对斯宾塞主张的不吝赞美，给人带来很多学术错觉，以为他在力挺后者的哲学。其实，严复是在不同思想间进行思考与辨别，以形成自己的进化观。他认为，"赫胥黎保群之论，可谓辨矣"。但肯定之后，他立即指出赫胥黎"倒果为因之病"。严复对这个"病"的解释很能说明其时空观：

"赫胥黎保群之论，可谓辨矣。然其谓群道由人心善相感而立，则有倒果为因之病，又不可不知也。盖人之由散入群，原为安利，其始正与禽兽下生等耳，初非由感通而立也。夫既以群为安利，则天演之事，将使能群者存，不群者灭；善群者存，不善群者灭。善群者何？善相感通者是。然则善相感通之德，乃天择以后之事，非其始之即如是也。其始岂无不善相感通者？经物竞之烈，亡矣，不可见矣。赫胥黎执其末以齐其本，此其言群理，所以不若斯宾塞氏之密也。且以感通为人道之本，其说发于计学家亚丹斯密，亦非赫胥黎氏所独标之新理也。"⑤

严复认为赫胥黎"倒果为因"，这个结论值得商榷。"安利"是由散

---

① 严复. 天演论·导言8·乌托邦·复按 [M] //严复全集·卷1. 福州：福建教育出版社，2014：280.

② [英] 赫胥黎. 天演论·导言13·制私 [M] //严复全集·卷1. 福州：福建教育出版社，2014：286.

③ 斯宾塞《群谊篇》即《社会静力学》。拍捷特（Walter Bagehot），今译为白芝浩。《格致治平相关论》，英文名为 Physics and Politics。

④ 严复. 天演论·导言13·制私·复按 [M] //严复全集·卷1. 福州：福建教育出版社，2014：286.

⑤ 严复. 天演论·导言13·制私·复按 [M] //严复全集·卷1. 福州：福建教育出版社，2014：287.

入群的目的，"感通"是善群者的行为方式，善感通者组成善群者集体。严复认为，"安利"是第一因，"感通"是"天择以后之事"。"感通"是"物竞之烈"而消亡的，经"天择"而出现。绵延分析法认为，一种情感、感觉、观念不会消亡，只不过不再是时间的主角，但其始终存在，遇到合适的环境仍会重返舞台，甚至再做主角。严复肯定"安利"，否定"感通"，实际上是在空间中安排了"由散入群"的原因。"安利"和"感通"在空间中先后出现，各司其职，但这种安排忽视了意识状态相互渗透的本质。"情感、感觉、观念都互相渗透，并就其力量所及，每个都占着整个的心灵。"① 互相渗透的意识状态在强度上有差别，强度高的呈显性状态，而强度弱的呈隐性状态。严复认为"安利"为"由散入群"第一因，"感通"为"天择以后之事"，实际上是把"统一的时间作为一种媒介，意识状态在其中构成无连续性的系列。这样的时间不过是空间而已"。② 这正是斯宾塞所使用的研究方法，是一种把空间当作时间的方法，而赫胥黎则在时间中理解变化和进化。前者把自然科学研究方法，尤其是有关时间的认识应用于社会科学，后者坚持用社会科学方法，尤其是社会科学对时间的理解解释社会问题。严复在《天演论》的按语中所提出的对赫胥黎的反驳以及对斯宾塞的赞同，根源在于其遵循的是斯宾塞的研究方法。也就是说，严复虽然赞同赫胥黎"以人持天"论，但其对这个观点的理解完成于空间，他把"人"与"天"看作并列在空间中的存在，而未能在时间中理解这种存在。因此，严复在有关斯宾塞与赫胥黎理论的认识上，其问题不在于决定论与唯意志论，而在于其时空观。我们纠结于前一个问题，永远不会找到答案，况且决定论与唯意志论的概念本身也是争议不断。

我们肯定严复近代西学东渐第一人的地位，但就学术而言，我们只有从其学术研究方法上才能真正认识其与近代法治思想的关系。进化观作为近代一种能够激发社会前进动能的观念，是了解思想家学术研究方法的重要路径，同时，进化观也是理解思想家法治思想的重要基础观念。严复已经发现了时间过程中的人对进化的实质意义，但其研究方法却无法摆脱空间思维的干扰，这是思想进步过程中的遗憾。但我们要知道，这是严复早期进化的研究方法。进入 20 世纪后，严复研究方法有质的改变，我们甚

①　[法] 亨利·柏格森. 时间与自由意志 [M]. 吴士栋，译. 北京：商务印书馆，1958：66.
②　[法] 亨利·柏格森. 时间与自由意志 [M]. 吴士栋，译. 北京：商务印书馆，1958：66.

至可以说，其研究方法已经引入对真正时间的思考。严复的思想启发了近代多位重要的维新派思想家，梁启超即是其中之一。

（四）梁启超：研究方法与进化思想

梁启超进化观最初受上述三位思想家之启发：

"启超问治天下之道于南海先生，先生曰：'以群为体，以变为用，斯二义立，虽治千万年之天下可已。'启超既略述所闻，作《变法通议》，又思发明群义，则理奥例赜，苦不克达。既乃得侯官严君复之《治功天演论》、浏阳谭君嗣同之《仁学》，读之犁然有当于其心。"①

戊戌维新后，梁启超被迫旅日。1902 年，梁启超 30 岁。30 岁后的梁启超"已绝口不谈伪经，亦不甚谈改制"，② 但仍在思考进化之意。同年3 月，受达尔文《物种起源》启发，梁启超发表《天演学初祖达尔文之学说及其略传》一文，借达尔文之口，阐述了自己的进化思想。达尔文的《物种起源》是一部生物学著作，讲述动植物起源及演变奥秘，并未涉及人类社会。但这样一部论述自然界"生存竞争、优胜劣汰"的学术著作，却启发或促进了包括梁启超在内的世界许多著名思想家的进化观念。梁启超说：

"但今所以草此篇之意，欲吾国民知近世思想变迁之根由，又知此种学术，不能但视为博物家一科之学，而所谓天然淘汰、优胜劣汰之理，实普行于一切邦国、种族、宗教、学术、人事之中，无大无小，而一皆为此天演大例之所范围，不优则劣，不存则亡，其机间不容发。凡含生负气之伦，皆不可不战兢惕厉，而求所以适存于今日之道云尔。"③

近代科学思想、科学方法、科学实验启迪和促进了近代哲学的发展，这是不可否认的事实。但就研究方法而言，自然科学与哲学之间的分歧至今仍在。一个重要的分歧是自然科学研究方法是否适用于哲学。著名物理学家爱因斯坦曾就这个问题，也可以说是时间问题，与亨利·柏格森展开过论辩。参与这场著名论辩的人物均为赫赫有名的科学家和哲学家，如胡塞尔、海德格尔、怀特海、罗素等。④ 梁启超没有加入这场论辩，但其关

---

① 梁启超．《说群》自序（1897 年 5 月 12 日）［M］//汤志钧，汤仁泽．梁启超全集·第1 集·论著 1. 北京：中国人民大学出版社，2018：196.

② 丁文江，赵丰田．梁启超年谱长编·第 3 册［M］．上海：上海人民出版社，1983：279.

③ 梁启超．天演学初祖达尔文之学说及其略传（1902 年 3 月 10 日）［M］//汤志钧，汤仁泽．梁启超全集·第 3 集·论著 3. 北京：中国人民大学出版社，2018：5.

④ ［美］吉梅纳·卡纳莱丝．爱因斯坦与柏格森之辩：改变我们时间观念的跨学科交锋［M］．孙增霖，译．桂林：漓江出版社，2019.

于达尔文进化论的结论恰恰暗合了论辩其中一方的思想——这就是爱因斯坦广义相对论的时空观。具体而言，爱因斯坦认为，只有科学上的时间，没有哲学上的时间。与此相反，亨利·柏格森认为，科学与哲学有各自的时间，哲学上的时间是真正的时间。按照爱因斯坦的理论，科学是哲学的基础，科学可以指导哲学；按照亨利·柏格森的绵延理论，科学与哲学有各自的研究方法，二者不能混淆，科学研究方法未能顾及绵延，因而无法解释意识状态及其变化。梁启超受达尔文《物种起源》，或许还有斯宾塞社会进化论的启发，把生物学的"物竞天择，适者生存"付诸人类社会，逐渐充实自己的进化思想。我们知道，科学始终在促进人类社会的进步，科学研究方法被社会科学借用，成为社会科学研究的重要组成部分。科学研究方法的不足在于其对过程研究的忽略，但社会科学则必须关注过程。关注过程，就是关注人，关注人的全面发展。近代思想家如严复、梁启超等，虽受西方进化论的启迪，但忽略了自然科学与社会科学研究方法上的差异。考察同年即 1902 年梁启超的另外两篇文章，《泰西学术思想变迁之大势》与《格致学沿革考略》，均未见其关注方法问题。其实，一百年后，这种差异仍在，争论仍在，而其解决办法与梁启超等并无二致。因此，绵延分析法关于时空的理解，至今仍能给我们以启迪。我们使用绵延分析法分析梁启超的强权观，更能加深对其进化思想的理解。

强权是梁启超进化思想的重要内容。其强权观受双重影响而形成，一是日本著名思想家加藤弘之的强权观，二是达尔文进化论。

"强权云者，强者之权利之义也，英语云 The right of the strongest。此语未经出现于东方，加藤氏译为今名。何云乎强者之权利？谓强者对于弱者而所施之权力也。自吾辈人类及一切生物世界乃至无机物世界，皆此强权之所行，故得以一言蔽之曰：天下无所谓权利，只有权力而已，权力即权利也。"[①]

梁启超认为，强权是一种绝对存在。世界上包括人在内的所有物质都受制于强权。人在强权之下，只是一种物质而已。"我辈人类与动植物同，必非天特与人以自由、平等也。"[②]梁启超依据强权观否定了卢梭的天赋人权观，用生物学的实然否定了人类社会的应然，即用科学否定了哲学。就生命而言，人类与动植物确实相同。但就对生命意义的实现而言，

① 梁启超. 论强权（1899 年 10 月 25 日）［M］//汤志钧，汤仁泽. 梁启超全集·第 2 集·论著 2. 北京：中国人民大学出版社，2018：76.

② 梁启超. 论强权（1899 年 10 月 25 日）［M］//汤志钧，汤仁泽. 梁启超全集·第 2 集·论著 2. 北京：中国人民大学出版社，2018：78.

人与动植物是不同性质的存在。人的生命与人类繁衍具有连续性，社会亦具有连续性。人与社会共同的生存意义便存在于这种连续性中。自然科学研究必须忽略连续性才能得到实验结果。例如，天文学家不用等待 70 余年，便能计算出哈雷彗星的轨道周期是 76—79 年；生物学家不用等待数百万年，便能了解寒武纪三叶虫与泥盆纪三叶虫的区别。科学忽略了过程，带来了知识。人类与人类社会能忽略过程吗？如果我们仅需知道出生与死亡，便能实现人生意义，那么我们确实与动植物没什么两样。问题是，人类与人类社会所有的存在价值和意义均在过程中，均在绵延中。离开过程或绵延，人类与人类社会的价值和意义仅剩下出生与死亡（开始与结束）两个点。这样的人类和人类社会与动植物何异？以光合作用为例，植物普遍进行光合作用，而一些海洋生物如绿色海蜗牛、帆水母等也具有光合作用功能。光合作用就是它们按部就班的日常行为，这是一种自然行为，没有外力强迫，无需适者生存的淘汰机制。光合作用是它们的本能。这种本能在更广泛的意义上为它们自身维护着生存空间。这就是动植物的生存过程对地球的价值与意义。这种价值与意义是哲学反哺科学的证明。科学产生知识，哲学阐述价值与意义。我们用绵延分析法研究动植物，发现它们的存在过程同样具有价值与意义，同样具有绵延，而非仅有"弱肉强食、适者生存"。那么，在梁启超看来，自然科学研究法与绵延分析法为我们呈现的是同一个世界的两个方面，还是两个完全不同的世界？什么才是真正的世界？什么才是真正的人类社会？要回答这些问题，我们必须了解梁启超的时空观。

梁启超的时空观来自中国传统儒佛思想与西方近代思想两个源泉。他认为时间与空间是佛教用语，"空间以横言，时间以竖言"，佛教"横尽虚空，竖尽永劫"即言时空之义。梁启超还曰："《尔雅》上下四方曰宇，往古来今曰宙。"[1] 梁启超把中国传统儒佛时空观与康德时空观相结合，认为"吾人智慧之作用"皆有赖于时空。"'时间'者，实使我智慧能把持诸感觉，而入之于永劫之中者也。"[2] 他指出，康德的时空观是以时空为"赖以综合一切序次一切者"，时空"非自外来而呈现于我智慧之前，实我之智慧能自发此两种形式以被诸外物"，即时空二者"皆非真有，而

①　梁启超. 近世第一大哲康德之学说（1903 年 2 月 11 日—1904 年 2 月 14 日）［M］//汤志钧，汤仁泽. 梁启超全集·第 4 集·论著 4. 北京：中国人民大学出版社，2018：131.
②　梁启超. 近世第一大哲康德之学说（1903 年 2 月 11 日—1904 年 2 月 14 日）［M］//汤志钧，汤仁泽. 梁启超全集·第 4 集·论著 4. 北京：中国人民大学出版社，2018：131.

实由我之所假定者也"。① 梁启超被康德理论所震惊，认为康德发现了时空之真理：

"希腊以来诸学者，常以空间、时间二者为哲学上之问题，以为万物皆缘附此二者而存立，因推言空间之何以起，时间之何以成。以此为穷理之大本原焉……而贸然曰：事物之本相全在是焉。混现象于本质，一切矛盾谬见皆起于是，故康氏首为此论以破之。"②

梁启超肯定康德的时空观，而亨利·柏格森恰恰对梁启超肯定的内容明确地予以否定：

"康德把真正绵延及其象征混淆在一起，他的学说的优点和弱点都与这点有关。康德设想一方面有'物自体'，一方面有纯一的时间与纯一的空间。'物自体'通过这种时间与空间而被折射出来。他认为从此在一方面就出现了现象性的自我，即意识所知觉的自我；在另一方面就出现了外界的各种物体。照这种说法，时间与空间不在我们之外，也同样地不在我们之内；内外的区别自身是时间与空间的作用。"③

亨利·柏格森认为，康德之所以提出内外区别，是因为他把时间看作"一种纯一媒介"。康德没有忽视时间，但却把空间当作了时间："康德对于空间与时间二者的区别在骨子里等于把这二者混淆起来，又把自我的象征和自我自身混淆起来。"④ 梁启超此时的哲学修养尚无法使其理解时空区别的意义，这也是近代中国思想家普遍存在的问题。由于没有发现真正时间的意义，梁启超的进化观始终倾向于空间化。他以这种空间观阅读英国社会学家本杰明·颉德的《泰西文明原理》，与后者的"现在者非为现在而存，实为未来而存"⑤ 理论产生共鸣。本杰明·颉德认为，进化的意义"在造出未来，其过去及现在，不过一过渡之方便法门耳"。⑥ 未来是

① 梁启超. 近世第一大哲康德之学说（1903 年 2 月 11 日—1904 年 2 月 14 日）[M] //汤志钧，汤仁泽. 梁启超全集·第 4 集·论著 4. 北京：中国人民大学出版社，2018：131-132.

② 梁启超. 近世第一大哲康德之学说（1903 年 2 月 11 日—1904 年 2 月 14 日）[M] //汤志钧，汤仁泽. 梁启超全集·第 4 集·论著 4. 北京：中国人民大学出版社，2018：132.

③ [法] 亨利·柏格森. 时间与自由意志 [M]. 吴士栋，译. 北京：商务印书馆，1958：175.

④ [法] 亨利·柏格森. 时间与自由意志 [M]. 吴士栋，译. 北京：商务印书馆，1958：174.

⑤ 梁启超. 进化论革命者颉德之学说（1902 年 10 月 16 日）[M] //汤志钧，汤仁泽. 梁启超全集·第 4 集·论著 4. 北京：中国人民大学出版社，2018：7.

⑥ 梁启超. 进化论革命者颉德之学说（1902 年 10 月 16 日）[M] //汤志钧，汤仁泽. 梁启超全集·第 4 集·论著 4. 北京：中国人民大学出版社，2018：6.

目的，过去与现在是过程，不仅是过程，而且是牺牲。"质而论之，则现在者，实未来之牺牲也。若仅曰现在而已，则无有一毫之意味，无有一毫之价值，惟以之供未来之用，然后现在始有意味，有价值。凡一切社会思想、国家思想、道德思想，皆不可不归结于是。"① 这是典型的以"时间为纯一媒介"的空间分析法。时间在颉德那里，只是空间而已，没有任何意义。如果"现在"没有意义，"未来"的意义也不会存在，因为"未来"即"未来的现在"。空间分析法不仅让时间失去意义，更让"人"失去存在价值与意义。梁启超的空间与进化观念在接触亨利·柏格森学说后，发生了变化：

"直觉的创化论，由法国柏格森首倡，德国倭铿②所说，也大同小异。柏格森拿科学上进化原则做个立脚点，说宇宙一切现象，都是意识流转所构成，方生已灭，方灭已生，生灭相衔，便成进化。这些生灭，都是人类自由意志发动的结果，所以人类日日创造，日日进化。这'意识流转'就唤作'精神生活'，是要从反省直觉得来的。我们既知道变化流转就是世界实相，又知道变化流转的权操之在我，自然可以得个'大无畏'，一味努力前进便了。这些见地，能够把种种怀疑失望，一扫而空，给人类一服'丈夫再造散'。就学问上而论，不独唯心、唯物两派哲学有调和余地，连科学和宗教也渐渐有调和余地了。"③

梁启超认为，亨利·柏格森"直觉的创化论"的一个突出作用就是"把从前机械的唯物的人生观，拨开几重云雾"。④ 但是，这"几重云雾"是什么，梁启超没有言明。从其评述亨利·柏格森的观点看，梁启超抓住了"直觉"这个主要概念及其运动方式——"意识流转"，并用"大无畏""丈夫再造散"与"直觉"相较，透露其对"直觉"作用的肯定。"大无畏"是佛教用语。谭嗣同曾经这样解释"大无畏"：

"盖心力之实体，莫大于慈悲。慈悲则我视人平等，而我以无畏；人视我平等，而人亦以无畏。无畏则无所用机矣。佛一名'大无畏'。"⑤

---

① 梁启超. 进化论革命者颉德之学说（1902 年 10 月 16 日）[M] //汤志钧，汤仁泽. 梁启超全集·第 4 集·论著 4. 北京：中国人民大学出版社，2018：7.
② 倭铿，今译奥伊肯（1846—1926），德国唯心主义哲学家，提倡生命哲学，著有《人生的意义与价值》等，获 1908 年诺贝尔文学奖。
③ 梁启超. 欧游心影录（1919 年 10 月—12 月）[M] //汤志钧，汤仁泽. 梁启超全集·第 10 集·论著 10. 北京：中国人民大学出版社，2018：68-69.
④ 梁启超. 欧游心影录（1919 年 10 月—12 月）[M] //汤志钧，汤仁泽. 梁启超全集·第 10 集·论著 10. 北京：中国人民大学出版社，2018：68.
⑤ 谭嗣同. 仁学：谭嗣同集 [M]. 沈阳：辽宁人民出版社，1994：97.

　　谭嗣同认为意识状态有"心力"和"机心"两种形式，前者为主动力量，无所不为；后者为被动状态，人心如机械，制造劫运。劫运由心造，为破劫运之灾，唯有"心力"。梁启超把"直觉"解读为"世界实相"，正合谭嗣同"心力之实体，莫大于慈悲"之义。慈悲生则人我平等，故人我"无畏"。人我"无畏"，则人心机械与被动状态皆无，这就是"大无畏"。我们也许可以这样认为：梁启超以佛教思想为基础来理解柏格森哲学。不过，梁启超对包括柏格森哲学在内的一些20世纪初期学说尚存疑虑："当战争中，人人都忙着应战，思想界的著述，实在寂寥，所以至今没见什么进步。将来能否大成，和康德、黑格尔、达尔文诸先辈的学说有同等的权威，转移一代人心，也不敢必。"① 怀疑是正常的。柏格森哲学自形成以来，既受到无数的褒扬，又遭受各种批判，这些褒扬与批判均来自当时最重要的科学家与哲学家群体，可以说，每个人都是某个专业的翘楚，每个人都能在最专业的角度提出自己的独到观点。应该说，这些褒扬与批判共同为柏格森哲学的发展提供了学术动力，同时，批判者更加坚定地相信柏格森哲学缺乏科学精神，褒扬者更加夯实了对柏格森哲学的重要论点的学术认同。梁启超提到的"直觉"理念，是柏格森哲学中最容易遭到误解的观念。柏格森哲学中的"直觉"观念建立在绵延思想之上，"绵延"是其整个哲学的统领概念，时间与空间是理解"绵延"理论的方法。梁启超没有提及柏格森的"绵延"理论，说明其理解尚未达到后者思想的精髓。因此，梁启超只能站在"直觉"角度评述柏格森哲学，称其为"直觉的创化论"，却未能揭示"时间"对理解柏格森哲学的决定性意义。因此，梁启超的进化思想始终无法超越斯宾塞进化论。虽然他在巴黎邂逅了柏格森的老师蒲陀罗（Boutreu），且受其鼓舞要"把本国文化发挥光大"，② 但巴黎和会的外交失败则令其警醒现实之残酷，遂愤然书曰："当知国际间有强权无公理之原则，虽今日尚依然适用。"③

①　梁启超. 欧游心影录（1919 年 10 月—12 月）［M］//汤志钧，汤仁泽. 梁启超全集·第 10 集·论著 10. 北京：中国人民大学出版社，2018：69.

②　梁启超. 欧游心影录（1919 年 10 月—12 月）［M］//汤志钧，汤仁泽. 梁启超全集·第 10 集·论著 10. 北京：中国人民大学出版社，2018：83.

③　梁启超. 外交失败之原因及今后国民之觉悟（1919 年）［M］//汤志钧，汤仁泽. 梁启超全集·第 10 集·论著 10. 北京：中国人民大学出版社，2018：191.

二、维新派的近代政治价值观念及其局限

近代思想家受进化论启发和影响，其法治思想与前人相比产生质的变化。价值决定内容。近代思想家的政治价值观念决定其法治思想的质变程度。这些政治价值观念主要有人的观念、国家观念、自由观念等。这些观念各辖若干子观念，比如，人的观念包括教育观念，国家观念包括强权观念，自由观念包括平等与权利观念等。由于近代思想家所据角度、所依方法、所学侧重、所悟深浅之差异，其对政治价值观念的理解也各有千秋。正因如此，近代思想家的法治思想才各有所长，各有所进，也各有所缺。缺的是什么？创新。近代思想家处于"西学东渐"鼎沸时期，面对的是新思想、新材料、新问题、新方法，从未缺乏创新所需资源。但令人遗憾的是，除了个别亮点，或者说除了个别勉强走上创新之路的观念，近代思想家的法治思想均乏善可陈。为什么会如此？因为他们的思想受空间和历史束缚太深太紧，同时，又对"未来"充满脱离现实的期待，故而轻视了"现在"的存在意义。幸好有谭嗣同"冲决网罗"的呐喊声，幸好有严复的"黜强权存公理"①的方法论，为我们展示了些许"创新"的曙光。可惜，这些曙光太过短暂。谭嗣同英年受戕，其本可更博大之思想未能展开；严复晚年复古，其进化思想终究是纸上文章。至于康梁，其法治学说虽是荦荦大端，但也未能摆脱复古之学理局限。维新派思想家曾经是近代社会最激进的政治力量，其学说曾经启迪了晚清社会各种政治力量，但令人遗憾的是，他们未能找到一条适合中国社会发展的法治道路。这种遗憾的产生源于他们普遍地缺乏绵延思维，即未能在真正的时间内思考中国问题。他们受思维习惯与知识背景的束缚，总是把时间内的问题搬到空间来思考，以期得到一个逻辑上完美无缺的答案。实际上，这种方法已经内含了答案。无须他们展开推理过程，读者已经能够知道答案，因为我们的思维习惯与知识背景基本无差别。因此，我们很难发现近代维新派思想家理论的有价值的创新。他们的创新多在形式上，而非在性质上。创新一定是性质的变化。形式上逻辑排列的改变是空间的变化，并未改变事物的性质。事物性质的变化是甲事物向乙事物的变化，这是创新的源泉或创新

---

① 严复. 有强权无公理此语信矣［M］//严复全集·卷7. 福州：福建教育出版社，2014：222.

本身。维新派思想家为何无法从整体上完成理论创新？这主要与他们的研究方法有关。下面，我们就结合维新派思想家的政治价值观念与研究方法，论述其法治思想的政治价值基础，从而寻找"创新"缺失的原因。

（一）人的价值与种族优劣论

近代思想家们关注和思考人与法的关系。其中，"治人与治法"之间关系的论述尤其令人印象深刻。"治人"与"治于人之人"相对立相结合，共同构成全体的人。我们在论述"治人与治法"关系时，通常仅涉及执法者与法的关系，并未考虑全体的人或个体的人与法的关系。维新派思想家发现了这个问题。谭嗣同说：

"头等教化之国，国律时时更改，以趋于便，而交通尽利，斯法为人用，人不至反为法用。"①

谭嗣同用这句话阐明了"人与法"的关系。人与法之间，人是主动者、行动者；法是人的工具，不是人的枷锁。人的价值被谭嗣同从无休止的"治人与治法"的辩论中阐发出来，人以主动的姿态站在了法的面前。法不再仅为"治人"所有，它属于所有的人。人在法的面前，不仅是被动者，更是支配者。谭嗣同重视人的价值，甚至认为在天理面前，人的价值依然排在首位：

"世俗小儒，以天理为善，以人欲为恶，不知无人欲尚安得有天理？吾故悲夫世之妄生分别也！天理，善也！人欲，亦善也。王船山有言曰：'天理即在人欲之中，无人欲则天理亦无从发现。'"②

人欲，即人的精神、人的意志。天理即公理、自然规律。人欲先于天理，显然有唯心主义思想倾向。但如果我们以唯心主义批判之，不免会落入机械决定论的窠臼。谭嗣同在此强调的是人的价值、人的能动性。天理固然客观存在，但在人类没有发现其本质之前，它是"真正"存在的吗？想想人类坚持地心说达 1400 年，这个问题不难解答。我们认为，谭嗣同在时间中发现了人的意义，自生一种类似绵延理论的研究方法。他认为，当时的国人由于疑忌而"尚机心"。③ 机心者，制造劫运的机械心也。国人的机心会导致劫运，其解决办法是"用心解之"。心有心力，"心力最

---

① 谭嗣同. 仁学：谭嗣同集 [M]. 沈阳：辽宁人民出版社，1994：103-104.

② 谭嗣同. 仁学：谭嗣同集 [M]. 沈阳：辽宁人民出版社，1994：20.

③ 谭嗣同. 仁学：谭嗣同集 [M]. 沈阳：辽宁人民出版社，1994：95.

大者，无不可为"。① 心力是"人之所赖以办事者"。② 心力具有强大的力量，如果不能把握其应用的目标，就会给国家或个人带来恶果。心力转换为机心，反而产生"助劫"③ 的后果。因此，谭嗣同强调，"心力之用，以专以一"，④ 专在何处？自强而已。自强，一己之心力强耳，能够为国家带来何种益处？能够挽救国家的劫运吗？不能。谭嗣同提出融合"心力"与"仁"之法，即"人我通"。他认为，"人我通"是"三教之公理，仁民之所以为仁也"。⑤ 如何通？谭嗣同以佛教唯识宗之法，指出"今求通之，必断意识"。⑥ 唯识八识，即眼识、耳识、鼻识、舌识、身识、意识、末那识、阿赖那识。前五识为小脑所用，意识为大脑所用。小脑因人而异，即便在睡梦中，运动仍各有不同。大脑乃意识发生之处，与小脑共同运动，生出千变万化，故人我难以相通。因此，为人我相通，必须阻断意识。"欲断意识，必自改其脑气之动法"，然后意识可断，"意识断则我相除，我相除则异同泯，异同泯则平等出"。平等"为通人我之极致"。⑦

谭嗣同承认人具有意识自由。人的意识由自己支配。人可以为平等之目的，自由断绝意识与"前五识"。人用自由权利实现了平等之目的，以唯识宗推之，可也；推之于政治学，可乎？曰不可。"唯识八识"不过是在空间中组成的并排置列的八个点而已。它们的先后顺序是人为的、静止的，但却让我们误以为是运动的、时间中的。"唯识八识"把空间误作时间，视静止为运动，相信平等可以在空间中实现。但我们知道，人我之说已经具有社会属性，因此，人我断绝意识的前提是人我皆脱离社会属性。否则，即便六根清净，依然无法摆脱社会属性的束缚。故而，谭嗣同"人我通"之平等无法推导出政治平等。当然，谭嗣同"人我通"的真正目的是释放心力："脑气所由不妄动而心力所由显，仁矣夫！"⑧

谭嗣同之学术理论未臻化境，学者当审慎甄别。但就阐释"人"的价值而言，维新派思想家无出其右者。严复，作为"向西方寻找真理的人物"，其"人"的观念实难与谭嗣同相提并论。

---

① 谭嗣同. 仁学：谭嗣同集 [M]. 沈阳：辽宁人民出版社，1994：96.
② 谭嗣同. 仁学：谭嗣同集 [M]. 沈阳：辽宁人民出版社，1994：105.
③ 谭嗣同. 仁学：谭嗣同集 [M]. 沈阳：辽宁人民出版社，1994：97.
④ 谭嗣同. 仁学：谭嗣同集 [M]. 沈阳：辽宁人民出版社，1994：103.
⑤ 谭嗣同. 仁学：谭嗣同集 [M]. 沈阳：辽宁人民出版社，1994：106.
⑥ 谭嗣同. 仁学：谭嗣同集 [M]. 沈阳：辽宁人民出版社，1994：108.
⑦ 谭嗣同. 仁学：谭嗣同集 [M]. 沈阳：辽宁人民出版社，1994：108.
⑧ 谭嗣同. 仁学：谭嗣同集 [M]. 沈阳：辽宁人民出版社，1994：108.

"吾辈以天演言治，深知政界中事，往往成于自然，而非由人力。"①

严复的"人"的观念具有明显的机械决定论性质。我们之前论述过，严复认为"治人"主宰人的进化，人的进化不过是自然过程，而且是一个被动过程。"一国之立，其中不能无天事、人功二者相杂。方其浅演，天事为多，故其民种不杂；及其深演，人功为重，故种类虽杂而义务愈明。第重人功法典矣，而天事又未尝不行于其中。"② 尤其在政治中，天演作为自然规律起着决定作用，人只得接受自然规律所形成的结果。政治作为人类有史以来最重要的有组织的社会活动，其运动是否存在规律？也就是说，政治活动是否永远被自然支配？答案是否定的。首先，人的意识是一种自发行为，它受外界影响，但不受自然规律支配。诚然，人类对自然的认识是渐进的，但人类从未停止在敬畏自然的基础上认识自然、利用自然，甚至摆脱和改造自然。自然规律与人类行为平行发生，自然不是人类的主宰，人类必须尊重自然而生。其次，政治活动是人的活动，不是事件的活动。革命作为最激进的政治活动，其发生并不受所谓的社会规律支配。革命的参与者是人。人作为参与者支配着革命的过程，决定着革命的结果。每个受革命影响的人也在影响着革命的命运。西达·斯考切波教授所寻找的社会革命规律，无非是各种大小原因的空间排列。这是比较政治研究的一种方法，也是绵延分析法最为反对的空间分析方法。空间没有运动，运动在时间内发生、发展。最后，政治并无普遍适用的法则和规律。政治学作为一门学科始于古希腊大哲学家亚里士多德，他提出了诸如自由、平等等概念。但亚氏的自由与平等是排除了奴隶的自由与平等，显然不具有普遍性。法国哲学家卢梭以"天赋人权"观肯定了自由与平等等权利观念的应然性，是人类社会思想一大进步，但包括法国大革命在内的所有革命终究未能创造出一种绝对自由、平等的政治制度。一国的政治制度最终要基于本国的历史文化而产生、而变革、而发展，普适的政治制度目前为止仍是空间的理论模拟而已。但严复相信国家自有其规律，这个规律就是维持君臣关系：

"人之合群，无间草昧文明，其中常有一伦，必不可废。此伦维何？君臣是已。君臣者，一群之中，有治人，治于人者也。"③

"凡是人群，莫不有治人，治于人之伦理。治人者君，治于人者臣。

---

① 严复. 政治讲义·第 7 会［M］//严复全集·卷 6. 福州：福建教育出版社，2014：62.

② 严复. 政治讲义·第 2 会［M］//严复全集·卷 6. 福州：福建教育出版社，2014：16.

③ 严复. 政治讲义·第 2 会［M］//严复全集·卷 6. 福州：福建教育出版社，2014：16-17.

君臣之相维以政府。有政府者，谓之国家。此四条之公例，非从思想而设之也，乃从历史之所传闻记载而得之，乃从比较而见之，乃用内籀（归纳推理）之术，即异见同而立之。"①

显然，严复的政治思想与其以人持天天演论思想相矛盾，认为君臣关系是维系国家运动的规律。君臣关系过去存在，现在存在，未来也将存在。君臣关系维系着"治人"与"治于人"的政治伦理，这个政治伦理将永远运动并存在。严复认为，无论何种国家，其"权未有不发诸下者也"。② 这是其对卢梭的反对。卢梭认为，政府分两类，一类"权发诸上"，一类"权发诸下"。③ 严复认为，所谓"下"，所谓"民"，"不必大众，而在一部分之中"，即"此一部分，大抵皆国民之秀，而有国家思想者"。④ 也就是说，一部分国家精英人物与君主合作便可完成国家权力的分配。这种思想显然忽视，甚至放弃了大多数民众的政治权利。严复甚至为专制辩护，认为专制君主之权力非来自自身，而来自"借助"。他以法国国王路易十四受到民众拥戴为例，指出借助宗教之力，专制君主权力愈加巩固，"则专制之所以得宗教而益威者，其力正出于民心"。⑤ 严复没有说明为何盛极一时的波旁王朝传到路易十六，便遭遇法国大革命。"福兮祸所倚"。绵延理论告诉我们，社会各种力量与因素交织在一起，推动社会向前运动。一些反对力量或因素始终存在，它们运动发展到一定阶段，便会在时势的配合下，猛烈爆发。这也符合唯物辩证法的矛盾转换原理。民心可以拥戴路易十四，也可以支持法国大革命。因此，这些拥戴与支持都是表象，其实质则是民众失去权利的被动屈服以及为获得自身权利而必然发生的激进革命。

严复说："吾所发明，乃谓专制之权，亦系由下而成，使不由下，不能成立。"⑥ 因此，专制与立宪之别，不在于卢梭所说的"独治"与"众治"，而在于有无国会，"有无议院国会为造立破坏政府之机关，专制立宪二政府不同在此"。⑦ 这样，严复便混淆了二元君主制、君主立宪制之间的差别。政治制度之分类多种多样，百花齐放，变化迭出，但是，无论怎样分门别类，政治必须以"人"为依归。思想家所思考的"人"是

① 严复.政治讲义·第2会 [M] //严复全集·卷6. 福州：福建教育出版社，2014：17.
② 严复.政治讲义·第8会 [M] //严复全集·卷6. 福州：福建教育出版社，2014：70.
③ 严复.政治讲义·第8会 [M] //严复全集·卷6. 福州：福建教育出版社，2014：70.
④ 严复.政治讲义·第8会 [M] //严复全集·卷6. 福州：福建教育出版社，2014：71.
⑤ 严复.政治讲义·第8会 [M] //严复全集·卷6. 福州：福建教育出版社，2014：69.
⑥ 严复.政治讲义·第8会 [M] //严复全集·卷6. 福州：福建教育出版社，2014：72.
⑦ 严复.政治讲义·第8会 [M] //严复全集·卷6. 福州：福建教育出版社，2014：75.

"个体的人"还是"集体的人",关系其政治思想的最终实践与发展。严复未深入涉及"个体的人",反而总是把"人"作为在"下"的集体。于是,其政治思想所关注的对象便有"种族"。种族是维新派思想家普遍关注的概念,但所取价值观差异巨大。严复以平等为原则对待种族。

"故其所取,往往在文明之国,而弃草昧之群。吾人于此,眼法平等,所求者不过其国家,其形质,天演之程度,与之演进之定法耳。惟吾意不薄草昧而厚文明,故其视国家也,亦与前人异。"①

严复能够阐发种族平等思想,为维新派思想家所仅见。他痛见中国民智未开,曾以言相激励,曰:"固不徒高颧斜目、浅鼻厚唇之华种,即亚非利加之黑人,阿斯吉摩之赤狄,苟欲求知,未尝陋也。"② 严复的种族平等思想可见一斑。这一思想深刻影响其法治思想,我们还会继续论述。就种族思想而言,严复与康有为形成强烈对比。严复主张种族平等,康有为持人种优劣论。

"按《春秋》所谓夷狄,乃野蛮无教化者。交婚所以传种,合不良之种,则人道复退化于野蛮,如非洲之黑人、南洋之巫来由人、夏威夷之土人及墨西哥与美洲之土人是也。若欧美之白人,礼化修明,不过与吾异俗耳,此宜进若中国。且其教化尤明,人种尤良,所谓贤者亦慕之,多与交婚,以通种进化,实改良人种之要也。攻马游牝,欲得改良,各国皆取阿喇伯马种以易之;种花果者,亦取硕大美好者以合之;则马种、花果种皆增良好。则人种亦有然也。"③

康有为不独秉持人种优劣论,甚至更进一步,阐释劣种淘汰论。

"故大同之世,白人、黄人才能、形状相去不远,可以平等。其黑人之形状也,铁面银牙,斜颔若猪,直睛如牛,满胸长毛,手足深黑,蠢若羊豕,望之生畏。此而欲窈窕白女与之相亲,同等同食,盖亦难矣。然则欲人类之平等大同,何可得哉?"④

康有为作《大同书》主张人类大同平等,但其所谓"大同平等"皆为目的,而非原则;皆为未来,而非现在。实际上,康有为是以不平等改变现在,以实现未来的大同平等。这种改变的过程也是种族淘汰过程。

---

① 严复. 政治讲义·第2会 [M] //严复全集·卷6. 福州:福建教育出版社,2014:17.
② 严复. 救亡决论 [M] //严复全集·卷7. 福州:福建教育出版社,2014:55.
③ 康有为. 春秋笔削大义微言考 [M] //姜义华,张荣华. 康有为全集(增订本)·第6集. 北京:中国人民大学出版社,2020:99.
④ 康有为. 大同书 [M] //姜义华,张荣华. 康有为全集(增订本)·第7集. 北京:中国人民大学出版社,2020:45.

"当千数百年，黄人既与白人化为一矣，棕、黑人之淘汰变化，余亦无多。若大同之世，行沙汰恶种之方，奖励迁地杂婚之法，则致大同亦易易也。"①

我们不拟再多举例康有为之种族观念，其骇人听闻之反人类思想已不辩自明。康有为以这种近乎极端的种族观念作为实现"大同"的价值基础与路径，实为其学说之耻。萧公权先生作为康有为研究大家，也曾指出其对"黑人作了十分侮辱性的描述"，同时，却肯定"康氏并不赞同种族的不平等"。② 呜呼！其结论从何而来？魏义霞教授注意到康有为提出的"新人种"问题，但却牵强地把后者的思想与自然科学联系在一起，认为康有为相信"人种是不断进化的""人种的进化和同一则依靠自然科学"。③ 如果人为的种族灭绝是进化的手段与路径，那么，这算是哪个门类的自然科学呢？孙晓春教授明确指出，康有为"'去种界同人类'的方案却是无法令人接受的"，其种族观念是"在平等的招牌背后，掩藏着的是对人类大家庭某些成员的深度蔑视。在康有为那里，'平等'变成了对他所认定的劣等人种权利的剥夺"。④ 这才是对康有为种族观念最客观的、最有批判意义的评价。

学者为何会误读康有为思想呢？大概有两方面原因。一方面，康有为以平等为目标的政治思想具有迷惑性。平等作为政治价值观念必须以政治思想的原则出现才有意义。以法治为例，平等作为法治思想的原则，便可以用平等消除法治过程中的不平等；平等作为法治思想的目标，便会用不平等为手段以实现法治的平等目标。康有为的"三世说"一直被学界视为其进化思想的标志性成果。据乱世、升平世、太平世是社会从低到高进化的三个阶段。康有为曾说："平世曰平，乱世曰治，此进化之差也。"⑤ 进化三阶段各有其明确目的，已经明了。因此，康有为言"至于平世，则人人平等有权"，而"独立自由之风，平等自主之义，立宪民主之法，

---

① 康有为. 大同书［M］//姜义华，张荣华. 康有为全集（增订本）·第7集. 北京：中国人民大学出版社，2020：47.

② 萧公权. 康有为思想研究［M］. 汪荣祖，译. 北京：新星出版社，2005：303.

③ 魏义霞. 平等与自然科学——以康有为、谭嗣同的思想为中心［J］. 哲学研究，2010（07）：58.

④ 孙晓春，杜美玲. 近代中国思想界对平等的误释——以康有为《大同书》为例［J］. 探索与争鸣，2015（08）：119.

⑤ 康有为. 孟子微［M］//姜义华，张荣华. 康有为全集（增订本）·第5集. 北京：中国人民大学出版社，2020：494.

孔子怀之，待之平世，而未能遽为乱世发也"。① 只有查其目标，才能窥见康有为平等思想之实质。另一方面，康有为以平等观念掩盖了种族优劣论。康有为奉孔子为先王，认为孔子学说无所不包，"惟孔子之道，实无不包"。② 康有为慨叹道："政治之学最美者，莫如吾《六经》也。"③ 因此，他认为，西方政治学说皆能从孔子学说中找到根源，"故凡泰西之强，皆吾经义强之也，中国所以弱，皆与经义相反者也"。④ 关于平等，康有为认为孔子言"四海之内皆兄弟"，故"天之生人，并皆平等"。⑤但他指出，孔子的平等观在太平世才能最终实现，"人类平等，戎亦天地所生，此乃太平大义"。⑥ 他解释，孔子之义如"圆环"，⑦ 其治道循环，"治人如循环"，故"天之视人，人人平等；孔子以天治人，亦人人平等"。⑧ 天，即天命，"天然之公理皆天命"。⑨ 天命人受，人人相同，可谓平等。但"孔子以天治人"，是追求平等，故经三世而成平等。以平等为目的，其治人、治臣、治君之手段必然为不平等。因此，康有为说：

"故据乱世为爱种族之世，升平为争种族合种族之世，太平则一切大同，种族不分，无种族之可言，而义不必立。"⑩

我们如果不审其以平等为目的之本质，往往会误入康有为平等思想之逻辑陷阱。是故，研究康有为法治思想，必须结合其"人的价值"观念。脱离此观念，我们能够得到一个表面上完美、进步的近代法治观念，其中

① 康有为. 孟子微［M］//姜义华，张荣华. 康有为全集（增订本）·第 5 集. 北京：中国人民大学出版社，2020：414.
② 康有为. 中庸注［M］//姜义华，张荣华. 康有为全集（增订本）·第 5 集. 北京：中国人民大学出版社，2020：365.
③ 康有为. 日本书目志［M］//姜义华，张荣华. 康有为全集（增订本）·第 3 集. 北京：中国人民大学出版社，2020：328.
④ 康有为. 日本书目志［M］//姜义华，张荣华. 康有为全集（增订本）·第 3 集. 北京：中国人民大学出版社，2020：328.
⑤ 康有为. 日本变政考［M］//姜义华，张荣华. 康有为全集（增订本）·第 4 集. 北京：中国人民大学出版社，2020：159.
⑥ 康有为. 春秋笔削大义微言考［M］//姜义华，张荣华. 康有为全集（增订本）·第 6 集. 北京：中国人民大学出版社，2020：91.
⑦ 康有为. 春秋笔削大义微言考［M］//姜义华，张荣华. 康有为全集（增订本）·第 6 集. 北京：中国人民大学出版社，2020：78.
⑧ 康有为. 春秋笔削大义微言考［M］//姜义华，张荣华. 康有为全集（增订本）·第 6 集. 北京：中国人民大学出版社，2020：56.
⑨ 康有为. 春秋笔削大义微言考［M］//姜义华，张荣华. 康有为全集（增订本）·第 6 集. 北京：中国人民大学出版社，2020：56.
⑩ 康有为. 春秋笔削大义微言考［M］//姜义华，张荣华. 康有为全集（增订本）·第 6 集. 北京：中国人民大学出版社，2020：67-68.

充满自由、平等权利等主张。一旦以"人的价值"观念相审视，康有为法治思想表面上的所有美好必将顷刻间消失殆尽。作为学生，梁启超继承了种族优劣论。

梁启超称康有为主张社会主义哲学，认为其"一切条理，皆在于社会改良"，其中，"进种改良"最为重要。所谓"进种改良"，就是"用人事淘汰之法"进行的种族进化方案。① 受老师康有为熏陶，梁启超也持种族优劣论。

"夫世界之起初，其种族之差别，多至不可纪极，而其后日以减少者，此何故乎？凭优胜劣败之公理，劣种之人，必为优种者所吞噬、所朘削，日侵月蚀，日渐月灭，以至于尽，而世界中遂无复此种族。"②

自然界或许存在所谓优胜劣汰之公理，但这种公理绝对不能适用于人类社会。人类从野蛮走向文明的过程确实曾经充斥着弱肉强食的历史事实，但人类自有文明以来，从东方到西方，从孔子到亚里士多德，皆以改变野蛮社会为目标。康梁师徒，或因强权压迫在外，或因满汉矛盾于内，因此，极力推崇种族优劣论，欲以此树立民族自信心，以平满汉之界。

"今夫满人与汉人，孰为优种，孰为劣种，不待知者而决矣。然则吾所谓平满、汉之界者，为汉人计乎？为满人计耳。"③

梁启超主张平满汉之界，不仅为宣扬其民族主义思想，更在于鼓吹其种族（黄种）主义立场。

"自此以往，百年之中，实黄种人与白种人玄黄血战之时也。然则吾之所愿望者，又岂惟平满汉之界而已？直当凡我黄种人之界而悉平之，而支那界，而日本界，而高丽界，而蒙古界，而暹罗界，以迄亚洲诸国之界，太平洋诸岛之界而悉平之，以与白色种人相驰驱于九万里周径之战场，是则二十世纪之所当有事也。虽然，黄种之人，支那居其七八焉，故言合种必自支那始。"④

梁启超秉持优胜劣汰之公理，宣扬"合种"思想。实际上，所谓"合种"必然是一种吞灭另一种。那么，黄种人之间合种，中国人存焉？

---

① 梁启超. 南海康先生传（1901 年 12 月 21 日）［M］//汤志钧，汤仁泽. 梁启超全集·第 2 集·论著 2. 北京：中国人民大学出版社，2018：375.

② 梁启超. 变法通议（1896 年 8 月 9 日—1899 年 1 月 22 日）［M］//汤志钧，汤仁泽. 梁启超全集·第 1 集·论著 1. 北京：中国人民大学出版社，2018：98.

③ 梁启超. 变法通议（1896 年 8 月 9 日—1899 年 1 月 22 日）［M］//汤志钧，汤仁泽. 梁启超全集·第 1 集·论著 1. 北京：中国人民大学出版社，2018：98.

④ 梁启超. 变法通议（1896 年 8 月 9 日—1899 年 1 月 22 日）［M］//汤志钧，汤仁泽. 梁启超全集·第 1 集·论著 1. 北京：中国人民大学出版社，2018：102.

日本人存焉？黄种人与白种人合种，又是孰存孰亡？依据进化理论，假设世界仅存一种人，其能自存乎？梁启超没有解答上述问题，他也无法解答。康梁师徒鼓吹种族优劣论，且相信中国人为优秀人种，对中国人充满自信心。故此，康有为秉持"三世说"，认为中国可以通过机械运动进入太平世。梁启超则相信自由意志论，他主张"英雄"主义。他认为，"理想与气力兼备者"① 即为英雄。梁启超相信世界成于英雄，但也相信文明程度与英雄数量成反比，人类越文明进步，英雄数量越减少。"故必到人民不依赖英雄之境界，然后为真文明，然后以之立国而国可立，以之平天下而天下可平。"② 然所谓不依赖英雄之时代，实为人人皆英雄之时代。是故，梁启超鼓励国民参与政治，努力达成社会进步：

"凡一国之进步也，其主动者在多数之国民，而驱役一二之代表人以为助动者，则其事罔不成；其主动者在一二之代表人，而强求多数之国民以为助动者，则其事鲜不败。故吾所思、所梦、所祈祷者，不在轰轰独秀之英雄，而在芸芸平等之英雄。"③

梁启超固然有强烈的英雄主义观念，但并未产生个人主义思想。他指出："无我一人，何足轻重，然使他人而亦复如我，则国事亦复何望耶？"④ 梁启超走向集体主义，形成明确的民族主义观念：

"民族主义者，世界最光明正大公平之主义也，不使他族侵我之自由，我亦毋侵他族之自由。"⑤

他认为，民族主义主张能够在优胜劣汰的世界里，实现个人独立与国家独立。民族主义能够增进民族幸福感，同时，其也有利于对外关系之进步：

"两平等者相遇，无所谓权力，道理即权力也；两不平等者相遇，无所谓道理，权力即道理也。由前之说，民族主义之所以行也，欧洲诸国之相交则然也。由后之说，帝国主义之所以行也，欧洲诸国与欧外诸国之相

---

① 梁启超. 理想与气力（1899 年 9 月 25 日）[M] //汤志钧，汤仁泽. 梁启超全集·第 2 集·论著 2. 北京：中国人民大学出版社，2018：61.

② 梁启超. 文明与英雄之比例（1902 年 2 月 8 日）[M] //汤志钧，汤仁泽. 梁启超全集·第 2 集·论著 2. 北京：中国人民大学出版社，2018：142.

③ 梁启超. 过渡时代论（1901 年 6 月 26 日）[M] //汤志钧，汤仁泽. 梁启超全集·第 2 集·论著 2. 北京：中国人民大学出版社，2018：296.

④ 梁启超. 论独立（1903 年 4 月 26 日）[M] //汤志钧，汤仁泽. 梁启超全集·第 4 集·论著 4. 北京：中国人民大学出版社，2018：190.

⑤ 梁启超. 国家思想变迁异同论（1901 年 10 月 12 日、22 日）[M] //汤志钧，汤仁泽. 梁启超全集·第 2 集·论著 2. 北京：中国人民大学出版社，2018：325.

交则然也。"①

对国家而言，民族主义与帝国主义均需国民全力支持才能实现。"无论若何之政府，未有不恃人民承认拥戴之力，而能成立能存在者。"② 故梁启超认为，英雄需要人民的支持与配合，一人振臂高呼，万众忠心相随。如此团结的人民是国家存在与发展的基础，"处竞争之世，惟群之大且固者，则优胜而独适于生存"。③ 基于这样的英雄主义、集体主义、民族主义等观念，梁启超顺利得出一个结论："开明专制适用于今日之中国。"④

维新派思想家对于"人的价值"的理解，各有侧重，各有结论。理解的不同造成他们的法治思想的价值基础的明显差异化。谭嗣同提出"法为人用，人不至反为法用"观念，继承了明末清初思想家王夫之"有治人而后有治法"的理念，同时，其"人"的观念超越了"治人"的观念，是为巨大进步。严复遵循机械决定论，未能发现"人的价值"，强调君臣关系不可废。但严复以平等为原则对待种族，与康梁的种族优劣论形成强烈反差。"人的价值"观念是法治思想的基础，它决定了思想家其他法治价值观念的走向。

（二）自由与国家

"人的价值"观念决定维新派思想家的自由观念与国家观念，自由观念与国家观念又决定其法治思想的建构。自由观念是法治思想的内核，国家观念是法治思想的外在表现形式。自由与平等、权利等价值观念互为条件，没有平等的自由与没有自由的平等，都会损害人的权利，进而破坏社会秩序，危害国家发展。维新派思想家是如何理解自由与国家的？

维新派思想家皆从古代中国思想中攫取"自由"观念资源。谭嗣同认为，自由是"在宥"的"转音"。他指出，庄子曾有"闻在宥天下，不闻治天下"之语，"治者，有国之义也；在宥者，无国之义也"。因此，

---

① 梁启超. 国家思想变迁异同论（1901 年 10 月 12 日、22 日）[M] //汤志钧，汤仁泽. 梁启超全集·第 2 集·论著 2. 北京：中国人民大学出版社，2018：325.

② 梁启超. 政治上之监督机关（1907 年 10 月 11 日）[M] //汤志钧，汤仁泽. 梁启超全集·第 6 集·论著 6. 北京：中国人民大学出版社，2018：275.

③ 梁启超. 论独立（1903 年 4 月 26 日）[M] //汤志钧，汤仁泽. 梁启超全集·第 4 集·论著 4. 北京：中国人民大学出版社，2018：190.

④ 梁启超. 开明专制论（1906 年 1 月 25 日—3 月 25 日）[M] //汤志钧，汤仁泽. 梁启超全集·第 5 集·论著 5. 北京：中国人民大学出版社，2018：329.

"人人能自由，是必为无国之民"。① 自由与国家相对立，自由越多，国家作用越小；人人拥有绝对自由，地球上便无国家存在矣。康有为笃信"西学中源"，故认为"独立自由之风，平等自主之义，立宪民主之法，孔子怀之，待之平世，而未能遽为乱世发也"。② 康有为认为，孔子思想具有自由、平等、民主等观念，但这些观念不是作为据乱世的原则，而是作为升平世与太平世的目的。严复深明自由之义，也洞悉中西文明之差异，故曰："夫自由一言，真中国历古圣贤之所深畏，而从未尝立以为教者也。"中国古代所言自由者何？他认为，"恕"与"絜矩"与西方自由最相似。但他还说："然谓之相似则可，谓之真同则大不可也。何则？中国恕与絜矩，专以待人及物而言。而西人自由，则于及物之中，而实寓所以存我者也。"③ 严复法治思想以宗法社会为依托。他论证中国古代的井田制是"民主之政"，而实行井田制的时代为诸侯君主的宗法社会，是"宗法社会而兼民主之制"④ 的时代。梁启超承认中国自古便有"自由"之事实，中国具有几乎所有"各国宪法所定形式上之自由"，但强调古代中国仅"有自由之俗而无自由之德"。何谓"自由之德"？即"非他人所能予夺，乃我自得之而自享之者也"。⑤ 此即法律上所规定之自由。梁启超主张"开明专制"，提倡"君主无责任"之说。据其考证，"君主无责任"这一西方君主立宪学说，早在"我国周秦诸子实已发明之"。⑥ 综上可见，维新派思想家基于各种偏好和立场，分别从古代中国思想资源中寻找理论根据。但这种方法有一个问题，那就是绵延分析法所反对的空间分析。

　　关于绵延与真正的时间的理解，严复与梁启超是维新派思想家中的佼佼者。严复对时间的理解实为自发，其思想对梁启超则有巨大启发。但梁启超只能站在"直觉"角度评述柏格森哲学，称其为"直觉的创化论"，却未能揭示"时间"对理解柏格森哲学的决定性意义。由于严复与梁启超对自由与国家的理解比较全面且透彻，但两位思想家对时间理解不同，

---

① 谭嗣同. 仁学：谭嗣同集 [M]. 沈阳：辽宁人民出版社，1994：111.
② 康有为. 孟子微 [M] //姜义华，张荣华. 康有为全集（增订本）·第5集. 北京：中国人民大学出版社，2020：414.
③ 严复. 论世变之亟 [M] //严复全集·卷7. 福州：福建教育出版社，2014：12.
④ 严复. 法意 [M] //严复全集·卷4. 福州：福建教育出版社，2014：59.
⑤ 梁启超. 十种德性相反相成义（1901年6月16日、7月6日）[M] //汤志钧，汤仁泽. 梁启超全集·第2集·论著2. 北京：中国人民大学出版社，2018：286.
⑥ 梁启超. 君主无责任说（1910年5月9日）[M] //汤志钧，汤仁泽. 梁启超全集·第2集·论著2. 北京：中国人民大学出版社，2018：191.

故我们将通过比较他们的自由与国家观念以及由两个观念所形成的法治思想，论述维新派思想家法治价值观念的进步与局限。

政治自由观念源自西学，维新派思想家对其的理解远未达其本意。严复曰："是故欲论自繇，自必先求此二字之之义。又此二字名词，用于政治之中，非由我辈，乃自西人。"[①] 这是一个非常重要的结论。这个结论或许无法鼓动革命，激励民众，但其学术意义却不容小觑。它标志着严复已经开始在时间中开展学术研究，并且发现了自由与政治自由的巨大区别。中国古代思想家如庄子确有"自由"观念，但其自由观念并非系统的政治自由观念，而是基于"万物等齐"的意志自由或伦理自由观念。[②] 严复说："盖政界自繇，其义与伦学中个人自繇不同。仆前译穆勒《群己权界论》，即系个人对于社会之自繇，非政界自繇。政界自繇，与管束为反对。政治学所论者，一群人民，为政府所管辖。惟管辖而过，于是反抗之自由主义生焉。"[③] 如果说狭义的社会自由，如人我权界，算不得政治自由，但广义的社会自由，如公民集会、结社、出版等自由，则必须经宪法之规定，故为政治自由。不过，严复在此处却继续进行了绝对的划分。他以古希腊"自繇平民"和晚清受宠"姜婢"等为例，认为"自繇如此用者，非政治名词，乃法典名词"，[④] 强调欧洲与中国并无所谓奴隶，指出政府暴虐而国民无自由之事"于事实，亦未尽符"。[⑤] 奴隶是法典名称，更是政治名词，与自繇平民一样，它代表着一种等级社会的政治身份。法治与法制出于政治，法律也出于政治。法与政治不可分，没有脱离政治的法。严复为何会形成错误结论？问题出在研究方法上。

严复采用的是空间分析法。也许严复本人对这种研究方法一无所知，但其却在不知不觉中熟练地使用着这个研究方法。他忽视了政治与法之间的紧密联系，生硬地以"政治名词"与"法典名词"二分法，割裂了"自繇平民"与"奴隶"均为政治身份这一法的事实。在空间中，"自繇平民"与"奴隶"并排置列，甚至看不到双方性质之差异。因此，受宠姜婢"有过平人，威福擅专，热堪炙手"，而那些受苦的奴隶，也因"资格固然"[⑥] 的固有身份，泰然自若地做着奴隶的工作。奴隶真的看不到政

---

① 严复. 政治讲义·第5会 [M] //严复全集·卷6. 福州：福建教育出版社，2014：43.
② 孙晓春，施正忠. 近代中国自由观建构的传统话语背景——政治哲学视阈下的庄子自由观及其影响 [J]. 探索与争鸣，2017（06）.
③ 严复. 政治讲义·第5会 [M] //严复全集·卷6. 福州：福建教育出版社，2014：45.
④ 严复. 政治讲义·第5会 [M] //严复全集·卷6. 福州：福建教育出版社，2014：45.
⑤ 严复. 政治讲义·第5会 [M] //严复全集·卷6. 福州：福建教育出版社，2014：45.
⑥ 严复. 政治讲义·第5会 [M] //严复全集·卷6. 福州：福建教育出版社，2014：45.

治身份的差别吗？"王侯将相宁有种乎"，谁言奴隶看不到？是思想家看不到。严复把这些名词并排置列于空间中，使它们成为独立的存在，割裂了它们之间的联系。只有进入时间，进入绵延，我们才能看到"自繇平民"与"奴隶"不仅是两个名词，而且还是等级秩序下性质不同的两种政治身份。因此，受宠"姜婢"虽集万千宠爱，但其政治身份永远在等级制的末端。没有自由就没有平等，自由与平等互为条件。"姜婢"受到宠爱，不等于得到政治自由，更不等于得到与主人平等的身份。故没有平等亦没有自由。

严复继续使用空间研究法，研究"自繇之量"与"自繇之品"。所谓"自繇之量"与"自繇之品"是就政府之"干涉"与"放任"自由而论者。"甲国干涉者多，放任者少；乙国干涉者少，放任者多；此自自繇之量言之者也。若自自繇之品言之，则甲国干涉于丙，而放任于丁；乙国干涉于丁，而放任于丙。"[1] 严复曰："民之自繇与否，其于法令也，关乎其量，不关乎其品也。"[2] 可见，所谓"自繇之量"是就政府所制定干涉民众自由的法律多寡而言，所谓"自繇之品"是就政府所制定干涉民众自由的法律性质而言。严复推论：

"而一切可以予民者，莫不予民也。使其应曰然，则其民自繇。虽有暴君，虽有弊政，其民之自繇自若也。使其应曰否，则虽有尧舜之世，其民不自繇也。"[3]

严复的推断看似很有道理，其实不然。自由来自天赋，还是政府给予？严复认为是后者。这与西学东渐的社会契约论、天赋自由观等思想迥然不同。显然，严复未能接受西学给养，而把自由与否同政府施予人民的多寡挂钩。这个结论看似成立，实则肯定了专制独裁政府存在的合法性。严复为何会得到这样的结论？一个重要原因是：他把自由视为独立存在的政治观念，甚至把自由看作可以在空间中进行测量的事物。自由作为政治价值观念，不具有长度、体积、面积等数学特征，无法进行测量。以法令多寡衡量自由多少，其本意是认为法皆恶法，因为恶法才能侵人自由。然而，这种理解又与其对立宪的理解相违背：

"立宪者，立法也，非立所以治民之刑法也。何者？如是之法，即未立宪，固已有之。立宪者，即立此吾侪小人所一日可据以与君上为争之法

①　严复. 政治讲义·第7会 [M] //严复全集·卷6. 福州：福建教育出版社，2014：59.
②　严复. 政治讲义·第5会 [M] //严复全集·卷6. 福州：福建教育出版社，2014：50.
③　严复. 政治讲义·第5会 [M] //严复全集·卷6. 福州：福建教育出版社，2014：50.

典耳。"①

严复对立法的理解充满矛盾。一方面，他认为人民的自由来自政府施予，政府颁布的法令少，人民的自由就多；另一方面，他认为人民有与政府抗争的自由，立法就是保证人民的这种自由。一方面，人民是被动者，受到政府管束；另一方面，人民是主动者，可以与政府抗争。在国家框架内，人民权利来源是唯一的，它可以是天、君主、自然、人民自身，但一定是唯一的。一旦人民认识到其权利还有第二个合法来源，由第一来源所确定的国家稳定结构必会受到威胁。那么，严复为何会制造出这些矛盾呢？主要是他不停地在空间与时间中跳跃。他先是把人民与政府并排置列在空间中，认为政府制定法令的多寡与人民的自由多少成反比。人民与政府之间并无密切联系，法令是二者联系的桥梁。随后，他又把人民与君主置于时间中，认为人民能够在立宪体制内与君主相抗争。其实，人民与君主的关系永远在时间中存在，二者之间的矛盾也永远存在。立宪就是为了保护人民同时限制政府与君主的权力滥用。立宪对人民的保护无时不在，而非仅用于"一日"。因此，严复对立宪的理解仍然是空间的，他把空间当作了时间，以为人民与君主的矛盾只在有朝一日，忽视了矛盾存在的普遍性和历时性。我们把"一日"看作空间的一点，那么，这个点甚至无数个在空间中的点组合在一起都无法形成运动。空间没有运动，空间只有静止。把空间中的点理解为运动，就是把空间理解为时间。因此，严复未能在运动中理解政治自由，更无法在运动中理解自由与平等的关系。这就导致其变法思想以"立宪"为依归。

严复认为，"立宪政府"是指"执政人数多少不同，而皆有上下同守共由之法"的"民主、独治"② 政府。以此推论，中国自唐虞三代以来的君主皆受法律或祖宗家法约束，最不自由，因此，严复得出结论："吾国本来其为立宪之国久矣。"他认为，中国传统立宪国就是孟德斯鸠的《法意》中所说的"独治之精神在礼"③ 的独治国家。我们要再一次申明：严复错误地使用了空间分析法。绵延分析法告诉我们，一个运动不会两次经过同一个点，"即使环境依然相同，也不再作用于同一个人，因为环境是在一个新的历史时刻作用于同一个人"。④ 孟德斯鸠所说的"礼"与中国君王所受约束的"礼"绝对不会是同一性质的东西。前者之"礼"

---

① 严复. 政治讲义·第 5 会 [M] //严复全集·卷 6. 福州：福建教育出版社，2014：47.
② 严复. 宪法大义 [M] //严复全集·卷 7. 福州：福建教育出版社，2014：282.
③ 严复. 宪法大义 [M] //严复全集·卷 7. 福州：福建教育出版社，2014：282.
④ ［法］亨利·柏格森. 创造进化论 [M]. 姜志辉，译. 北京：商务印书馆，2004：11.

是君主立宪之"礼",后者是中国君主专制之"礼"。君主立宪国之君主受宪法约束;而中国专制君主则是法律本身,他们在形式上受祖宗家法约束,但在实质上则自视为法本身。或许,严复指中国久为立宪国乃变法权宜之计,因为他说:"今日吾人所谓立宪,并非泛言法典,亦非如《法意》中所云,有法为君民上下共守而已。"他明确指出,变法立宪的目的就是"以英、法、德、意之政体,变中国之政体"。① 他设想:

"顾欲为立宪之国,必先有立宪之君,又必有立宪之民而后可。立宪之君者,知其身为天下之公仆,眼光心计,动及千年,而不计一姓一人之私利。立宪之民者,各有国家思想,知爱国为天职之最隆,又济之以普通之知识。"②

我们使用绵延分析法,发现严复实质上是使用空间分析法研究自由与国家观念。空间分析并未阻止其得出不符合历史进程的结论,但却无法让其思想走得更远。由于内在的推理缺陷,其思想在后期走向复古也就不令人意外了。当然,严复思想,尤其是进化思想的进步意义确实推动了时代的前进,一些近代重要思想家受其影响,也走上了为国家为民族寻找真理之路,梁启超便是其中之一。那么,梁启超的自由与国家观念与严复有何异同?又有何发展与创新呢?

与严复不同,梁启超的"自由"观念首先言明中国古代有"自由"。他指出,中国古代人民有交通自由、住居行动自由、置管产业自由、信教自由、书信秘密自由、集会言论自由,"凡各国宪法所定形式上之自由,几皆有之"。③ 但他未用"政治自由"概念来概括这些自由,而是把这些自由称为"自由之俗"。这个概念很重要,是研究近代思想的一个重要工具。与"自由之俗"相对,他提出"自由之德"概念。"自由之德者,非他人所能予夺,乃我自得之而自享之者也。"④ 这就是天赋自由观。梁启超以天赋自由观来看待西方国家人民的自由:"故文明国之得享用自由也,其权非操诸官吏,而常采诸国民。"⑤ 国民自由产生国家自由,人人得享自由,则国家也得自由。反观中国,只有自由之俗,这种自由来自

① 严复. 宪法大义 [M] //严复全集·卷7. 福州:福建教育出版社,2014:282.

② 严复. 宪法大义 [M] //严复全集·卷7. 福州:福建教育出版社,2014:287.

③ 梁启超. 十种德性相反相成义(1901 年 6 月 16 日、7 月 6 日)[M] //汤志钧,汤仁泽. 梁启超全集·第 2 集·论著 2. 北京:中国人民大学出版社,2018:286.

④ 梁启超. 十种德性相反相成义(1901 年 6 月 16 日、7 月 6 日)[M] //汤志钧,汤仁泽. 梁启超全集·第 2 集·论著 2. 北京:中国人民大学出版社,2018:286.

⑤ 梁启超. 十种德性相反相成义(1901 年 6 月 16 日、7 月 6 日)[M] //汤志钧,汤仁泽. 梁启超全集·第 2 集·论著 2. 北京:中国人民大学出版社,2018:286.

"官吏之不禁"，官吏一日禁之，中国人的自由一日便消亡。因此，自由之俗就是"奴隶之自由"。有"自由之母"之称的"思想自由"，更是"政府不禁之而社会自禁之"。① 自由是"精神生发之厚力"。② 梁启超认为，"故今日欲救精神界之中国，舍自由美德外，其道无由"。③ 梁启超的"自由"观颇有新意。其"新意"在于能够在时间内分析历史上发生的自由行为以及这些自由行为在当代的表现。这些自由行为虽然不具有政治学或政治意义的规范性，但这些确实是中国人无意中享受的"政治自由权利"。梁启超把这些自由行为定义为"自由之俗"，为我们提供了一个有力的解释工具。事实上，无论我们怎样定义自由，无论我们如何努力确定自由的边界，总会有些"自由之俗"游离于规范性的自由边界之外。这就好比"时间"的概念，爱因斯坦的科学时间无法满足亨利·柏格森的哲学时间。自由之俗不完全是无意义的行为，但梁启超显然要变所有"自由之俗"为"自由之德"，这点颇值得商榷。"自由之俗"与"自由之德"不是相对的概念，而是互相补充的概念，二者合一组成广义的"自由"概念。自由是法治的原则，不是法治的目的。梁启超却选择了后者，把自由视为法治的目的，从而思考出一条通往自由之路。那么，自由之路如何走？我们知道，自由与平等互为条件，但梁启超视自由与制裁为相对的：

"制裁云者，自由之对待也。有制裁之主体，则必有服从之客体。既曰服从，尚得为有自由乎？顾吾尝观万国之成例，凡最尊自由权之民族，恒即为最富于制裁力之民族，其故何哉？自由之公例曰：人人自由而以不侵人之自由为界。制裁者，制此界也；服从者，服此界也。故真自由之国民，其常要服从之点有三：一曰服从公理，二曰服从本群所自定之法律，三曰服从多数之决议。是故文明人最自由，野蛮人亦最自由，自由等也。而文、野之别，全在其有制裁力与否。无制裁之自由，群之贼也；有制裁之自由，群之宝也。"④

制裁是手段，是工具。这种手段与工具可以是法律，也可以是君主，

① 梁启超. 十种德性相反相成义（1901 年 6 月 16 日、7 月 6 日）[M]//汤志钧，汤仁泽. 梁启超全集·第 2 集·论著 2. 北京：中国人民大学出版社，2018：287.
② 梁启超. 精神教育者，自由教育也（1899 年 12 月 23 日）[M]//汤志钧，汤仁泽. 梁启超全集·第 2 集·论著 2. 北京：中国人民大学出版社，2018：88.
③ 梁启超. 十种德性相反相成义（1901 年 6 月 16 日、7 月 6 日）[M]//汤志钧，汤仁泽. 梁启超全集·第 2 集·论著 2. 北京：中国人民大学出版社，2018：287.
④ 梁启超. 十种德性相反相成义（1901 年 6 月 16 日、7 月 6 日）[M]//汤志钧，汤仁泽. 梁启超全集·第 2 集·论著 2. 北京：中国人民大学出版社，2018：287.

更可以是军队警察等强制机关。法律、君主、军队警察是法治的形式，是自由原则下的法治的具象。自由是政治价值观念，无法与制裁形成"相对待"。诚然，制裁可以保障自由的客观存在，但无法保障自由作为法治原则的存在。制裁是法律层面的手段与工具，而自由是流淌在法律中的精神。这种精神的根源在法治。法治以自由为原则，才会有保护自由的法律。有了保护自由的法律，制裁作为手段才有方向性。当然，自由无法独自承担法治原则的任务，它必须与平等共同存在。平等不仅与自由互为条件，而且可以规定自由的边界，防止侵人自由以及自由被人侵。那么，梁启超为何没有发现平等却发现了制裁？还是空间分析法的原因。梁启超在空间"观万国之成例"，无法看到流淌在时间中的价值，只能看到并排置列在空间中的具体手段与工具。因此，制裁成为自由的对待。有制裁，还要有服从，制裁是主体行为，服从是客体行为。制裁与服从形成制裁力。最富制裁力的民族就是最自由的民族。这样的推断完全是空间推断，一旦我们回到时间中，就会发现，没有平等的自由，最终会导致放任，而非服从。正因缺乏平等观念，梁启超甚至说：

"童子未及年，不许享有自由权者，为其不能自治也，无制裁也。国民亦然。"①

忽略平等，便无法形成真正的自由观念。今天，不仅是未成年的儿童，甚至是人类胚胎，都享有平等与自由的权利。对他们而言，这种平等与自由就是生存权。梁启超认为自由是"权利之表证"，是"精神界之生命"，② 但同时却否认儿童享有自由权，这是因为他未能平等对待儿童与成人国民，而这会导致其法治思想的人的价值基础的缺陷。这是最值得我们注意的。由于把自由与制裁相对待，由于相信制裁力对自由的作用，梁启超发现了强权的价值以及强权与自由的同一关系。

梁启超把强者想象为一个有机体，赋予该有机体以强权为本质属性。他认为，强者是"体力与智力互相胜"的人或国家，强权是"强者之权利之义"。③ 他本于天演之弱肉强食理论，认为人类社会也是强大民族欺压弱小民族，文明人民欺压野蛮人民。强大与权力成正比，民族或国家越

---

① 梁启超. 十种德性相反相成义（1901 年 6 月 16 日、7 月 6 日）[M] //汤志钧，汤仁泽. 梁启超全集·第 2 集·论著 2. 北京：中国人民大学出版社，2018：287.

② 梁启超. 十种德性相反相成义（1901 年 6 月 16 日、7 月 6 日）[M] //汤志钧，汤仁泽. 梁启超全集·第 2 集·论著 2. 北京：中国人民大学出版社，2018：286.

③ 梁启超. 论强权（1899 年 10 月 25 日）[M] //汤志钧，汤仁泽. 梁启超全集·第 2 集·论著 2. 北京：中国人民大学出版社，2018：76.

强，其权力越大。这个结论看似有道理，实则具有强大的误导性。其错在哪里？首先，误用自然界的法则于文明社会。弱肉强食是自然界的表面现象，并非本质特征。自然界的本质特征是"适者生存"的自然选择。达尔文说："自然选择在世界上每日每时都在仔细检查着最微细的变异，把坏的排斥掉，把好的保存下来加以积累；无论什么时候，无论什么地方，只要有机会，它就静静地、极其缓慢地进行工作，把各种生物同有机的和无机的生活条件的关系加以改进。"① 自然选择是为了更好地进化，为了生物物种更加适应生存环境。人类在野蛮社会时期，或许与生物走着同样的自然选择之路。人类进入文明社会以后，尤其是启蒙运动以来，人类已经利用自己的知识和理性找到了战争以外的解决国家间争端的方法——和平。1648 年《威斯特伐利亚和约》的签订标志着人类能够利用共同的政治价值缔结平等的主权国家关系。这个和约也是所有"以大欺小，弱肉强食"理论的文明反证。我们认为，只要本着共享的政治价值观念，对外与各国平等交往，对内给予人民充分的自由，人类社会必会成为一个文明、和平的世界。其次，权力无大小。梁启超采用空间分析法分析强权，故能得出权力有大小之结论："强也弱也，是其因也；权力之大小，是其果也。"② 从空间上看，权力或因职位高低，或因国力背景强弱，存在大小之别。但在时间中，权力运动靠的是各权力主体间的相互配合与支撑，所谓"水能载舟亦能覆舟"是也。时间中的权力没有大小，只有性质，故我们相信"正义终将战胜邪恶"。梁启超把权力置于空间，故而看不到性质之别，只能看到表象。正因采用这样的分析法，他相信强权与自由具有同一性。

"曰强权，曰权力，闻者莫不憎而厌之，谓此乃上位施于下位，无道之举动也，人群之蟊贼也。曰自由权，曰人权，闻者莫不爱而贵之，谓此乃人民防拒在上之压制，当然之职分也，人群之祥云也。虽然，就前章界说之定义言之，而知强权与自由权，其本体必非二物。其名虽相异，要之其所主者，在排除他力之妨碍，以得己之所欲，此则无毫厘之异者也。不过因其所遇之他力而异其状，因以异其名云尔。"③

梁启超以物理性质推断强权与自由的同一性。他认为，二者均"在

---

① ［英］达尔文 . 物种起源［M］. 周建人，等，译 . 北京：商务印书馆，2019：98-99.
② 梁启超 . 论强权（1899 年 10 月 25 日）［M］//汤志钧，汤仁泽 . 梁启超全集·第 2 集·论著 2. 北京：中国人民大学出版社，2018：76.
③ 梁启超 . 论强权（1899 年 10 月 25 日）［M］//汤志钧，汤仁泽 . 梁启超全集·第 2 集·论著 2. 北京：中国人民大学出版社，2018：77.

排除他力之妨碍，以得己之所欲"。自由是一个抽象概念，它具有性质，但不具有大小和数量，其自身无法排除任何阻碍，我们所能看到的自由的作用来自其表现形式。强权是自由的一种表现形式。强权以自由的名义排除前面的障碍，满足自身欲求。但是，我们可以把自由的形式当作自由本身吗？我们能够确定自由的形式与自由具有同一性吗？自由有多种表现形式，单一的表现形式也能够代表自由本身，因此，强权能够代表自由。但这种自由不是我们所说的与平等互为条件的自由，而是不受约束的绝对自由。近代思想家常常以后者代替前者，进而走向追求强权的错误结论。因此，必须指出其危害性。亨利·柏格森说：

"那些特别简单的概念的缺陷，以某种相似的方式成为真正的符号，这些符号替代了它们要象征的物体，并且不要求我们的任何努力。靠近它仔细地看，除了那些与这个物体和其他物体有共同点的部分，人们会看到这些符号中的任何一个都没有保留住物体，人们还会看到每一个符号都表达了一个比较，这个比较是客体和与它们相似的东西之间的比较，而图像则没有这样的比较。因为这个比较清除了一个相似性，因为相似性是物体的一个特性，又因为特性看起来是拥有它的物体的一部分，所以我们轻松地以为通过把概念与概念并列起来，我们就可以用这些部分重建对象整体，并且我们将会得到一个理智的对等物。正因为如此，我们相信，可以构建一个忠实于时间的描述。这要通过把统一性、多样性、连续性、有限或无限的可分性等概念排列起来。这准确地说就是幻觉。这也同样是危险。"①

我们的意识通常在物体外部设置观察点，从不同的观察点观察到的仅是物体的一个侧面，但我们往往自信地认为观察到了全部，于是，把物体一个侧面的特征当作物体的全部。梁启超便是通过这种方法研究自由的，这是空间分析法。他把自由与制裁相对，想要通过制裁这个角度来理解自由；他把自由与强权相等，想要通过强权的角度来说明自由。事实上，制裁与强权就是两个观察点。通过这两个观察点，只能看到自由的两个侧面，无法看到自由的全部。"这些多样的概念同样也是对时间的外部观察点。这些概念既不分开，也不统一，它们不能让我们真正深入了解时间本身。"② 为了彻底解决这个问题，我们必须放弃空间分析，而回到时间。

---

① ［法］亨利·柏格森. 思想和运动［M］. 杨文敏，译. 北京：北京时代华文书局，2018：197.
② ［法］亨利·柏格森. 思想和运动［M］. 杨文敏，译. 北京：北京时代华文书局，2018：200.

我们要回到自由本身，而不是其形式。

我们研究了梁启超的自由观念后，发现其自由观念形成于空间分析，故在绵延分析法看来，这样的立论脆弱得不堪一击。但我们也知道，梁启超作为思想家与政治家，其政治思想倾向政治实践而非政治哲学，故其思想鼓动性有余而理论性不足。自由价值观是国家思想的基础，梁启超的国家思想必然受其自由价值观念影响。欲了解梁启超的国家思想，则必读《开明专制论》。何谓开明专制？梁启超曰："吾向者下开明专制之定义曰：'以所专制之客体的利益为标准。'斯固然也，然所谓客体，亦可析而为二：其一，即法人之国家；其二，则组成国家之诸分子也。故前哲学说之主张开明专制者，亦分为二：其一，则偏重国家之利益者；其他，则偏重人民之利益者也。"①

开明专制是梁启超提倡的国家学说，是我们了解其国家思想的必然路径。他认为，开明专制作为国家制度，古今中外各国皆曾实行。从齐国的管子到北宋的王安石，从斯巴达执政官来喀瓦士到普鲁士的俾斯麦，都曾实行开明专制且"类多能得良结果"。② 开明专制也得到思想家的支持。以古代中国为例，"儒、墨、法三家，皆主张开明专制主义。而三家之中，儒、墨皆以人民之利益为标准，法家则以国家之利益为标准"。③ 古希腊亚里士多德主张"理想的王政"④ 的开明专制。近代意大利政治学家马基雅维利，为"绝对的主张开明专制之人"。⑤ 此外，英国的霍布斯与德国的沃尔夫（Christian Wolff，1679—1754）也主张开明专制。梁启超认为，以上皆为纯粹的开明专制。这种纯粹的开明专制论"将绝迹于学界"，⑥ 而方兴未艾的是变相的开明专制论，即一种调和国家与人民利益的开明专制论：

"儒家之开明专制论，纯以人民利益为标准，其精神实与十七、十八

①　梁启超．开明专制论（1906 年 1 月 25 日至 3 月 25 日）[M]//汤志钧，汤仁泽．梁启超全集・第 5 集・论著 5．北京：中国人民大学出版社，2018：307．
②　梁启超．开明专制论（1906 年 1 月 25 日至 3 月 25 日）[M]//汤志钧，汤仁泽．梁启超全集・第 5 集・论著 5．北京：中国人民大学出版社，2018：313．
③　梁启超．开明专制论（1906 年 1 月 25 日至 3 月 25 日）[M]//汤志钧，汤仁泽．梁启超全集・第 5 集・论著 5．北京：中国人民大学出版社，2018：308．
④　梁启超．开明专制论（1906 年 1 月 25 日至 3 月 25 日）[M]//汤志钧，汤仁泽．梁启超全集・第 5 集・论著 5．北京：中国人民大学出版社，2018：309．
⑤　梁启超．开明专制论（1906 年 1 月 25 日至 3 月 25 日）[M]//汤志钧，汤仁泽．梁启超全集・第 5 集・论著 5．北京：中国人民大学出版社，2018：310．
⑥　梁启超．开明专制论（1906 年 1 月 25 日至 3 月 25 日）[M]//汤志钧，汤仁泽．梁启超全集・第 5 集・论著 5．北京：中国人民大学出版社，2018：312．

世纪欧洲之学说同。法家之开明专制论，其精神则与十五、十六世纪欧洲之学说同。现今欧洲学者，则谓国家一面为人民谋利益，一面为自身谋利益，是调和儒法之说也。其言若国家人民利益冲突时，毋宁牺牲人民以卫国家，似颇倾于法家。但何以重视国家如是之甚，则以国家为人民所托命也，是仍倾于儒家也，故曰调和也。"①

为何纯粹的开明专制论会绝迹于学界？因为新的思想已经形成。这些新思想包括洛克的自由主义、孟德斯鸠的三权分立、卢梭的民约论、康德的永世大同思想、边沁的最大多数最大幸福伦理观。② 由此可知，开明专制只是国家的过渡阶段："故开明专制者，实立宪之过渡也，立宪之预备也。"③

早在1901年，即写作《开明专制论》的5年前，梁启超曾作《立宪法议》，断言："君主立宪者，政体之最良者也。"④ 但他否定了当时的中国"遂可行立宪政体"的可能性，认为"必民智稍开而后能行之"。⑤ 也就是说，梁启超设计的中国立宪之路分三步走，即第一步，君主专制；第二步，开明专制；第三步，立宪制。开明专制是立宪制的过渡阶段。那么，除民智稍开外，还有哪些履行开明专制的条件？

梁启超考察世界历史，总结了实行开明专制国家的性质与时间条件。国家性质条件有三：第一，民智幼稚之国；第二，幅员太大之国；第三，种族繁多之国。时间条件有五：第一，国家初成立之时；第二，国家贵族横恣、阶级轧轹之时；第三，国家久经不完全的专制之时；第四，国家久经野蛮专制之时；第五，国家新经破坏后。⑥ 就国家性质条件而言，晚清中国最适合开明专制；就时间条件而言，晚清中国最适合开明专制。然而，如果我们就此承认梁启超的结论，显然有套用条件以求结果之嫌。国家作为有机体，其本质特征是运动与变化，民众是这种运动与变化的参与

---

① 梁启超. 开明专制论（1906年1月25日至3月25日）[M] //汤志钧，汤仁泽. 梁启超全集·第5集·论著5. 北京：中国人民大学出版社，2018：313.

② 梁启超. 开明专制论（1906年1月25日至3月25日）[M] //汤志钧，汤仁泽. 梁启超全集·第5集·论著5. 北京：中国人民大学出版社，2018：312.

③ 梁启超. 开明专制论（1906年1月25日至3月25日）[M] //汤志钧，汤仁泽. 梁启超全集·第5集·论著5. 北京：中国人民大学出版社，2018：320.

④ 梁启超. 立宪法议（1901年6月7日）[M] //汤志钧，汤仁泽. 梁启超全集·第2集·论著2. 北京：中国人民大学出版社，2018：278.

⑤ 梁启超. 立宪法议（1901年6月7日）[M] //汤志钧，汤仁泽. 梁启超全集·第2集·论著2. 北京：中国人民大学出版社，2018：282.

⑥ 梁启超. 开明专制论（1906年1月25日至3月25日）[M] //汤志钧，汤仁泽. 梁启超全集·第5集·论著5. 北京：中国人民大学出版社，2018：319.

者，而幅员广狭与种族多寡则是几乎固定的客观状态。试问，如果民智有朝一日开启，但国家幅员依旧、种族数量未变，能行立宪乎？试问，国家初成立，但幅员广阔、种族繁多，能行立宪乎？梁启超回答了这两个问题。他以美国为例，指出美国是"绝未经开明专制者也，彼盖承受英民之性质也，亦一除外例也"。① 可见，梁启超清楚地知道其开明专制论不具有普遍性。事实上，国家制度源自一国的政治文化历史，且无法与其政治文化历史割裂。五月花号上的清教徒与非清教徒们同样承载着英国的政治文化历史。美国建国即通过立宪完成了制度结构设计，而开明专制是就制度的性质而言，非就制度的结构而言。其过渡，是指在上位者从君主专制时期的关心专制者自身的利益转向关心专制客体的利益。这种转变是从绝对向相对的转变，是理想化的转变，是不受约束的转变。这表现在梁启超对开明专制是否需要宪法的态度上。梁启超说：

"夫诸法固可与宪法同时颁行，吾非谓必当先有诸法然后有宪法，然诸法之条理，恒千端万绪，非绩学不能运施。故欲使宪法一经布告实施以后，而国家诸机关先自保无违宪之举动以示信于民，则必当先颁布诸法，且豫养成用法之人才，亦理论上之次第所宜尔也。"②

开明专制阶段先立"诸法"，是以"诸法"养成国家各机关之遵宪行为。我们知道，宪法为国家根本大法，是"诸法"之源。梁启超认为开明专制先立"诸法"，是与立宪制度明确分岭，也是以法治国家行明确分岭之实。梁启超说："立宪国之纯任法治，夫人而知之矣。即在专制国，亦未有舍法家之精神而能为治者也。"③ 他更认为，无论是专制国还是立宪国皆以"法治之精神"为用，且"举无以异"。④ 法治精神来自一国之法，"法"来自一国主权。

"主权者何？最高而无上，唯一而不可分，有强制执行之力，得反乎人民之意志而使之服从者也。而此主权者，则于国家成立之始，同时而存

① 梁启超. 开明专制论（1906 年 1 月 25 日至 3 月 25 日）[M]//汤志钧，汤仁泽. 梁启超全集·第 5 集·论著 5. 北京：中国人民大学出版社，2018：320.
② 梁启超. 开明专制论（1906 年 1 月 25 日至 3 月 25 日）[M]//汤志钧，汤仁泽. 梁启超全集·第 5 集·论著 5. 北京：中国人民大学出版社，2018：356.
③ 梁启超. 管子传·第 6 章 管子之法治主义（1909 年 6 月初）[M]//汤志钧，汤仁泽. 梁启超全集·第 6 集·论著 6. 北京：中国人民大学出版社，2018：513.
④ 梁启超. 管子传·第 6 章 管子之法治主义（1909 年 6 月初）[M]//汤志钧，汤仁泽. 梁启超全集·第 6 集·论著 6. 北京：中国人民大学出版社，2018：513.

在者也。主权之表示于外者谓之法，故有国斯有法，无法斯无国。"①

因此，梁启超认为，"苟名之曰国家者，皆舍法治精神无以维持之"。② 主权与法是一体两面，主权为内在性质，法为表现形式。但主权的内核是什么？国家三要素除主权外，还有土地与人民。那么，维持疆域与保护人民的"法"来自哪里？其内核又是什么？梁启超对主权的理解显然扩大了其外延。主权是对外而言，即如孟子所说的"国事"。主权产生的法与国际关系直接相关，与国土和人民间接相关。法治精神并非来自"法"，相反，"法"来自法治精神。法治精神即法治的政治价值观念。对土地、对人民、对主权的理解体现着政治价值观念，但并非政治价值观念本身。历朝历代皆以法治精神即法治的政治价值观念为立法原则，而非相反。显然，梁启超对法治精神的理解并未追溯到政治价值这一层，而这一层之差却标志着其法治思想未能寻找到价值归宿。正因如此，梁启超才会有"先立诸法"之主张，从而罔顾宪法的政治价值规定性。由于梁启超对法治的政治价值缺乏深入理解，导致其法治思想与政治价值原则脱离。故其主张的开明专制只是以专制客体利益为依归的开明君主专制，开明君主成为政治价值基础，国家仍未能摆脱等级制，人民与国家依然为君主所有。开明专制本质上就是"明君"思想或者"民本主义"。历史已经告诉我们，无论是期待明君还是民本主义，最终都逃不过一治一乱的治乱循环。梁启超清楚地知道，只有立宪，才是国家稳定的基础：

"若夫立宪之国，则一治而不能复乱。"

"故立宪政体者，永绝乱萌之政体也。"③

那么，梁启超既然笃信立宪政体为最优，为何仍坚持设置一个开明专制的过渡政体呢？这是空间分析法所得出的结论。我们站在外部观察一个国家，会找到无数个观察点，这些观察点的每一个都能解释国家的一个方面，但绝不能解释其全部。要想真正解决一个国家的问题，必须进入国家本身。我们只有在国家的运动与变化中才能发现其问题的根源。梁启超把所观察的点与国家未来的点连在一起，组成了一个运动，并把这个运动当作时间。实际上，连在一起的两个点是两个存在于空间中的静止点，他把

① 梁启超. 管子传·第6章 管子之法治主义（1909年6月初）[M] //汤志钧，汤仁泽. 梁启超全集·第6集·论著6. 北京：中国人民大学出版社，2018：513.

② 梁启超. 管子传·第6章 管子之法治主义（1909年6月初）[M] //汤志钧，汤仁泽. 梁启超全集·第6集·论著6. 北京：中国人民大学出版社，2018：514.

③ 梁启超. 立宪法议（1901年6月7日）[M] //汤志钧，汤仁泽. 梁启超全集·第2集·论著2. 北京：中国人民大学出版社，2018：280.

空间当作了时间。由于采用了空间分析法，梁启超无法真正理解自由、平等这样的政治价值观念对于法治思想的原则性意义。论及自由，他更倾向于用制裁与强权来理解；论及法治，他更倾向于用主权来解释法律；论及国家，他则把开明专制作为一种决定论，认为晚清中国必须经此过渡阶段。

严复与梁启超的法治思想代表着维新派思想家的最高水平。但是，通过绵延分析法，我们发现两位伟大思想家对自由与国家的理解依然存在问题。问题的关键是他们习惯于采用空间分析法。这种习惯是自觉的，因为他们的理性让他们相信一切结果皆有原因，同样的原因会有同样的结果。他们相信决定论，认为过去的历史能够为我们展现一种规律，即开明专制作为过渡阶段。通过考察各国经历的开明专制时期，可以逻辑地归纳出一些适合开明专制的条件，继而逻辑地推论：一旦这些条件中的某些出现在一国，就标志着这个国家应该或能够实行开明专制。这种逻辑推理或适合于自然科学，适合于忽略过程的计算，但绝不适合有"人的活动"参与的国家实践。国家作为有机体，其实践是运动与时间的过程，人是这个过程中最重要的因素，是决定性因素。政治就是研究国家与人的关系，政治制度、国体与政体最终的落脚点都是人。梁启超云："无论若何之政府，未有不恃人民承认拥戴之力，而能成立能存在者。"[1] 这句话诚为真理。但梁启超未曾想过，他能说出这样的论断完全是因为其思考过程在时间之内。梁启超如此，严复亦如此。他们时而会在时间内思考问题，寻求答案，但在多数情况下，他们习惯于空间分析。一旦进入空间分析，他们就会因为观察点的不同而形成理论分歧。维新派思想家虽然就法治问题各有议论，但他们共同为国家开出了一个促进法治的良方——开民智。

（三）教育与法治

开民智就要办教育。办教育，尤其是普通教育之普及，是维新派思想家之共识。他们受西学东渐熏陶，积极探索国家变革与发展之路。这条路不约而同地指向了法治。欲法治成功，则必开民智。开民智，必办教育。

谭嗣同把教育与保国联系在一起，认为"求保国之急效，又莫捷于学"。[2] 他以《万国公法》为据，指出两国战争期间，"学堂、学会、书

---

① 梁启超. 政治上之监督机关（1907 年 10 月 11 日）[M] //汤志钧，汤仁泽. 梁启超全集·第 6 集·论著 6. 北京：中国人民大学出版社，2018：275.

② 谭嗣同. 仁学：谭嗣同集 [M]. 沈阳：辽宁人民出版社，1994：93.

院、藏书楼、博物院、天文台、医院，皆视同局外，为炮弹枪子所不至，且应妥为保护"。因此，他提出即使朝廷不兴学，"民间亦当自为之，所以自保也"。他认为，中国人"惟此权尚能自主"。如果能够充实教育权，则"凡已失之权，无不可因此而胥复也"。① 谭嗣同把教育权视为挽救中国的唯一权利，也是唯一能够为中国人自己掌握的权利。他认为教育有二力——涨力与挤力：

"锢水于锅炉，勿谓水弱也，烈火燔其下，虽针铁百重，二锅炉必为汽裂，涨力之谓也。豫章之木，勾萌于石罅，勿虑无所容也，日以长大，将渐据石所据之地，石且为之崩离，挤力之谓也。惟学亦具此二力。"②

此二力有何用？

"涨力以除旧，挤力以布新，猗欤休哉，而有学也！"③

学有何用？

"且民而有学，国虽亡亦可也。无论易何人为之君，必无敢虐之，直君亡耳。"④

人民受到教育，即成为独立之人民。有独立之人民存在，国家虽亡，君主虽易，但人民始终具有独立之人格。谭嗣同阐释教育作用的绝对性，以教育作为国权复兴的唯一手段："国无权，权奚属？学也者，权之尾闾而归墟也。"⑤ 教育的力量如此强大，那么，如何才能使其作用发挥出来？采用平等之法。谭嗣同说：

"立一法，不惟利于本国，必无损于各国，使皆有利；创一教，不惟可行于本国，必合万国之公理，使智愚皆可授法。以此为心，始可言仁，言恕，言诚，言絜矩，言参天地，赞化育。"⑥

谭嗣同能够以平等为原则实现教育兴国之目的，确有见地。教育为法治实行的基础条件。法治的顺利实行需要人民或君主对法治价值原则的深刻理解。以平等为原则，国家实行普遍教育，人人享有受教育的权利；以等级为原则，教育成为某些群体的所有物。谭嗣同的教育理念浸透平等价值观念。他认为通过教育可使人获得独立之人格，这是近代法治社会及其公民所需要的品格。

---

① 谭嗣同. 仁学：谭嗣同集 [M]. 沈阳：辽宁人民出版社，1994：93-94.
② 谭嗣同. 仁学：谭嗣同集 [M]. 沈阳：辽宁人民出版社，1994：94.
③ 谭嗣同. 仁学：谭嗣同集 [M]. 沈阳：辽宁人民出版社，1994：94.
④ 谭嗣同. 仁学：谭嗣同集 [M]. 沈阳：辽宁人民出版社，1994：94.
⑤ 谭嗣同. 仁学：谭嗣同集 [M]. 沈阳：辽宁人民出版社，1994：95.
⑥ 谭嗣同. 仁学：谭嗣同集 [M]. 沈阳：辽宁人民出版社，1994：98.

谭嗣同为何能以平等为原则来阐释其教育即法治思想？这是一个重要问题。平等是谭嗣同的《仁学》中最重要的政治价值观念，这是他能够以平等为原则看待教育即法治的一个重要因素。更重要的是，谭嗣同并未在空间中观察教育，而是进入教育内部，发现了教育的两种力量——涨力与挤力。前者之力在于除旧，后者之力在于布新。受到教育的人便具有除旧与布新两种力量。这两种力量符合进化需求，又与时间的运动方向一致。人便形成了独立的思想与人格。人便有了冲决网罗的知识与力量。对于除旧布新，严复则有不同看法：

"乃自西学乍兴，今之少年，觉古人之智，尚有所未知，又以号为守先者，往往有末流之弊，乃群然怀鄙薄先祖之思，变本加厉，遂并其不可畔者，亦取而废之。然而废其旧矣，新者又未立也。急不暇择，则取剿袭皮毛快意一时之议论，而奉之为无以易。"①

严复认为，教育关系国家兴亡，可分三种，即体育、智育、德育。②关于三种教育，严复亦有"鼓民力、开民智、新民德"③之说。他指出，三种教育虽并重，但因时势不同，应有侧重："是故居今而言，不佞以为智育重于体育，而德育尤重于智育。"④ 是以德育应为当时最优先之教育。德育乃正人心风俗之教化，宜守其旧，"五伦之中，孔孟所言，无一可背"。人心正，则风俗正，则国家不亡。因此，德育"关系国家最大"。⑤同时，"新民德"也是最难，其法无他，在"合天下之私以为公"。⑥ 那么，教育如何兴？严复亦以平等为原则，主张普及教育：

"鄙见此时学务，所亟求者，宜在普及。欲普及，其程度不得不取其极低，经费亦必为其极廉。而教员必用其最易得者……用强迫之法，以力求其普及。必期十年以往，于途中任取十五六龄之年少，无一不略识字，而可任警察，为兵士者，斯可谓之有成效矣。"⑦

---

① 严复. 论教育与国家之关系 [M] // 严复全集·卷 7. 福州：福建教育出版社，2014：180.
② 严复. 论教育与国家之关系 [M] // 严复全集·卷 7. 福州：福建教育出版社，2014：179.
③ 严复. 原强（修订稿）[M] // 严复全集·卷 7. 福州：福建教育出版社，2014：32.
④ 严复. 论教育与国家之关系 [M] // 严复全集·卷 7. 福州：福建教育出版社，2014：179.
⑤ 严复. 论教育与国家之关系 [M] // 严复全集·卷 7. 福州：福建教育出版社，2014：180.
⑥ 严复. 原强（修订稿）[M] // 严复全集·卷 7. 福州：福建教育出版社，2014：36.
⑦ 严复. 论教育与国家之关系 [M] // 严复全集·卷 7. 福州：福建教育出版社，2014：181.

谭嗣同与严复均主张以平等为原则开展普及教育，双方区别似乎在除旧与守旧。谭嗣同讲"除旧"，严复讲"孔孟所言，无一可背"，① 双方似乎在此形成对立。其实不然。谭嗣同所谓"除旧"，是除不适合时势之旧，而非所有的"旧"。以孔教为例，谭嗣同曾曰："孔教何尝不可遍治地球哉？"② 谭嗣同认为，孔教是"道德所以一，风俗所以同"之教，足以与耶稣之教相媲美。孔教之所以日渐式微，在于行教未能把教主定于一尊，致使孔子庙成为势利场。谭嗣同主张以西教方式，建立孔子教堂，仿照西人传教方法传播孔教，定能使孔教遍布地球，成为地球之教。可见，谭嗣同的"除旧"与严复的守旧在本质上具有同一性。与谭严一样，康有为梁启超师生二人也膜拜孔子。

康有为对孔子思想的推崇达到极致。他认为，"孔子以天治人，亦人人平等"③。孔子以平等原则推广学校教育及科举，"作《春秋》以改制，立学校贡举之义"。自是"穷巷秀民皆得以学术为公卿，而世家贵族若不通学得举，皆为庶人；凡执政任官，皆论才贤，而不论门族。此孔子创立之法，而中国行之最早者也"④。康有为认为，孔子以平等之义，行天下公理，用科举选贤与能，实与"三世说"完美契合。

"孔子生当据乱，故先发大夫不世而内，诸侯则待以世禄不世官之义；推之升平世，则诸侯不世，太平世则天子不世。皆当选贤为之。"⑤

我们已经知道，康有为之推断乃出于空间分析法。康有为的空间分析法是一种机械决定论。该理论把人类社会划为由低到高的三个阶段，即据乱世、升平世、太平世。每个阶段各有其据乱、升平、太平，故为"三世三别说"。这是典型的把空间当作时间的研究方法。空间没有运动。因此，康有为的"三世"就是空间中的三个点。这三个点是想象之观察点，而非客观观察点，故三个空间观察点无法组成真正的运动。孔子的教育思想再给力，"大同"学说再美好，空间中发生的运动永远无法抵达"大同"之世，因为空间中点与点之间点的数量是无限的，我们永远也到不

---

① 严复. 论教育与国家之关系 [M] // 严复全集·卷7. 福州：福建教育出版社，2014：180.

② 谭嗣同. 仁学：谭嗣同集 [M]. 沈阳：辽宁人民出版社，1994：90.

③ 康有为. 春秋笔削大义微言考 [M] // 姜义华，张荣华. 康有为全集（增订本）·第6集. 北京：中国人民大学出版社，2020：56.

④ 康有为. 春秋笔削大义微言考 [M] // 姜义华，张荣华. 康有为全集（增订本）·第6集. 北京：中国人民大学出版社，2020：57.

⑤ 康有为. 春秋笔削大义微言考 [M] // 姜义华，张荣华. 康有为全集（增订本）·第6集. 北京：中国人民大学出版社，2020：57.

了终点。由于康有为以"三世说"为人类社会进化过程，"三世说"以
"大同"为最终目的，故其教育思想未能与国家主义思想相结合。对于这
一点，其学生梁启超看得非常清楚。梁启超说：

"先生教育之大段，固可以施诸中国，但其最缺点者有一事，则国家
主义是也。先生教育之所重，曰个人的精神，曰世界的理想。斯二者非不
要，然以施诸今日之中国，未能操练国民，以战胜于竞争界也，美犹为
憾，吾不敢为讳。"①

教育未与国家主义联系在一起，则教育非为国也，明矣。如果我们习
惯于在空间中思考问题，我们便很难发现时间中发生的现实。我们的知识
与思想是为解决现实问题服务的，重要的是我们的现在，而非将来。如果
现在出现了问题，那么将来也会有问题，因为现在就是将来的过去，而过
去总是与现在不可分割。当是时，西方列强觊觎中国的教育权，皆欲取之
而后完全控制中国。故梁启超提出实行"国家主义之教育"：

"当知今日世界为国家主义之世界，则教育亦不可不为国家主义之教
育。国家主义之教育，非他国人所得而代也。日本欲握我教育权者，日本
人之国家主义也，夫何足怪？可怪者，我国人不自有其教育权，不自有其
国家主义也。"②

梁启超把教育与国家主义相结合，是为近代法治思想之一大创新。梁
启超认为，国家主义教育即为"一国之有公教育也，所以养成一种特色
之国民，使之结为团体以自立竞存于优胜劣败之场也"，③ 而"不徒为一
人之才与智云也"。④ 是以国家主义之教育乃为维护国家利益而推广之教
育，是以国家主义教育乃为培养国民独立自由之人格。故梁启超明确教育
之宗旨：

"享有人权，能自动而非木偶，能自主而非傀儡，能自治而非土蛮，
能自立而非附庸，为本国之民而非他国之民，为现今之民而非陈古之民，
为世界之民而非陬谷之民，此则普天下文明国教育宗旨之所同，而吾国亦

---

① 梁启超. 南海康先生传（1901 年 12 月 21 日）[M] //汤志钧，汤仁泽. 梁启超全集·
第 2 集·论著 2. 北京：中国人民大学出版社，2018：366.
② 梁启超. 异哉所谓支那教育权者（1901 年 12 月 21 日）[M] //汤志钧，汤仁泽. 梁启
超全集·第 2 集·论著 2. 北京：中国人民大学出版社，2018：348.
③ 梁启超. 论教育当定宗旨（1902 年 2 月 8 日、22 日）[M] //汤志钧，汤仁泽. 梁启超
全集·第 2 集·论著 2. 北京：中国人民大学出版社，2018：490.
④ 梁启超. 论教育当定宗旨（1902 年 2 月 8 日、22 日）[M] //汤志钧，汤仁泽. 梁启超
全集·第 2 集·论著 2. 北京：中国人民大学出版社，2018：491.

无以易之者也。"①

维新派思想家皆能揭橥教育之重要性，而梁启超独能阐明教育与国家主义之关系，是为创新。梁启超之创新也须借助"德育"。与其他维新派思想家一样，梁启超也深明"德育"之重要性及困难性。他把"德"分为"公德"与"私德"，同时指出，二者"非对待之名词，而相属之名词"。② 所谓公德即"一团体中人公共之德性"，所谓私德即"个人对于本团体公共观念所发之德性"。③ 是故，公德与私德皆以公共德性为依归。因此，梁启超说：

"是故欲铸国民，必以培养个人之私德为第一义；欲从事于铸国民者，必以自培养其个人之私德为第一义。"④

梁启超的"公德""私德"观念于鼓励国家主义颇有价值，但就国家主义教育之理论本身而言则又坠入空间分析之窠臼。"公共"是近代思想家热衷宣传之概念。将"公共"引申为"公共德性"或"公共观念"，其概念内涵则明显有变化。私德以"公共德性"为依归诚然有其意义，但"公共德性"也应保护"私德"之"私"。如果没有真正的"私"，那么，绝对的"公"也无法存在。也就是说，我们在讲明白"公共德性"的同时，必须讲明白真正的"私德"，而非以"公共德性"为依归的"私德"。这样的"私德"只是概念上的私德，但绝不是绵延的私德，绝不是涉及每个人利益的私德。

① 梁启超.论教育当定宗旨（1902 年 2 月 8 日、22 日）[M] //汤志钧，汤仁泽.梁启超全集·第 2 集·论著 2.北京：中国人民大学出版社，2018：496.
② 梁启超.新民说·第 18 节 论私德（1902 年 2 月 8 日至 1906 年 1 月 9 日）[M] //汤志钧，汤仁泽.梁启超全集·第 2 集·论著 2.北京：中国人民大学出版社，2018：633.
③ 梁启超.新民说·第 18 节 论私德（1902 年 2 月 8 日至 1906 年 1 月 9 日）[M] //汤志钧，汤仁泽.梁启超全集·第 2 集·论著 2.北京：中国人民大学出版社，2018：633.
④ 梁启超.新民说·第 18 节 论私德（1902 年 2 月 8 日至 1906 年 1 月 9 日）[M] //汤志钧，汤仁泽.梁启超全集·第 2 集·论著 2.北京：中国人民大学出版社，2018：633.

第七章　晚清法治理念的变革及其实践

一、清末新政与法治的政治价值基础

几乎与维新派思想家同时，革命派代表人物孙中山等已经开始宣传民主共和思想，我们今天回顾历史，能清晰地看到维新派与革命派两股思想变革力量在极力为近代中国拨云见日。清政府虽然拒绝维新派与革命派的思想，但接二连三地受到现实打击后，也知道时势难违，遂决定变法。1901 年 1 月 29 日，下诏变法：

"世有万古不易之常经，无一成不变之治法。穷变通久，见于大《易》；损益可知，著于《论语》。盖不易者，三纲五常，昭然如日星之照世。而可变者，令甲令乙，不妨如琴瑟之改弦。伊古以来，代有兴革。即我朝列祖列宗，因时立制，屡有异同。入关以后已殊沈阳之时，嘉庆、道光以来岂尽雍正、乾隆之旧？大抵法积则弊，法弊则更，要归于强国利民而已……近数十年积习相仍，因循粉饰，以致成此大衅。现正议和，一切政事，尤须切实整顿，以期渐图富强。懿训以为，取外国之长乃可补中国之短，惩前事之失乃可作后事之师。自丁戊以还，伪辩纵横，妄分新旧，康逆之祸殆更甚于红拳。迄今海外遁逃，尚以富有、贵为等票诱人谋逆。更藉保皇保种之妖言，为离间宫廷之计。殊不知康逆之谈新法，乃乱法也，非变法也……至近之学西法者，语言文字、制造机械而已，此西艺之皮毛，而非西政之本源也。居上宽，临下简，言必信，行必果，我往圣之遗训，即西人富强之始基。中国不此之务，徒学其一言一话、一技一能，而佐以瞻徇情面，自利身家之积习。舍其本源而不学，学其皮毛而又不精，天下安得富强耶？总之，法令不更，锢习不破，欲求振作，当议更张。著军机大臣、大学士、六部九卿、出使各国大臣、各省督抚各就现在情形，参酌中西政要，举凡朝章国故，吏治民生，学校科举，军政财政，当因当革，当省当并，或取诸人，求诸己，如何而国势始兴，如何而人才始出，如何而度支始裕，如何而武备始修，各举所知，各抒所见。"①

这份诏书可视为晚清政府变法的官方誓言书，是我们了解清末新政法治思想的重要文献。在这份重要文献里，清政府以光绪帝之口阐明了"变"与"不变"、"学什么"与"不学什么"，以及"坚持什么"与"反对什么"等原则性问题。其回答是："变"的是因时通变的治法，"不变"的是三纲五常之常经；"学"西方之长以及西政之源，"不学"西艺之皮毛；"坚持"强国利民，"反对"瞻徇自利。其中，三纲五常作为"不易者"，清晰地表明清政府所推新政将牢牢固守作为基本价值原则的等级制。这种固守也为清末新政失败埋下伏笔。为区别于戊戌变法，诏书直言康有为是"乱法"，将其与义和拳相比，认为"康逆之祸"在于离间宫廷，妖言惑众。既然清末新政之初，清廷便已定下"三纲五常"这个基本政治原则，我们对清末新政的法治思想的研究便可围绕这个既定的政治价值原则。这是"不变"。不过，清末新政也有变，而且变化还很大，这个"变"可以对外关系为例来具体说明。

（一）局外中立与平等价值观念的实践

1905 年 2 月 10 日，日本对俄宣战，日俄战争爆发。日俄战争实为日本与俄国争夺中国东北控制权之战，因此，这场战争的结果对中国意义重大。又由于日俄战争主战场在中国东北，故晚清政府对战争的态度便颇为关键。2 月 12 日，上谕宣布"局外中立"：

"现在日俄两国失和用兵，朝廷轸念彼此均系友邦，应按局外中立之例办理。著各直省将军督抚通饬所属文武，并晓谕军民人等一体钦遵，以固邦交，而重大局。勿得疏误。"②

局外中立是西方战争以及国际公法的一种价值与立场取向。这一观念在近代传入中国。美国著名国际法学家惠顿作《国际公法》，详释"局外中立"内涵。1864 年，美国传教士丁韪良翻译《国际公法》为中文，并在中国出版销售，"局外中立"等国际公法观念及理论传入中国。惠顿认为，"局外中立"有局外全权与局外半权之别。前者是指"凡自主之国遇他国交战，若无盟约限制，即可置身局外，不与其事"，如果"与战者早

---

① 陈宝琛, 世续. 大清德宗景皇帝实录（7）·卷 476 [M] //清实录·第 58 册. 北京：中华书局, 1987: 273-274.

② 谕各省将军督抚日俄失和着按局外中立例办理并保护各国人民财产 [M] //王彦威. 清季外交史料·3·卷 181. 南京：书目文献出版社, 1987: 2848.

有盟约限制，致必遵行，及谓局外之半权"。① 晚清政府选择的是哪种"局外中立"呢？前者，即局外全权。这个选择是清政府做出的，但从史料看，其大半功劳须归袁世凯。② 日俄战争爆发前，袁世凯鉴于中国现实处境与国际地位，先后两次向清廷提出"局外中立"主张。虽然这个主张无论在当时还是在今天来看都是"唯一的选择"，③ 但其时，能够和敢于提出这样的主张需要面对许多民族主义思想的质疑。袁世凯对其"局外中立"观有过解释。他说：

"附俄，则日以海军扰我东南；附日，则俄分陆军扰我西北，不但中国立危，且恐牵动全球。日俄果决裂，我当守局外。如日船在各口购备战物，地方官应按局外公例，行文诘阻。如用兵强办，我亦无可如何，但不可由我接济及由我明许。至无论将来如何，必须先从局外入手。倘有不测，因势应付。至北洋各船不足当大敌，俄日交战后，或恐掠胁我船以相助，宜先深藏内港，相机调用。如泊口外，适足饵敌招衅。"④

袁世凯的解释说明："局外中立"是唯一的选择，也是不得不如此的选择、无奈的选择。战争中的中立，是指 A 国与 B 国交战，C 国不持立场，置身事外，战场不在 C 国境内。严格地说，发生在 C 国疆域内的 A 国与 B 国的战争，C 国所谓的中立是"弱国无外交"的诠释。C 国不因战争损害或谋利于战争的任一方，也不因 AB 两国战争而受到直接损失。显然，日俄战争发生在中国东北，中国必然受到直接损失。因此，"局外中立"无法保护中国东北国土与人民财产的安全。从这个角度看，"局外中立"必然遭到人民尤其是东北人民的反对。但残酷的现实是，清政府没有能力应对及制止这场战争，其保护人民的最佳手段就是无奈地采用"局外中立"立场。当然，"局外中立"使中国尤其是东北人民免于直接参与战争，也使日俄任一方无法因战争理由消耗与使用中国人力及物资。在法理上，日俄战争虽然发生在中国疆域内，但中国人民不会因为战争而受到直接的生命与物资损失。当然，这种绝对化肯定无法成为事实，人民的损失在所难免，国家被侵略是不争的事实。

"局外中立"作为国际公法的政治立场，其价值观念依托于平等而非

① ［美］惠顿. 万国公法·卷 4 ［M］. 丁韪良，译. 同治三年（1864 年）岁在甲子孟冬月镌，京都崇实馆存版：38.

② 请参见笔者著作：徐忱. 袁世凯全传［M］. 北京：中国文史出版社，2017：239-249. 在书中，笔者对袁世凯关于"局外中立"的政治选择进行了翔实的史料挖掘与分析.

③ 喻大华. 日俄战争期间清政府中立问题研究［J］. 文史哲，2005（02）：120.

④ 直督袁世凯致外部日俄开仗我应守局外祈核示电［M］//王彦威. 清季外交史料·3·卷 179. 南京：书目文献出版社，1987：2817.

正义。在国际关系中，弱国寻求平等，强国维持正义。平等是清政府接触到的第一个近代政治价值观念，从律劳卑事件到鸦片战争再到庚子事变，清政府 60 余年的屈辱与妥协，无不与"平等"这个今天看似寻常的完全被我们接受并实践的政治价值观念有关。在日俄战争前，清政府高级官员已经非常了解并懂得利用"平等"价值观念。早在 1902 年年初，张之洞见俄国索取东三省利益甚急，便电奏军机处，言："如中国自与俄议，不能得公平之约，则可请英、美、日、德、法五大国公断其事，其余小国不必请其与议。"① 张之洞用一句话解释了国际关系的平等与正义。当时，清政府与俄国对抗，清政府是弱者，处于不平等地位。但列强间的关系是平等的，它们为了最大化谋取中国利益，必须维护彼此间的平等关系。如果一国侵犯到另一国在华利益，必有其他列强出来主持公平，以维持利益均沾之常态。这是"正义"，但仅仅是列强间的"正义"。列强与清政府之间并无正义，因为不平等即无正义。在历史现实中正义与平等的取得过程是残酷的，与思想家所解释的理想的正义与平等难以吻合。后者是检验前者的尺度，前者是时间过程中的矛盾运动。我们无法预知明天会发生什么，我们也无法绝对确定历史为何会那样发生。历史尤其是政治史一般由重要历史人物决定，他们的关键抉择决定着历史走向。他们的抉择必须依靠他们能够理解的符合当时社会政治条件的价值取向。张之洞发现了列强关系得以维系的平等价值尺度——利益均沾。因此，俄国向清政府索取额外利益或清政府给予俄国额外利益，都将受到其他列强的反对。这个反对有利于清政府。张之洞从实用角度理解平等与正义，这就是纵横捭阖的"术"。无论是"用"还是"术"，都说明晚清政府高级官员已经对当时国际普遍的政治价值观念有着深刻的理解，并能够学以致用。对晚清政府来说，平等更加重要。因此，晚清政府在日俄战争中选择"局外中立"立场，其根本目的在于重获与列强的平等关系。当然，这是艰难的，注定步履蹒跚。

日俄战争对晚清政府而言，可分三个阶段。第一阶段，战争；第二阶段，和约；第三阶段，密约。可以看出，日俄从战争对立到密约谋利，其目的始终围绕中国东三省利益。清政府在每个阶段采取的策略，都决定着东三省的未来命运。当然，清政府的策略始终遭到思想界反对。梁启超说："开战之始，我不宜中立而竟中立；议和之际，我不宜参预而欲参

---

① 致西安行在军机处 光绪二十六年十月二十五日发［M］//苑书义，等. 张之洞全集·第 3 册·奏议 电奏. 石家庄：河北人民出版社，1998：2181.

预，皆可谓奇事，可谓奇想。"① 决策者与评论者总是从不同角度看待同一事物或事件，分歧在所难免。只有目的与利益一致，决策者与评论者才有可能达成共识。同样的目的与利益可以基于不同的价值原则而达到同样的结果。这个结果便有了性质的区别，如正义与非正义。决策者一般是在时间中衡量各种利益关系，进而选择最适合自身条件的利益最大化。而评论者很少进入与决策者同样的时间过程，常常使用既定的理论与观念，评价常变常新的现实。现实在变化，在运动，而理论与观念往往是过去经验的一般化，是固定的、静止的。理论与观念是过去经验的提炼，是源自过去经验的借鉴。一个运动不能两次同样出现。现实不能完全用过去的理论与观念进行精准评判。理论与观念来自事实，现实是新理论与新观念的发源地。"局外中立"曾经是这样的现实。它是唯一的选择，也是利益最大化或损失最小化的唯一选择。

　　"局外中立"促进了清政府对平等价值观念的认可与实践。日俄战争爆发，列强间分歧显现。日本与英国早有同盟，德国为自身在华利益暗中积极运作德俄法同盟。此时，美国的立场最为关键。战争伊始，美国时任国务卿海约翰便"通牒各国"，要求各国"尊重中国中立及行政完整"。② 虽然美国秉持的是"门户开放，利益均沾"原则，美国也以此要求清政府平等对待各国，但这样的平等要求在清政府需要的时候显然发生了作用。由于美国的支持，清政府"局外中立"立场得以实施。在日俄辽阳大战期间，美国强调"赞助中国中立"。③ 日俄战争接近尾声，美国时任国务卿海约翰再次通牒："将来日俄和议，应保全中国之完整。"④ 近代中国史虽然是一部屈辱的历史，但从政治思想史角度看，也是一部学习、利用、实践平等观念的历史。在日俄战争前，清政府以等级观来看待世界，并始终把自己置于等级制的顶端。但过往的所有惨痛的失败教训迫使清政府放弃了强硬的对抗，选择了"局外中立"。"局外中立"的基础是平等。C 国平等对待 AB 两国，AB 两国也平等对待 C 国。此外，C 国的中立立场必须得到其他强国的认可，否则中立立场无法维持。这一切的政治价值基础就是平等。没有平等作为原则，"局外中立"必会遭到破坏。在日俄战争尾声，俄国多次批评清政府偏袒日本，破坏中立，意图把清政府拉入

①　梁启超. 评政府对于日俄和议之举动（1905 年 6 月 4 日）[M] //汤志钧，汤仁泽. 梁启超全集·第 5 集·论著 5. 北京：中国人民大学出版社，2018：107.

②　郭廷以. 近代中国史事日志（下册）[M]. 北京：中华书局，1987：1198.

③　郭廷以. 近代中国史事日志（下册）[M]. 北京：中华书局，1987：1210.

④　郭廷以. 近代中国史事日志（下册）[M]. 北京：中华书局，1987：1219.

战争，挽回自己即将失去的东三省利益。这时，美国及时出面，强调尊重中国中立，其实际意义不容小觑，其政治价值层面更值得重视。通过"局外中立"，清政府选择平等作为国际关系之原则，而这一原则与国际关系的主流享有共识基础。在日俄议和期间，交战双方欲直接议和，把清政府排除在外。清外务部要求驻扎各国使臣照会俄国等国，强硬表示："现在议和条款内倘有牵涉中国事件，凡此次未经与中国商定者，一概不能承认。"① 强硬的立场基于正确的政治价值观念。得道多助，是为此意。"局外中立"立场虽然表面上看是一种弱国行为，与中华帝国历史上的形象相去甚远，但积贫积弱的清政府在当时已经无力承担再一次的赔款与战败。日俄议和后，清政府收回了东三省治权，可谓清政府在近代少有的值得庆贺的成功。

"局外中立"的实践促进了清政府对西方宪政制度的追求。"局外中立"立场的实践意味着清政府国际关系政治价值观念的转变与进步。这种转变势必影响国内政治。在日俄议和期间，湖广总督张之洞献策5条，其中第3条为"变法"。他说："此后东三省官制政法必须扫除旧习，因时制宜，方能保安。且各国杂居，非采用西法，参用外国顾问官，断难控驭。顾问官可东西洋人参用，而日本人无妨稍多。"② 张之洞的变法主张可谓"全盘西化"。与维新派的变法主张相比，张之洞的变法主张更加激进。但清廷却不觉得刺耳，反而产生共鸣。这是因为清廷历经磨难之后，终于理解并亲身感受了近代国际公法及其政治价值观念的实用性。依据国际公法及其政治价值原则，国际争端能够得到和平解决，国家利益能够得到维护。日本战胜俄国的事实在强烈刺激了清政府的同时，也给清政府带来了希望。刺激的是：小国为何能够战胜大国？严复说："是故东方之溃败，于俄国非因也，果也。果于何？果于专制之末路也。"③ 希望是：变法。于是，清政府在日俄议和之际，提出派员出洋考察政治：

"方今时局艰难，百端待理。朝廷屡下明诏，力图变法，锐意振兴。数年以来，规模虽具，而实效未彰。总由承办人员向无讲求，未能洞达原委。似此因循敷衍，何由起衰弱而救颠危？兹特简载泽、戴鸿慈、徐世

① 外部致胡惟德日俄议和凡未与中国商定者不能承认电 [M] //王彦威. 清季外交史料·3·卷190. 南京：书目文献出版社，1987：2960.
② 鄂督张之洞致枢桓议覆日俄直接议和因应办法电 [M] //王彦威. 清季外交史料·3·卷190. 南京：书目文献出版社，1987：2965.
③ 严复. 原败 [M] //严复全集·卷7. 福州：福建教育出版社，2014：164.

昌、端方等随带人员分赴东西洋各国，考求一切政治，以期择善而从。"①

（二）立宪与皇权利益最大化

五大臣考察政治，出师不利，在火车站遇革命党炸弹袭击，徐世昌与绍英伤重，取消行程，由尚其亨与李盛铎代之。五大臣分为两队，载泽、尚其亨、李盛铎出访日本、英国、法国和比利时 4 国；戴鸿慈与端方前往日本、美国、英国、法国、德国、丹麦、瑞典、挪威、奥地利、匈牙利、俄罗斯、荷兰、比利时、瑞士、意大利、埃及、也门、斯里兰卡、马来西亚、新加坡 20 个国家，历时 8 个月，行程 12 万里。其中，戴鸿慈与端方正式出访仅美国、俄国、德国、奥地利、意大利 5 国。五大臣回国后，由载泽领衔上《奏请以五年为期改行立宪政体折》。这份奏折强调"宪法"的重要性，指出："观于今日，国无强弱，无大小，先后一揆，全出宪法一途，天下大计，居可知矣！"② 说明宪法重要性后，载泽等以"万不可缓"为由，要求清政府必先举办三事：

"一曰宣示宗旨。日本初行新政，祭天誓诰，内外肃然，宜略仿其意，将朝廷立宪大纲，列为条款，誊黄刊贴，使全国臣民，奉公治事，一以宪法意义为宗，不得稍有违悖。

"二曰布地方自治之制。今州县辖境，大逾千里，小亦数百里，以异省之人，任牧民之职，庶务丛集，更调频仍，欲臻上理，戛乎其难。各国郡邑辖境，以户口计，其大者亦仅当小县之半，乡官恒数十人，必由郡邑会议公举，如周官乡大夫之制，庶官任其责，议会董其成，有休戚相关之情，无捍格不入之苦，是以事无不举，民安其业。宜取各国地方自治制度，择其尤便者，酌订专书，著为令典，尅日颁发，各省督抚分别照行，限期蒇事。

"三曰定集会、言论、出版之律。集会、言论、出版三者，诸国所许民间之自由，而民间亦以得自由为幸福。然集会受警察之稽察，报章听官吏之检视，实有种种防维之法，非若我国空悬禁令，转得法外之自由。与其漫无限制，益生厉阶，何如勒以章程，咸纳轨物。宜采取英、德、日本诸君主国现行条例，编为集会律、言论律、出版律，迅即颁行，以一趋向

---

① 谕载泽戴鸿慈徐世昌等分赴东西洋考求政治［M］//王彦威．清季外交史料·3·卷190．南京：书目文献出版社，1987：2963.
② 出使各国考察政治大臣载泽等奏请以五年为期改行立宪政体折［M］//沈云龙．近代中国史料丛刊续编第 81 辑．台北：文海出版社，1981：111.

而定民志。"①

五大臣回京不到一个月，清廷便宣布先厘定官制，以预备立宪。清廷以厘定官制为先，然后次第"将各项法律详慎厘订，而又广兴教育，清理财务，整饬武备，普设巡警，使绅民明悉国政，以预备立宪基础"。② 清廷谕旨不可谓不周详；清廷次第完成上述任务，不可谓不认真，不可谓不真心，但最后却以退出历史舞台告终。对此，史学界有过翔实的解释，但我们今天从政治价值角度，用绵延分析法来说明清廷改革失败的原因。

首先，清廷没有理解自由作为法治政治价值的作用。"载泽三事"的第三事便是要求集会、言论、出版自由。载泽特别强调，此自由乃法内自由，是政府可以控制的自由，与法外自由有性质差别。但清廷更担心自由对皇权的威胁，力图通过立法保护皇权，而非疏通引导舆论以促进社会进步。例如，1906 年的《报章应守规则》《大清印刷物专律》、1907 年的《大清报律》、1911 年的《钦定报律》等法律均载有要求臣民"不得诋毁朝廷，不得妄议朝政"等条款。③ 新闻舆论自由的最大意义是监督政府，其最实际的功效是增进人民的民主知识与增强社会的民主风气。晚清报律的立法思维是以自由为反对面，先验性地认为自由是恶，自由会干涉君主专制政治。"诋毁朝廷"与"妄议朝政"是限制程度颇高及限制范围颇广的无边界性禁令，因为一切皆为朝廷，万事皆归朝政，朕即是国家。国家作为有机体，时刻在运动在变化，也无时不在矛盾中。政府是矛盾的解决者，也是矛盾的制造者。清政府是执法者，也是立法者与司法者，能够不受约束地行使立法权、司法权、执法权。作为集立法者、司法者、执法者于一身的行为者，清政府自身享有近乎绝对的自由。这种自由对人民的自由权利而言，始终是威胁。当然，这是君主专制政治的特征。清政府宣示为预备立宪做准备，实际上，已经走上了通往近代宪政之路。但它始终担心人民的自由权利会威胁其统治，因此，清政府以人民自由权利过大为由，严格限制其发展。殊不知，人民要求集会、言论、出版等自由的本质是表示人民自由权利的有无问题，而非大小问题。君主专制政体如清政府久浸于独裁权力而不愿自拔，受到来自报界的些许监督批评便断言"诋毁朝廷""妄议朝政"，动辄要求限制民权，查封报馆，逮捕妄议之人。

① 出使各国考察政治大臣载泽等奏请以五年为期改行立宪政体折［M］//沈云龙. 近代中国史料丛刊续编第 81 辑. 台北：文海出版社，1981：112.
② 宣示预备立宪先行厘定官制谕 光绪三十二年七月十三日［M］//沈云龙. 近代中国史料丛刊续编第 81 辑. 台北：文海出版社，1981：43.
③ 汪耀华. 中国近现代出版法规章则大全［M］. 上海：上海书店出版社，2018：15-29.

清政府通过立法，把人民本于法外所拥有的边界模糊的自由，统统归于非法，是通过法治完善了专制。

其次，清政府未能有效发挥平等政治价值的作用。"满汉之界"是当时不平等社会政治的代表性特征。"满汉之界"也称"满汉畛域"，是指清建立以来通过政治手段造成的种种满汉不平等的社会现象。清政府要实现立宪，必须废除一切涉及"满汉之界"的法律规定，确保满汉以及其他民族可以合法地平等交往。五大臣回国后，载泽与端方先后上奏，请求废除满汉界线。二人作为满洲高官能有此见地，实为清廷之幸，也是平等观念渗入满洲贵族之证明。我们以端方奏折为例，具体了解其对平等价值的理解。端方的《请定国是以安大计折》献策6条，其中第1条曰：

"举国臣民立于同等法制之下，以破除一切畛域。诗曰：率土之滨，莫非王臣。此言王者之德，一视同仁。对于举国臣民，本无可以重轻歧视之处。惟是各国内政未修之际，国中阶级制度实所难齐，因而人民同处一国之中，无故而生畛域之见。阶级既殊，利害相反，畛域不化，则离德易生于此，而欲求举国一致之效，必为势所不能。各立宪国知其如此，故于宪法之内，皆载入人民同等之文。今中国既欲为立宪之预备，则此宪法之精神亦不可不于此预定之，以示一国之标准，而求人民之同德焉。"①

端方认为，等级产生于阶级。欲平阶级，必在宪法内明文确定"人民同等"。他特别强调，在预备立宪期间，必须以"平等"这个宪法精神，作为国家的标准，以求达到人民同心同德。至于"平等"价值观念的实践，端方在第2条中即给出明确答案："国事采决于公论。"② 所谓采决于公论即开议会："中央必有议会以代表一国之情，地方亦有议会以代表一方之情。故一国之中，下无被壅之情，上无不知之状。"③ 应该说，端方洞察"平等"之于国家政治的意义，清楚满汉畛域的存在对于立宪的阻碍，但未能说明平等价值的缺失对国家进步的危害性。阶级与畛域只是"等级"的表现而已。"等级"的表现不限于阶级与畛域，即使完成平阶级与化畛域的任务，其他"等级"表现依然会存在。我们只有抛弃"等级"这个君主专制政治的法治价值原则，并代之以"平等"这个近代

---

① 端方. 请定国是以安大计折 [M] //沈云龙. 近代中国史料丛刊第10辑. 台北：文海出版社，1967：709.

② 端方. 请定国是以安大计折 [M] //沈云龙. 近代中国史料丛刊第10辑. 台北：文海出版社，1967：709.

③ 端方. 请定国是以安大计折 [M] //沈云龙. 近代中国史料丛刊第10辑. 台北：文海出版社，1967：710.

法治价值原则，才能真正实现法治政治价值基础的近代化。由于缺乏对"平等"价值观念的深入理解，清廷并未把转变政治价值观念放在预备立宪的首位，而是致力于政治制度与政治架构的变革。

最后，政治制度与政治架构的变革未能以近代法治政治价值为原则。清末预备立宪，最先改革的是官制。在改革之初，编纂官制大臣载泽上奏，确定改革官制的基本价值原则有两条，一是"仿君主立宪国官制厘定，以符圣训而利推行"，二是"使官无尸位，事有专司，以期各副责成，尽心职守"。① 编纂官制以仿君主立宪国官制为准，是模仿其形，还是其神，还是形神兼备？从第二条原则看，显然是形神兼备。但要做到形神兼备，谈何容易！总司核定大臣庆亲王奕劻曾谈及此："此次改定官制，既为预备立宪之基，自以所定官制与宪政相近为要义。按立宪国官制，立法、行政、司法，三权并峙，各有专属，相辅而行，其意美法良，则谕旨所谓廓清积弊，明定责成两言尽之矣。"② 庆亲王奕劻等人谋求在晚清既定政治制度与政治架构上，完成三权分立的官制改革。他们是这样谋划的：

"立法、行政、司法三者，除立法当属议院，今日尚难实行，拟暂设资政院以为预备外，行政之事，则专属之内阁各部大臣。内阁有总理大臣。各部尚书亦为内阁政务大臣，故分之为各部，合之皆为政府，而情无隔阂。入则参阁议，出则各治部务，而事可贯通。如是，则中央集权之势成，政策统一之效著。司法之权，则专属之法部。以大理院任审判，而法部监督之，均与行政官相对峙，而不为所制节。此三权分立之梗概也。此外，有资政院以持公论，有督察院以任纠弹，有审计院以查滥费，亦皆独立，不为内阁所节制，而转能监督阁臣。此分权定限之大要也。"③

君主立宪制之精髓有二，一是三权分立，晚清大臣抓住了；二是君主无责任，这个要待立宪完成之时。可是，仅有一而无二，那么，这样的官制改革必然流于形式。为何？君主统揽所有权力也。三权分立的政治价值基础是平等，因为平等，三权才能制衡。但君主大权仍在，三权必然受制于君权，使三权归于无权，故君主无责任是实现平等的必然选择，也是三

---

① 编纂官制大臣镇国公载等奏厘定官制宗旨大略折 [J]. 东方杂志临时增刊，1906（03）：8.

② 总核官制大臣庆亲王等奏编定阁部院官制折 [J]. 东方杂志临时增刊，1906（03）：9-10.

③ 总核官制大臣庆亲王等奏编定阁部院官制折 [J]. 东方杂志临时增刊，1906（03）：10-11.

权分立得以运行并发挥作用的基础。君权存在，三权便无自由，是以无平等，也无自由。君权会自我放弃吗？或许有，但清帝肯定不会。3 年后即 1909 年，清廷诏告天下，皇帝为海陆军大元帅。皇帝亲政前，由摄政王暂代。在立宪如火如荼的年代，清廷与满洲贵族从未真正想过放弃权力。也就是说，清廷并未主动扫清立宪路上的等级障碍，反而变本加厉，强化并集中专制权力。

不可否认，清末新政成果颇多。普及教育，改绿营为警察，地方自治，甚至积极参加保和会等国际组织，确实出现了一些值得称赞的新面貌。但不得不说，这些新面貌都是"形"，而非"神"，都是量变，或局部质变，但绝非完全质变。形神兼备的变革才是完全质变。清廷从未想要真正拱手让权，只想以渐进的方式寻找皇权在立宪过程中的利益最大化。故而，清廷坚守等级制，以求永远站在权力最高峰。清廷追求立宪的形似，认为权力结构空间的对应也能达到三权分立的效果。显然，这是不可能的。时间没有在清廷权力最高层发生作用。但新政落地后，依然会开花。地方自治，作为五大臣最肯定的立宪手段，在晚清开出了最美的花朵。五大臣之一的戴鸿慈，曾作《欧美政治要义》一书，对地方自治有比较详细的解释与理解。他说：

"泰西各国行政之编制，其最宜于中国者，则地方自治制度也。溯成周六乡之法，自治之制度已显然行于全国里闾乡党之间。今日泰西各国所以置重自治制度者，因与立宪政体之目的有密切之关系也。今中国定立宪政体，提议自治制度，宜本中国现在之惯例，而大为扩张，以定助长民生之计划，固最为平易可行也。"①

戴鸿慈认为，中国自周成王以来便有与地方自治类似的制度。西方立宪政体国家实行地方自治制度，是为满足立宪目的之需要。清政府实行立宪，应当在中国自有之传统自治制度基础上，贯彻地方自治制度。他强调，中国的地方自治仍是"自然之团结"，需要通过法治，"变自然之团结为公然之编制"。② 所谓编制，这里指的是法律，如《自治编制法》。也就是说，通过"国家干涉"，③ 确立"少数服从多数之义务"，④ 地方自治议会与地方自治机关在具有"约束该管内住民之权力"的同时，"公共

---

① 戴鸿慈. 欧美政治要义 [M]. 桂林：广西师范大学出版社，2016：327.
② 戴鸿慈. 欧美政治要义 [M]. 桂林：广西师范大学出版社，2016：329.
③ 戴鸿慈. 欧美政治要义 [M]. 桂林：广西师范大学出版社，2016：329.
④ 戴鸿慈. 欧美政治要义 [M]. 桂林：广西师范大学出版社，2016：328.

事业可以盛起"。① 地方自治权力出自国家干涉，是指"地方人民之团体以其自国家假与之权力，行国家行政事务"。② 国家授权于地方，国家乃本"一体公平"之原则，从而保证"国家之慈爱不可因贫富贤愚有所偏畸"。③ 戴鸿慈将其定义为"官治行政"。官治与自治相对，故有"自治行政"。但是，戴鸿慈暗示，地方自治制度的自治行政无法保证这种公平：

> "官治行政者对于各级人民须一体公平保护，而国家之慈爱不可因贫富贤愚有所偏畸也。然择贤良而优异奖励之，实为发达民生之要事。故国家制立自治制度，必使贤良优异者得自拔于庸众之中，而迳行其意旨于自治团体之内，而后可以收助长民生之效。夫国家于立法事业，置上下两院。上院必集富贵优秀之士以组织之。此其意旨固在置一般人民于便利之地位，势不得不有所取舍于其中矣。自治制度之精意亦犹是耳。"④

戴鸿慈认为，地方自治制度的精髓是用"贤良优异者"治理"庸众"，此举与立宪国家之上议院相似。他暗示，这种制度虽然有失公平，即"庸众"未受到"贤良优异者"的同等待遇，但却能"收助长民生之效"。显然，戴鸿慈误用且误解了"公平"。他在国家层面，用应然的视角，看到的公平实际上是平等。他在地方层面，用实然的视角，看到的不公平实际上是正常的社会分工。议员是社会分工之一，一般通过民选产生。上院议会议员虽然靠的是资历与财富，但其也受宪法约束，尊重宪法给予的权利与义务，并无特权。因此，立宪国家所奉行的平等原则，不会因为官治行政与自治行政之分，而在地方自治中失去其平等原则。有平等，即有公平。平等是公平的基础。戴鸿慈把公平视为地方自治的政治价值原则，忽视了平等作为公平的基础的作用。戴鸿慈作为清廷高官且为出洋考察政治五大臣之一，本应对平等观念有更加清晰的认知，但实际情况则令我们失望。令我们失望的不仅仅是戴鸿慈，由于清廷始终谋求皇权利益最大化，对法治的政治价值缺乏深入思考，导致满汉畛域问题始终未纳入政治价值原则规定，而政治价值也始终未能成为清末立宪之原则。

（三）"三纲"与清末立法原则

清廷欲行新政，颇重视法律之因时通变，故一方面要求各驻外国大臣

---

① 戴鸿慈. 欧美政治要义 [M]. 桂林：广西师范大学出版社，2016：329.
② 戴鸿慈. 欧美政治要义 [M]. 桂林：广西师范大学出版社，2016：332.
③ 戴鸿慈. 欧美政治要义 [M]. 桂林：广西师范大学出版社，2016：334.
④ 戴鸿慈. 欧美政治要义 [M]. 桂林：广西师范大学出版社，2016：334-335.

搜集所在国律例，另一方面要求袁世凯、刘坤一、张之洞等封疆大吏向朝廷推荐熟悉中西法律的专业人士，以为修订法律之需。不久，三位封疆大吏联名推荐了沈家本与伍廷芳。他们是这样介绍沈伍二人的：

"刑部左侍郎沈家本久在秋曹，刑名精熟。出使美国大臣四品卿衔伍廷芳，练习洋务，西律专家。"①

1902 年 5 月 13 日，沈家本与伍廷芳被委派"将一切现行律例，按照交涉情形，参酌各国法律，悉心考订，妥为拟议，务期中外通行，有裨治理"。② 此后，沈家本与伍廷芳成为外界公认的修订法律大臣。③ 沈家本出于中学，深研历代律例，46 岁完成法学著作《刺字集》；伍廷芳学于西方，毕业于伦敦大学学院，是近代中国第一位法学博士。由于所学不同，二人的法治思想也有所差别。但从二人第一次的合奏看，沈家本与伍廷芳在立法思想方面取得了基本共识——保护人权。1905 年 4 月 24 日，清廷回复沈家本与伍廷芳上奏，同意其保护人权的具体刑法举措：

"谕内阁，伍廷芳、沈家本等奏，考订法律，请先将律例内重刑变通酌改一摺。我朝入关之初，立刑以斩罪为极重。顺治年间，修订律例，沿用前明旧制，始有凌迟等极刑。虽以惩儆凶顽，究非国家法外施仁之本意。现在改定法律，嗣后凡死罪至斩决而止。凌迟及枭首、戮尸三项，著即永远删除。所有现行律例内，凌迟斩枭各条，俱改为斩决。其斩决各条，俱改为绞决。绞决各条，俱改为绞监候，入于秋审情实。斩监候各条，俱改为绞监候。与绞候人犯，仍入于秋审，分别实缓办理。至缘坐各条，除知情者仍治罪外，余著悉予宽免。其刺字等项，亦著概行革除。此外当因当革，应行变通之处，均著该侍郎等悉心甄采，从速纂订，请旨颁行。务期酌法准情，折衷至当，用副朝廷明刑弼教之至意。"④

次日，二人另一份奏折得到批复：

"谕内阁，昨据伍廷芳、沈家本奏议覆恤刑狱各条，请饬禁赴刑讯拖

---

① 天津市图书馆，天津市社科院历史研究所. 袁世凯奏议（上）[M]. 天津：天津古籍出版社，1987：475.

② 郭廷以. 近代中国史事日志（下册）[M]. 北京：中华书局，1987：1162.

③ 沈家本、俞廉三、英瑞于 1907 年 10 月 11 日被正式任命为修订法律大臣。伍廷芳未见此类任命，《清代职官表》指出 1902 年 5 月 13 日之委派沈家本与伍廷芳"无具体官名"（钱实甫. 清代职官表 [M]. 北京：中华书局，1980：3088.），但该书把二人同列于"修订法律大臣"栏。《清德宗实录》多次称伍廷芳为修订法律大臣。故此处以"外界公认的修订法律大臣"明确二人身份。

④ 陈宝琛，世续. 大清德宗景皇帝实录（8）·卷 543 [M]//清实录·第 59 册. 北京：中华书局，1987：217.

累，变通笞杖办法，并清查监狱羁所等条，业经降旨依议。惟立法期于尽善，而徒法不能自行，全在大小各官，任事实心，力除壅蔽，庶几政平讼理，积习可回。颇闻各省州县，或严酷任性，率用刑求；或一案动辄株连，传到不即审讯，任听丁差蒙蔽，择肥而噬，拖累羁押，凌虐百端，种种情形，实堪痛恨。此次奏定章程，全行照准，原以矜恤庶狱，务伸公道而通民情，用特重申诰诫。"①

两次上奏，内容不同，但本质一致，均为保护罪犯及犯罪嫌疑人的人权。第一份奏折是保护定刑罪犯的人权，主要保护的是他们的人格权。清廷废除了凌迟、枭首、戮尸三项过于残忍的死刑方式，以及刺字等古老墨刑。第二份奏折要求禁止对犯罪嫌疑人刑讯凌虐，以防冤案错案假案发生，保护犯罪嫌疑人的生存权。这是近代人权思想在立法领域的萌芽。人格权与生存权是基本人权。失去所有政治权利的死刑犯依然有体面死去的权利。现代法制给予死刑犯死刑方式选择权，甚至提出废除死刑的要求，都可视为保护人权的成果。清廷能够保护罪犯等的人权，是一种进步，但只是有限的进步。我们也发现，废除酷刑的方法仍然是皇帝下旨。也就是说，清廷在此时虽然设有修订律例馆，虽然任命有修订法律大臣，但真正的立法权仍独操于皇帝之手。不独立法权操之于皇帝之手，甚至立法思想依然未能摆脱传统"三纲"理念。伍廷芳、沈家本主持修订的《钦定大清商律》第 4 条规定：

"已嫁妇人必须有本夫允准字据，悉照第 3 条办理呈报商部，方可为商。惟钱债亏折等事，本夫不能辞其责。"②

这条法律显然依据的是传统"三纲"之"夫为妻纲"原则。以"夫为妻纲"作为立法原则，标志着《钦定大清商律》未能将近代平等价值作为立法原则，也标志着清末新政期间所有修订的新法均缺失平等原则。这是因为，君主专制制度向立宪政体转变，最需要改变的，也是最基本的，就是法治的政治价值原则。君主专制制度以等级制为政治价值原则，等级制浸透其制度体系与系统。改等级制为平等，用平等价值作为立法的原则、法治的原则，才能在本质上完成向立宪政体的转变。清末新政改变的是制度结构形式，虽然在有些方面做出了质的改变，但其根本的政治价值原则始终未被撼动，这是清末新政失败的真正原因。我们在伍廷芳、沈

① 陈宝琛，世续. 大清德宗景皇帝实录（8）·卷 543 [M]//清实录·第 59 册. 北京：中华书局，1987：218.

② 伍廷芳，等. 大清新编法典 [M]//沈云龙. 近代中国史料丛刊 3 编第 27 辑. 台北：文海出版社，1987：1.

家本的新法中发现了等级价值原则。可以说，他们为清末新法增添了形式上的公平，但本质上的平等却不见踪影。虽然沈家本认可"立法贵乎平"① 之理念，但显然男女平等并未成为其平等原则。这不是修订法律大臣的错误，他们没有权力改变清末新政的人为秩序安排。但他们有责任和义务告知清廷，近代意义的政治价值基础对法治来说意味着什么。况且，他们对此洞若观火。沈家本对西方法治颇有见地。他说："泰西之学，以保护治安为宗旨，人人有自由之便利，仍人人不得稍越法律之范围。"② 但是，修订法律大臣似乎更重视法律修订，而非法治政治价值基础的转换。例如，沈家本的《变通旗民交产旧制折》中认为旗民不交产是"显分畛域之一端"③ 的言论，就与当时破除满汉畛域要求之时代背景有关。这表示沈家本对平等价值观念的支持态度。沈家本的《旗人遣军流徙各罪照民人实行发配折》强调：

"窃维为政之道，自在立法以典民。法不一则民志疑，斯一切索隐行怪之徒，皆得乘瑕而蹈隙。故欲安民和众，必立法之先统于一法。"④

"必立法之先统于一法"是指满汉受同一种法律约束，反对满族罪犯享有特权，可见沈家本对法律尤其是满汉畛域方面的平等观念的重视，但其并未将这种近代观念上升为变法所需要的法治政治价值基础。同时，修订法律大臣们一方面坚持"三纲"原则，一方面要求废除满汉畛域，凸显其对平等价值观念理解存在着"平等"认识缺陷。不过，废除法律中的满汉畛域也遇到巨大阻力。张之洞在《遵旨议覆新编刑事诉讼法折》中，认为该法"于现在民情风俗，尚多捍格"。⑤ 具体来说，就是"袭西俗财产之制，坏中国名教之防，启男女平等之风，悖圣贤修齐之教，纲沦法斁，隐患实深"。⑥ 当然，这种阻力不独来自张之洞，其原因应归于清廷"先预备后变法"之安排。

清廷"先预备后变法"之安排，是典型的空间安排。五大臣赴欧美

---

① 沈家本. 历代治盗刑制考 [M] //李欣荣. 中国近代思想家文库·沈家本卷. 北京：中国人民大学出版社，2015：342.

② 沈家本.《法学名著》序 [M] //李欣荣. 中国近代思想家文库·沈家本卷. 北京：中国人民大学出版社，2015：420.

③ 沈家本. 变通旗民交产旧制折 [M] //历代刑法考：附寄簃文存. 北京：中华书局，1985：2036.

④ 沈家本. 旗人遣军流徙各罪照民人实行发配折 [M] //历代刑法考：附寄簃文存. 北京：中华书局，1985：2032.

⑤ 陈宝琛，世续. 大清德宗景皇帝实录（8）·卷577 [M] //清实录·第59册. 北京：中华书局，1987：643.

⑥ 朱寿朋. 光绪朝东华录（5）[M]. 北京：中华书局，1984：5732.

考察政治之后，得出一个共同的结论：变法始于地方自治。这个结论非常符合当时甚至现在人的思维习惯，即地方是变法的薄弱环节，其教育、文明程度、经济等均无法与上级行政区划相比。因此，地方尤其是县级以下实现自治，国家便可顺利变法。于是，在清廷的鼓励下，地方自治如火如荼地展开，成果可谓显著。以天津为例，直隶总督袁世凯报告说，第一，天津地方自治先成立自治研究所与自治学社，是为教育；第二，设立期成会与谘议员，是为立法；第三，确定选举资格、选举权与被选举权；第四，确定初选、复选以及分拣每区 1 人共 8 人，合拣 22 人，共计 30 人当选议员。议事会成立后，选举正副议长。议事会成立之日，设立自治局。自治局负责直隶全省地方自治事务。① 袁世凯谈及地方自治，明确提出"立法为先"，但他的所谓立法只是"议事会"这个地方立法机关，并未提及立法原则。同样，两江总督端方在论及地方自治与立法关系时，只说"规划自治，按之法理宜从下级入手"，② 也未提及立法原则。于是，封疆大吏的地方自治基本从财务、学务、裁判、警察等具体政治体制入手，而未能进入价值层面考察地方自治与中央集权的关系。这就是典型的空间安排。这种安排认定空间能够在理论上被占满。以清末新政为例，清政府始终认为，新政越多，立宪准备就越完善，立宪就越有成功的可能。同时，完全模仿西方的新政确实给人耳目一新的感觉。但问题是，空间中的点与点之间始终存在空隙，这个空隙永远无法在空间中填平。

清末新政未考虑法治的政治价值问题，也就是未考虑绵延。我们进入时间，发现所有事物互相渗透，互相融合，紧密相连。以清末新政为例，其运行成功的基础仅在于统一的政治价值理念。清末新政大张旗鼓，甚至不乏一些近代政治价值观念的融入，但在君主专制等级制未变的前提下，一切善意的努力都将化为乌有。其原因在于，清末新政看似走向近代，但这是在空间中的状态，是把空间作为时间而形成的结论。一旦进入时间，进入绵延，清末新政便显露出等级与专制本质。任何稍有近代意义的政治价值尝试都会在强大的等级与专制面前化为乌有，或者矛盾重重。例如，伍廷芳与沈家本在修订法律的过程中，既提满汉畛域，又不忘"三纲"原则。清末新政曾经划定若干时间表，有人就此认为清王朝覆灭与其改革过迟有关。其实，这些时间表并非真正的时间，而是空间化的时间。再迅

① 北洋大臣袁世凯奏天津试办地方自治情形折［M］//故宫博物院明清档案部. 清末筹备立宪档案史料（下）. 北京：中华书局，1979：720-721.
② 两江总督端方等奏江宁筹办地方自治局情形折［M］//故宫博物院明清档案部. 清末筹备立宪档案史料（下）. 北京：中华书局，1979：722.

捷的改革，如果未能改革法治的政治价值原则，其终将一败涂地。

二、革命派法治政治价值主张及其建国实践

清末革命派以孙中山先生为代表。中山先生是革命家，也是理论家，其革命思想传播广泛，影响深远。民权是中山先生的三民主义理论之一，其对民权的理解呈空间动态化，虽依据时势不断调整，在中华民国成立前后有很大区别，但惜未深入绵延。在中华民国成立前，中山先生以民权为革命之目的。他预见了兵权会伴随革命而强大，因此提出"三期理论"，即第一期为军法之治，第二期为约法之治，第三期为宪法之治。武昌起义后，湖北军政府按照此理论构建。中华民国成立后，《中华民国临时政府组织大纲》《中华民国临时约法》按照此理论构建。但革命后的民国并未能按照此理论发展。

（一）孙中山民权观念的演变与实践

孙中山先生之建国思想贯穿其一生之论著、书信、谈话、演讲之中，《建国方略》是集其大成者。《建国方略》作于中华民国成立后，即1917—1919年间。《建国方略》分三部分，其中第三部分"民权初步（社会建设）"是其总结所有革命经验所形成的建国与法治思想。因此，中山先生的建国与法治思想之基础因素可用两个字概括：民权。何谓民权？中山先生在该书中定义如下：

"即近来瑞士国所行之制：民有选举官吏之权，民有罢免官吏之权，民有创制法案之权，民有复决法案之权，此之谓四大民权也。必具有此四大民权，方得谓为纯粹之民国也。"[1]

中山先生在革命各个阶段均对"民权"进行过定义，此定义不是第一个，也不是最后一个。其"民权"观念在不同定义中，呈现一种运动变化特征，不同阶段的民权定义呈现中山先生不同的思想成果。《建国方略》之民权有何特别？中山先生谓："此书为教吾国人行民权第一步之方法也。"[2] 中华民国的人民具有四大民权，欲履行之，则必须把"议事之

① 孙中山. 建国方略［M］//张岱年. 中国启蒙思想文库. 沈阳：辽宁人民出版社，1994：271.

② 孙中山. 建国方略［M］//张岱年. 中国启蒙思想文库. 沈阳：辽宁人民出版社，1994：273.

学"作为"第二天性",① 其后,"人心自结,民力自固"。② 议事会由议长与议员本平等原则组成。议长"为全体之公仆",其作用是"纠率会众,使一切皆循公正平等而行"。③ 议员地位"彼此皆一体平等"。④ 显然,行民权主要在议会,议会组建以平等为原则,议员以平等为原则开展工作,民权在平等基础上得以履行。但是,中华民国建立以前,孙中山先生的民权思想则与此大相径庭。

孙中山先生最初以民权为革命之目的。民权是一种价值观念,革命以民权为目的,则民权所包含的近代政治价值观念也同时成为其目的。以某种政治价值观念为目的的革命,是通过与该政治价值观念相对的价值作为原则来获取革命成果。其结果的正义性则代表过程的非正义性,反之亦然。但历史证明,人类往往通过非正义的手段获得正义之结果,如革命。孙中山先生对此洞若观火。1905 年秋,孙中山先生与汪精卫谈话,内容围绕"革命与所祈相违者,求共和而复归专制,何乐而为此"。⑤ 孙中山先生说:"革命之志在获民权,而革命之际必重兵权,二者常相抵触者也。"⑥ 革命之志是目的,革命之际是过程,目的在民权,过程靠兵权。兵者,凶也。兵权可谓非正义,民权则为正义。用兵权之法取得民权,那么,革命后的军政府,不可能"解兵权以让民权"。⑦ 为解决此矛盾,孙中山先生说:

"察君权、民权之转捩,其枢机所在,为革命之际先定兵权与民权之关系。盖其时用兵贵有专权,而民权诸事草创,资格未粹,使不相侵,而务相维,兵权涨一度,则民权涨一度。逮乎事定,解兵权以授民权,天下

① 孙中山. 建国方略 [M] //张岱年. 中国启蒙思想文库. 沈阳:辽宁人民出版社,1994:272.
② 孙中山. 建国方略 [M] //张岱年. 中国启蒙思想文库. 沈阳:辽宁人民出版社,1994:273.
③ 孙中山. 建国方略 [M] //张岱年. 中国启蒙思想文库. 沈阳:辽宁人民出版社,1994:287.
④ 孙中山. 建国方略 [M] //张岱年. 中国启蒙思想文库. 沈阳:辽宁人民出版社,1994:289.
⑤ 与汪精卫的谈话(1905 年秋)[M] //广东省社会科学院历史研究室,等. 孙中山全集·第 1 卷. 北京:中华书局,2011:306.
⑥ 与汪精卫的谈话(1905 年秋)[M] //广东省社会科学院历史研究室,等. 孙中山全集·第 1 卷. 北京:中华书局,2011:306.
⑦ 与汪精卫的谈话(1905 年秋)[M] //广东省社会科学院历史研究室,等. 孙中山全集·第 1 卷. 北京:中华书局,2011:307.

晏如矣。定此关系厥为约法。"①

中山先生认识到了以兵权换取民权的潜在危害性，因此，善意地提出以约法来约束军政府对兵权的留恋。但他却低估了兵权的专制独裁本质，幻想兵权与民权可以通过约法进行和平交接。为此，中山先生提出"三期理论"，即第一期为军法之治，第二期为约法之治，第三期为宪法之治。② 按照中山先生的设想，革命胜利后，先成立军政府，地方军事行政由军政府总摄，时间为 3 年；然后过渡到军民分治阶段，实行约法，为期 6 年；最后进入宪法阶段，国家政事完全依靠宪法解决。中山先生说：

"此三期，第一期为军政府督率国民扫除旧污之时代；第二期为军政府授地方自治权于人民，而自总揽国事之时代；第三期为军政府解除权柄，宪法上国家机关分掌国事之时代。俾我国民循序以进，养成自由平等之资格，中华民国之根本胥于是乎在焉。"③

中山先生这篇文章名为《中国同盟会革命方略》（下称《方略》），它规定了革命各阶段的内容及其实施办法。《方略》是革命者心中的指导性纲领文件，他们在革命中严格依据《方略》行事。武昌起义后，革命党人立即推举黎元洪为都督，主持湖北军政府工作，其理论根据就是《方略》。④ 中华民国成立，《中华民国临时政府组织大纲》《中华民国临时约法》先后颁布，皆为具有宪法性质的文件。可见，《方略》影响之大之深。但《方略》走向现实，却发生了中山先生最不愿看到的一幕——军阀割据。而 1916 年袁世凯帝制自为更是回到了中山先生与汪精卫 1905 年谈话的核心关切——求共和能否复归专制。汪精卫之原文如下：

"有迟疑不敢额者，以谓革命之际，国民心理自由触发不成，则为恐怖时代即成矣。而其结果，奚啻不如所祈，且有与所祈相违者。求共和而复归专制，何乐而为此？"⑤

事实上，革命之后所发生的一切确实与中山先生所设想的背道而驰。中华民国成立后，军阀割据，南北相争；袁世凯称帝后，又有张勋复辟。

---

① 与汪精卫的谈话（1905 年秋）［M］//广东省社会科学院历史研究室，等. 孙中山全集·第 1 卷. 北京：中华书局，2011：307.

② 中国同盟会革命方略（1906 年秋冬间）［M］//广东省社会科学院历史研究室，等. 孙中山全集·第 1 卷. 北京：中华书局，2011：314-315.

③ 中国同盟会革命方略（1906 年秋冬间）［M］//广东省社会科学院历史研究室，等. 孙中山全集·第 1 卷. 北京：中华书局，2011：315.

④ 请参阅笔者所著《黎元洪全传》第 3 章第 2 节"洪山会议"与第 4 节"马场祭天"。徐忱，徐彻. 黎元洪全传［M］. 北京：中国文史出版社，2013.

⑤ 汪精卫. 民族的国民［M］//民报（1）. 北京：中华书局，2006：188.

种种乱象，一般指北洋军阀为祸首，但摆在我们面前的历史事实是：晚清政府如此腐败，却能杜绝军阀割据发生，那么，为何中华民国（北洋）政府不能？其实，汪精卫所提出的问题相当具有预见性，即革命之后未能助力自由之发展，会导致专制复归。为什么会如此呢？

首先，不平等无法通过约定到达平等。无论是军法之治还是约法之治，掌握大权者均为军政府都督。军政府都督在军法之治时期尝到权力的味道，很少愿意在约法之治时期放弃。中华民国成立后，仅黎元洪、蔡锷等极少数都督愿意实行军民分治，其他都督最后都走上军阀割据之路。这里面有人性的贪婪，但更多的是制度设计中的法治的平等政治价值的缺失。中山先生设计此制度的初衷是要求军政府逐渐还权于人民。也就是说，他认为在军政府专制与平等价值之间有一条可以通过时间之绵延而完全跨越的鸿沟。历史表明，这条鸿沟无法跨越。因为鸿沟两边的价值观念具有截然相反的两种性质，它们平行存在，永远不会交叉。约法之治与宪法之治，同样存在这样的鸿沟。从军法之治向宪法之治过渡，似乎是从不平等经过半平等，最后到平等。我们知道，没有所谓的半平等，平等与不平等之间的界线是分明的、平行的，没有交叉地带。中山先生发现，中国通过革命变成一个新的不平等社会，或者说是一个新的有希望实现平等的社会，但要改变这个新社会，他不再寄希望于革命，而是依托约定的法治安排。而这种最初基于不平等价值基础的法治安排，无法到达宪法之治这个终点站。

其次，空间中没有运动，运动发生在时间中。中山先生把军法之治、约法之治、宪法之治视为空间的 3 个点。他认为只要通过 9 年的努力与过渡，中华民国必将进入共和时代，3 个点之间的所有空隙将被进步填平。我们已经知道，这种对运动的空间理解必将形成芝诺悖论。阿基里斯永远追不上乌龟，中国也永远无法真正进入共和时代。有人会问，我们进入时间，努力过渡，不行吗？我们进入时间，进入绵延，会看到占统治地位的不平等政治价值基础向平等价值发起的战斗，还会看到在力量悬殊对比下，平等价值的败退或消失。从古代中国的第一次农民起义开始，对于平等价值的要求从未停止过，但一次又一次地被镇压。辛亥革命后的中华民国的北洋政府时期，可以视为平等要求的再一次失败。

最后，空间中无法构建运动，真正的运动发生在真正的时间中。二次革命与护法运动后，中山先生重新检讨建国理论得失，因此提出本文开头的瑞士模式。1848 年，瑞士第一部宪法公布，瑞士成为联邦制国家。瑞士采用直接选举形式，其公民享有同议会共同决策立法的直接民主权利。

联邦委员会是最高行政机关，它由 7 名联邦委员组成。总统由议会从 7 位联邦委员内选举产生，每位任期 1 年，不得连任。中山先生特别推崇瑞士：

"然而最文明高尚之民族主义范围，则以意志为归者也。如瑞士之民族，则合日尔曼、以大利、法兰西之人民而成者……此民族之意志，为共图直接民权之发达，是以有异乎其本来之日、以、法之民族也。"①

在北洋政府末期，中山先生欲在国内行瑞士之治，使中国成为真正共和国家。但中山先生不再遵循"三期理论"，而是重新回到革命宗旨，要以革命实现理想。此时，他重新定义民权为"民众之主权"。② 在本节开头，孙中山定义民权为"选举权、罢免权、创制权、复决权"。此四权合在一起，其重要性与内涵也不如主权。中山先生的民权内涵为何会有此变化？我认为其最主要的目的就是宪法之治。进入宪法之治，国家必须以民权为法治基础，而民权的政治价值基础则是自由与平等。此时的中山先生早已醒悟：民权不会通过约法而来，必须革命。是以他积极筹备北伐，以推翻北洋军阀统治。同时，起草《国民政府建国大纲》（下称《大纲》）。《大纲》对之前的革命经验进行总结提炼后，形成一些新的理论。关于民权，中山先生强调政府有"训导""人民之政治知识能力"③ 之责任，经过政府训导，人民可以行使选举权、罢免权、创制权、复决权。增加政府"训导"责任，民权明确受政府约束，为专制平添无限可能性。除此之外，中山先生重新修订"三期理论"，把"约法之治"改为"训政时期"，新"三期理论"为军政时期、训政时期、宪政时期。训政时期与约法之治相比，前者体现"集权式体制"④ 特征，后者是一种自愿过渡。为什么选择"训政时期"？中山先生说：

"然至于今日，三民主义之实行犹茫乎未有端绪者，则以破坏之后，初未尝依预定之程序以为建设也。盖不经军政时代，则反革命之势力无繇扫荡，而革命之主义亦无由宣传于群众，以得其同情与信仰。不经训政时代，则大多数之人民久经束缚，虽骤被解放，初不了知其活动之方式，非

---

① 孙中山. 三民主义（1919 年）[M]//广东省社会科学院历史研究室，等. 孙中山全集·第 5 卷. 北京：中华书局，2011：186.

② 孙中山. 三民主义（1919 年）[M]//广东省社会科学院历史研究室，等. 孙中山全集·第 5 卷. 北京：中华书局，2011：187.

③ 孙中山. 国民政府建国大纲（1924 年 1 月 23 日）[M]//广东省社会科学院历史研究室，等. 孙中山全集·第 9 卷. 北京：中华书局，2011：126.

④ 马飞. 训政之路的重建：国民党扩大会议派政治理念研究 [J]. 史林，2017（01）：162.

墨守其放弃责任之故习，即为人利用陷于反革命而不自知。"①

虽然中山先生未给新的"三期理论"加上确定期限，但我们知道该理论仍然是一种空间分析。无论它怎样改变，都是把空间当作时间，把静止当作运动。这样的理论不会有结果。新"三期理论"加入专制集权内容，民权受到政府压制，平等永远不会到来，共和永远不会到来。

（二）民国初期法治政治价值形式上的近代化

清帝逊位，中国进入中华民国时代。中华民国实行宪政，故宪法最为中华民国所重。宪法是国家根本法，决定一国法治运行与安排，体现该国法治的政治价值原则，是宪法各部门所遵循之标准。中华民国成立前后，先后颁布两份宪法性文件，这两份文件相隔时间仅4月，但其法治内容与性质却迥然不同。

第一份文件名为《中华民国临时政府组织大纲》（下称《组织大纲》），它是中华民国第一份宪法性文件，由各省都督府代表联合会议决并于1911年12月3日在汉口颁布。各省都督府代表联合会议长为谭人凤，《组织大纲》起草员为雷奋、马君武、王正廷。《组织大纲》规定的政治制度是总统制。"在组织大纲之中，大总统之位置，极为重要。大总统负有实际政治责任。对于若干职权之行使，虽须取得参议院同意，但在原则上，并不对参议院负责。因之，组织大纲中之政制，实为一种具体而微之总统制。"② 具体而言，这是一部仿效美国总统制的法律，但同时具有自己的法治主张。潘树藩认为，《组织大纲》之"制度精神，很像积极地仿摹美国宪法。其主要的地方，则在于采用元首制（Presidential System），不设国务总理。推举代表方法及投票方法，亦很像美国独立时同盟议会所采用的方法"。③ 他说："（当时）所派的代表而言，并不是民选的代表。这和美国革命时代的十三邦代表大会，其产生方法亦正相同。至于每省不论其到会代表的人数多少，而只有一个投票权，不问大小各省，都是平等看待，也和美国同盟会时的以邦为单位一个样子。至临时大总统之权，如关于海陆军之统率，国务各员暨外交专使之任免，及国际条约之缔结，参议院议决事件之交令复议等，都与美国现在的联邦宪法所规

---

① 孙中山. 制定《建国大纲》宣言（1924年9月24日）［M］//广东省社会科学院历史研究室，等. 孙中山全集·第11卷. 北京：中华书局，2011：103.

② 钱端升，萨师炯，等. 民国政制史·上册·中央政府［M］. 北京：商务印书馆，2018：5.

③ 潘树藩. 中华民国宪法史［M］. 上海：商务印书馆，1935：14.

定的相同。关于行政各部，如行政各部设部长一人，为国务员，辅佐临时大总统，总理各部事务，可见设国务院而无总理，使各部部长直接对元首负责，受元首任免。参议院的同意权，正如美国上院的同意权，同为一种具文罢了。"① 实际上，《组织大纲》体现的是革命派对共和国家政治制度的最美好设想与追求。

为什么这么说呢？首先，议长谭人凤与3位起草员均为革命派人士。谭人凤（1860—1920年），字石屏，湖南新化县人。1906年参加同盟会。1907年入日本东京法政学校学习。曾与宋教仁、陈其美一起成立同盟会中部总会，并担任总务会议议长。雷奋（1871—1919年），又名雷继兴，江苏松江人。《时报》编辑，兴中会会员。曾在南洋公学求学，日本早稻田大学政法系毕业。江苏省教育总会会员、宪政研究会会员、预备立宪会会员。1909年10月，任江苏谘议局会员。1910年，参与国会请愿活动，是为进京代表。1910年10月，任资政院议员，以"工于演说"及"对于院章及议事细则剖析毫芒，闻者称善"② 而成为资政院"三杰"③ 之一。曾著《公民必读》。马君武（1881—1940年），字厚山，名马和，祖籍湖北蒲圻。1905年，加入同盟会，曾与黄兴、陈天华共同起草同盟会章程。先后任上海大厦大学、广西大学校长。王正廷（1882—1961年），字儒堂，浙江奉化人。1905年加入同盟会。1910年入耶鲁大学攻读国际公法。武昌起义爆发后，任湖北军政府外交司长。1912年3月，任临时参议院副议长。议长与3位起草员均为兴中会、同盟会资深会员，革命立场坚定。其次，《组织大纲》模仿美国总统制契合孙中山先生之政治制度理想。中山先生认可美国政治制度，并将其作为政治理想。1894年兴中会成立，《檀香山兴中会盟书》提出"驱除鞑虏，恢复中华，创立合众政府"④ 之口号，其中，"合众政府"即指美国政治制度形式。⑤ 同盟会成立前，中山先生曾说："我们必要倾覆满洲政府，建设民国。革命成功之日，效法美国选举总统，废除专制，实行共和。"⑥ 他曾呼吁美国人民给

①　潘树藩. 中华民国宪法史 [M]. 上海：商务印书馆，1935：15.

②　易宗夔. 新世书·卷1·言语 [M] //沈云龙. 近代中国史料丛刊第18辑. 台北：文海出版社，1958：25.

③　蒋梅. 辛亥革命时期的江苏教育总会 [J]. 民国档案，2004（02）：63.

④　孙中山. 檀香山兴中会盟书（1894年11月24日）[M] //广东省社会科学院历史研究室，等. 孙中山全集·第1卷. 北京：中华书局，2011：21.

⑤　郭白晋. 孙中山对美国政治认知的多维审视 [J]. 学术探索，2015（12）：113.

⑥　孙中山. 在檀香山正埠荷梯厘街戏院的演说（1903年12月13日）[M] //广东省社会科学院历史研究室，等. 孙中山全集·第1卷. 北京：中华书局，2011：239.

予中国革命支持与援助，因为"我们要仿照你们的政府而缔造我们的政府"。① 综上，我们得出这样的结论：以中山先生为代表的革命派最终追求的政治制度是美国总统制。

不过，这里要重点说明，肯定不等于全盘接受与照搬，在肯定的基础上也有创造。同盟会成立后，中山先生对美国政治制度及其带来的社会问题进行反思："社会问题在欧美是积重难返，在中国却还在幼稚时代，但是将来总会发生的。到那时候收拾不来，又要弄成大革命了。"② 为此，中山先生提出"三民主义"，尤其强调通过民生主义防止社会革命风险。至于宪法问题，中山先生提出一个观点："兄弟历观各国的宪法，有文宪法是美国最好，无文宪法是英国最好。英是不能学的，美是不必学的。"③中山先生认为，中华民国宪法"要创一种新主义，叫做'五权分立'"。④ 即在立法权、行政权、司法权之外再加考选权与纠察权。中山先生称"五权分立"为"破天荒的政体"。⑤ 但《组织大纲》并未提及"五权"，甚至"三权"尚缺司法权。因此，《组织大纲》仅为"两权并立"，即立法权与行政权并立。这种宪法显然是临阵磨枪而得，具有十足的临时性。中山先生回国后，依据《组织大纲》，被选举为中华民国第一任临时大总统。清帝逊位，中山先生辞去临时大总统职务，并推荐袁世凯继任。当然南北两方虽然议和，但缺乏信任基础，遂在定都、就职地点等问题上争议不断。但更大的问题是留给袁世凯一个什么样的政体形式——总统制还是内阁制？南方临时政府选择了后者。1912 年 3 月 11 日，《中华民国临时约法》（下称《临时约法》）颁布。

《临时约法》是"三权分立"的宪法。该法规定了立法权、行政权、司法权，较《组织大纲》更加完备。由于《临时约法》实行内阁制，故其给予国务院一项副署权，即"国务员于临时大总统提出法律案公布法

---

① 孙中山. 附：中国问题的真解决——向美国人民的呼吁（另一译文）［M］//广东省社会科学院历史研究室，等. 孙中山全集·第 1 卷. 北京：中华书局，2011：270.
② 孙中山. 在东京《民报》创刊周年庆祝大会的演说（1906 年 12 月 2 日）［M］//广东省社会科学院历史研究室，等. 孙中山全集·第 1 卷. 北京：中华书局，2011：345.
③ 孙中山. 在东京《民报》创刊周年庆祝大会的演说（1906 年 12 月 2 日）［M］//广东省社会科学院历史研究室，等. 孙中山全集·第 1 卷. 北京：中华书局，2011：348.
④ 孙中山. 在东京《民报》创刊周年庆祝大会的演说（1906 年 12 月 2 日）［M］//广东省社会科学院历史研究室，等. 孙中山全集·第 1 卷. 北京：中华书局，2011：349.
⑤ 孙中山. 在东京《民报》创刊周年庆祝大会的演说（1906 年 12 月 2 日）［M］//广东省社会科学院历史研究室，等. 孙中山全集·第 1 卷. 北京：中华书局，2011：350.

律及发布命令须副署之"。① 副署权极大地掣肘了总统，其后发生的北洋政府时期的"府院之争"与此条款大有干系。在总统制下，总统直接任命各部部长，各部部长直接对总统负责。在内阁制下，各部部长由内阁总理选择，对内阁总理负责，内阁总理与各部部长统称为国务员。总统任命国务员，但须经参议院同意。那么，《临时约法》为何要变总统制为内阁制呢？约束袁世凯。有学者认为，"原来主张实行总统制的人深深感到中国实行内阁制的必要和重要，深深感到只有内阁制才能制止帝制复辟事件的发生"②。这种解释认为人分善恶，善者可行总统制，似乎总统制不能约束恶者；恶者应配内阁制，内阁制约束能力更强。殊不知，治人与治法并行不悖，善治者与善法缺一不可。袁世凯帝制自为与何种政体无关，他甚至可以在共和前提下，任意改变宪法，改大总统任期为无限期，孰能制止其恶？是故，治人与治法并行不悖。潘树藩以"对人立法"抨击《临时约法》，本人深以为然。他说：

"这样拘于一时环境的立法精神，是所谓'对人立法'的精神，对于立法，在理论上是不能赞许的。因为真正的大枭雄，不肯把法律放在眼里，徒使公正的政治家，失去政治运用应有的活动。"③

严格来说，这是一种视法治为儿戏的破坏行为。革命派从革命伊始便把国家政治体制等大事列为重要大事，时常演讲辩论，基本有了成熟的思路。中国未来实行某种政体绝不会因个别人的善恶而定，而是根据基本国情而定。政体一旦确定，便不应随意改动。甚至不应以"临时政府时期的人们对哪一种类型的西方政治制度适合于中国国情的认识过程"④ 为借口，因为近代民主政治体制，无论实行哪种政体，都在分权制衡原则下运行权力，只要尊重宪法，就不能导致独裁。至于是总统制还是内阁制，仅是一种形式而已。中华民国初年，革命派立法者过于看重形式，却忽视了民主共和政治背后的分权制衡理念，忽视了分权制衡原则才是限制恶者的最强大的法治武器。《临时约法》虽然明确了"法官独立审判不受上级官

---

① 中华民国临时约法（民国元年 3 月 11 日公布）[M] //岑德彰. 新中国建设学会丛书之 5·中华民国宪法史料. 上海：新中国建设学会，1933：7.
② 石柏林. 论南京临时政府时期关于内阁制与总统制的探索及其意义 [J]. 政治学研究，1997（03）：73.
③ 潘树藩. 中华民国宪法史 [M]. 上海：商务印书馆，1935：20.
④ 石柏林. 论南京临时政府时期关于内阁制与总统制的探索及其意义 [J]. 政治学研究，1997（03）：73.

厅之干涉"① 的原则，但法官却是由"大总统与司法总长分别任命之"②。由于副署权的存在，大总统任命法官也会受到掣肘。结果，势必造成分权制衡未至，府院先争起来。

《临时约法》是中国第一部规定人民权利的宪法性文件。它规定：

"第五条　中华民国人民一律平等，无种族、阶级、宗教之区别。

第六条　人民得享有左列各项之自由权：

（1）人民之身体非依法律不得逮捕、拘禁、审问、处罚；

（2）人民之家宅非依法律不得侵入或搜索；

（3）人民有财产及营业之自由；

（4）人民有言论、著作、刊行及集会结社之自由；

（5）人民有书信秘密之自由；

（6）人民有居住迁徙之自由；

（7）人民有信教之自由；

第七条　人民有请愿于议会之权。

第八条　人民有陈诉于行政官署之权。

第九条　人民有诉讼于法庭受其审判之权。

第十条　人民对于官吏违法损害权利之行为有陈诉于平政院之权。

第一一条　人民有应任官考试之权。

第一二条　人民有选举及被选举权。

第一三条　人民依法律有纳税之义务。

第一四条　人民依法律有服兵之义务。

第一五条　本章所载人民之权利有认为增进公益、维持治安或非常紧急必要时得以法律限制之。"③

《临时约法》规定了人民的平等、自由、权利及义务，可谓覆盖完全。但第一五条似乎有限制人民自由权利之嫌。《临时约法》规定，参议院有"议决一切法律案"④ 之权力。潘树藩认为，参议院"有立法限制或剥夺人民权利的大权，所以民权若没有'最高司法'来充分保护，势

---

① 中华民国临时约法（民国元年 3 月 11 日公布）［M］//岑德彰. 新中国建设学会丛书之
　　5·中华民国宪法史料. 上海：新中国建设学会，1933：8.

② 中华民国临时约法（民国元年 3 月 11 日公布）［M］//岑德彰. 新中国建设学会丛书之
　　5·中华民国宪法史料. 上海：新中国建设学会，1933：7.

③ 中华民国临时约法（民国元年 3 月 11 日公布）［M］//岑德彰. 新中国建设学会丛书之
　　5·中华民国宪法史料. 上海：新中国建设学会，1933：1-3.

④ 中华民国临时约法（民国元年 3 月 11 日公布）［M］//岑德彰. 新中国建设学会丛书之
　　5·中华民国宪法史料. 上海：新中国建设学会，1933：3.

必被专横的议院所侵犯，《约法》没有注意到这一点，实在是抱憾的事"。①

　　我们从中华民国成立前后的两部宪法性文件中看到，近代法治的政治价值基础已经在形式上转化为自由、平等、权利等近代价值观念。由于这种形式上的转化在纸面上便充满斗争与矛盾的味道，因此，中华民国的政治与法治实践注定步履蹒跚。

---

① 潘树藩. 中华民国宪法史［M］. 上海：商务印书馆，1935：22.

第八章　规律、时空与近代法治

一、法治的运动规律与革命规律

法治是国家运行的规范尺度。国家产生，构建权力系统，组建政府部门，稳定社会秩序，吸收劳动人口，增加财政收入，乃至创建法律体系，均须秉持统一的价值原则。在此价值原则基础之上，适合该国的法治体系应运而生。法治是无形的、无处不在的，更是运动的。法治的运动以内在价值为依归，不做偏离内在价值的运动。法治履行在人，法治做有机的运动，在运动过程中会出现弹性，但这种弹性不会偏离法治价值正轨。如果没有外来思想冲击与内在变革要求，法治会按照既定价值原则运行下去。我们在梳理近代法治的运动过程中发现，即便有猛烈的外来思想冲击与内在变革要求，法治的内在价值也难以轻易改变。中华民国成立后，期待中的平等社会没有出现，却出现了新的不平等。革命未能彻底动摇法治的政治价值基础。历史在形式上走入了中华民国，但其内在性质仍未改变。法治运动的动力来自其内在价值原则，形式上的改变不影响法治依靠既定的内在价值原则继续运动。法治的运动呈弥散性、渗透性，国家的政治经济与社会文化无不浸润着该国法治的政治价值原则。因此，一国法治政治价值的转换不仅要改变政体国体，而且要进行社会政治文化等方面的深层次改造。既往法治运动所及之地，均为如今需要改造之处。法治的运动弥散性与渗透性为改造增添了难度。从历史上看，改造是对历史记忆的叠置，而不是驱除或删除。由于历史记忆只是被新的政治价值观念叠置，所以历史记忆随时有可能再度重回历史舞台，如近代袁世凯帝制自为、张勋复辟等事件。被叠置的历史记忆越来越沉寂，但很难消失，总有一些社会文化载体主动承载这样的历史记忆。新的法治政治价值观念须时刻警惕来自这种载体的威胁。我们甚至无法通过消灭社会文化载体的方式消除过去的历史记忆，因为这是整个社会对过去的记忆。为此，近代思想家提出的应对措施之一就是普及教育。教育是普及法治政治价值的必要手段。通过普及教育，新的法治政治价值观念弥散在社会文化各个角落，过去的历史记忆开始淡化。当然，这是一个理想化结果。近代法治政治价值基础的实际转换非常复杂。

辛亥革命是近代法治政治价值基础转换的直接动力。近代法治政治价值基础是否应该转换以及如何转换，在 1901 年 1 月 29 日清廷下诏变法以后，便成为一个可以合法讨论的问题。在 1901 年到 1911 年的 10 年间，清政府主持变法，却意欲维持皇权神圣地位；维新派逐渐成为保皇派，主张以渐进方式完成晚清变革；革命派则积极酝酿激进运动，尝试用武力推翻清政权，建立共和民国。10 年过去，清政府尚未领悟何谓平等，却领教了武昌起义的威力。清政府，甚至整个世界都无法想象，武昌起义演变成席卷全国的辛亥革命，不及 2 个月，中华民国成立。仅过 4 个月，清帝和平逊位。从清政府到中华民国政府，法治完成了表面上的政治体制转换，辛亥革命是其直接动力。但这个转换并不成功，社会从君主专制的不平等转换到军阀割据的不平等，法治政治价值基础并未同步进入民主，国家陷入新的危机。西达·斯考切波教授告诉我们这样去发现革命规律：

"任何对革命的有效解释，都需要分析家'超越'参与者的观点，去发现超出既定历史场景的重大规律。这些规律所覆盖的对象应包括：曾经发生过革命的局势中类似的制度模式和历史模式，革命曾经在特定过程中发展的冲突模式。"①

西达·斯考切波教授采用结构分析法发现革命规律，其关注的是空间的三种与革命有关的模式：制度模式、历史模式、冲突模式。她认为，规律覆盖了这三种模式。这三种模式实际上是我们所说的空间的三个点。空间的点是静止的，没有运动，它们在人们想象的连续性中存在。革命是一种运动，是一种性质上的创新，其目的是变革国体政体。不同国家的革命有着不同的目标与价值取向，同一国家不同时期的革命也是如此。各国革命的起因、同一国家不同时期革命的起因多种多样，但比较政治分析学者却能发现其中的"规律"。西达·斯考切波教授总结 1789 年法国革命、

---

① ［美］西达·斯考切波. 国家与社会革命［M］. 何俊志，王学东，译. 上海：上海世纪出版集团，上海人民出版社，2015：19.

1917 年俄国革命，以及 1911 年中国革命后，认为：

"政治革命危机之所以发生，并相应地导致行政机构与军事组织的崩溃，都是由于这些帝制国家受到了双重压力：一方面是来自国外日益险恶的军事竞争与入侵；另一方面是，既存的农业阶级结构与政治制度对于君主政权做出相应反应时所施加的压力。旧制度之所以容易引发这种革命危机，是因为既存的国家结构使其在面临现在环境中各种特殊的危急局面的时候，难以自如地应对。"①

三个国家的革命必定是三种不同性质的运动。综观革命从发生到结束，无法在三个不同国家出现整齐划一的起因与过程。西达·斯考切波教授所说的"双重压力"实际上是三个革命的共性，但这个共性在每个革命中的分量存在差异，它们不会是三个革命共同确认的最重要的革命发生条件。每个国家的革命均有其个性特征，个性特征是革命爆发的直接原因。革命赖以发生的条件，是这次革命成功发生的条件，这些条件不会再次出现。即便所有条件能够再次出现，时间也不会再次出现。时间一直向前运动，不会停止，也不会从头再来。时间条件无法再次出现，其他条件即便再次出现，也无法完全符合"规律"的要求。20 世纪初期，革命派在国内酝酿、组织、发动了多次有规模的起义，均未成功。武昌起义的成功既有革命宣传因素，更有多种偶然因素的配合，回顾历史，只能看到各种积极倾向革命的运动从一省发展到多省，最终爆发辛亥革命。

建国阶段是后革命阶段，建国阶段的关键在于法治建设。法治建设即法治在新的政治价值基础上的运动。这个运动要浸透到国体政体以及其他政治经济文化体制的各个角落，以完全叠置过去的旧的政治价值基础为目标。这个目标的实现标志着法治建设的完成。革命的成功依靠法治建设的成功，因此，法治的运动规律决定革命后建国阶段的规律。

革命是法治新旧价值转换的直接动力，但其转换必须依靠法治自身的运动。为革命所做的准备有利于促进革命的发生，但它们无法决定革命的发生与成功。革命的运动是有机的，只有在时间中，才能发现其爆发点。近代中国革命总在动摇传统政治价值基础，并代之以新的革命所追求的政治价值基础。自由、平等、权利等近代观念就是这些政治价值基础。在革命爆发前，革命派、立宪派，以及清政府为此进行过十余年的实践探索，

---

① ［美］西达·斯考切波. 国家与社会革命 [M]. 何俊志，王学东，译. 上海：上海世纪出版集团，上海人民出版社，2015：343.

清政府甚至在官制改革、地方自治等新政实践上取得长足进展。清政府的立宪改革未能阻止革命爆发，革命以立法的方式加速法治新旧政治价值的转换，但没有成功。究其原因，一在孙中山先生的"三期理论"与军阀割据，二在袁世凯弁髦宪法，未得治人。

在中华民国成立前，孙中山先生提出"三期理论"，即第一期为军法之治，第二期为约法之治，第三期为宪法之治。[①] 按照中山先生的设想，革命胜利后，先成立军政府，地方军事行政由军政府总摄，时间为 3 年；然后过渡到军民分治阶段，实行约法，为期 6 年；最后进入宪法阶段，国家政事完全依靠宪法解决。绵延分析法认为，"人的理解将变化分解成连续和不同的状态，这个理解被视为不变的"。[②] 亨利·柏格森认为，"真实的其实是流动，它是过渡的连续性，是变化本身。这种变化是不可分割的，同时它也是实体性的"，而我们的错误在于"坚持要将它判定为不连贯的，给它增加一些不知道的支撑，这就变成了用一系列并列的状态来取代它"。[③] 变化不可分割，运动也不可分割，无论是革命的运动还是法治的运动。中山先生的"三期理论"把革命后的建设阶段分成从低到高的三个阶段，并规划了军法之治与约法之治的具体运行时长。军法之治未能摆脱旧的法治政治价值基础，却以军法统摄军政民政，形成新的专制，进而全国出现军阀割据状态，导致革命失败。

袁世凯弁髦宪法，未得治人。明末清初的思想家黄宗羲、王夫之论述过"治人"与"治法"的关系，并得出截然相反的结论。黄宗羲认为"有治法而后有治人"，强调治法在先；王夫之主张"有治人而后有治法"，认为关键在得其人。我们已经论述过黄宗羲观点的时代意义与价值，也指出其以三代政治为标尺来衡量其时代政治的静止观点。我们也论述过王夫之主张"有治人而后有治法"，不是主张人治，而是主张治理得人，主张官僚德位相配，主张德位相配的官僚才能赋予其治理国家的资格。同时，他主张君主必须维护自己的权威，反对威福下移。这些主张令我们仿佛看到君主立宪制的雏形。我们肯定王夫之的主张，因为它发现了"治人"的价值，因此更具近代性。我们也发现无论是黄宗羲还是王夫

---

① 中国同盟会革命方略（1906 年秋冬间）[M] //广东省社会科学院历史研究室，等. 孙中山全集·第 1 卷. 北京：中华书局，2011：314-315.

② [法] 亨利·柏格森. 思想和行动 [M]. 杨文敏，译. 北京：北京时代华文书局，2018：7.

③ [法] 亨利·柏格森. 思想和行动 [M]. 杨文敏，译. 北京：北京时代华文书局，2018：8.

之，均采用空间分析法。他们都忽略了法治的价值前提。也就是说，只有确立法治的价值前提，立法者才能依据法治价值立法，人与法之间或法与人之间始终由法治价值来维系。因此，在"治法"与"治人"之前，法治价值必然存在。治人在选择法治价值之前，法治价值已经成为其行为的尺度，其行动以所认定的法治价值为依归。中华民国成立后，仅在 4 个月内，先后两次立法选举临时大总统：依照《组织大纲》选举孙中山先生为第一任临时大总统，实行总统制；根据《临时约法》选举袁世凯为第二任临时大总统，实行内阁制。短时间内的两次选举，实行的却是不同的政体，"对人立法"之评价并不为过。袁世凯执政后，根据《大总统选举法》的规定，于 1913 年当选为中华民国正式大总统。接着，先后解散国民党，解散国会。之后，成立约法会议通过《中华民国约法》，实行总统制。继而，成立参政院代行立法院职能，并提交修正总统选举法草案。很快，约法会议通过《修正大总统选举法》，规定"大总统任期十年得连任"，[1] 袁世凯有了成为终身总统的法律依据。1915 年 10 月末，经袁世凯本人默许以及筹安会的鼓动，各省秘密投票，全票赞成实行君主立宪制，推戴袁世凯为中华帝国大皇帝。袁世凯帝制自为 83 天，因病暴毙，帝制闹剧结束，国家重回中华民国时代。

　　袁世凯弁髦宪法，标志着革命的失败，显示法治运动未能在革命后的建设阶段完成新旧法治政治价值转换的任务。新旧法治政治价值转换不在于"治人"与"治法"孰先孰后，无论怎样解释"治人"与"治法"的关系，我们都无法脱离空间分析的束缚，空间中的法治是静止的。

二、近代法治思想与实践的空间特征

　　我们的思维习惯于在空间内思考连续性，并且从未意识到时间已经被我们以空间替代。什么是空间？亨利·柏格森说："若有一种东西能使我们在一堆同时发生的同一感觉之间辨别彼此，则它就是空间。"[2] 我们在空间内从容规划着事物运动的先后次序，却不顾它们在时间内产生的融

① 修正大总统选举法 [M] //岑德彰. 新中国建设学会丛书之 5·中华民国宪法史料. 新中国建设学会，1933：1.
② [法] 亨利·柏格森. 时间与自由意志 [M]. 吴士栋，译. 北京：商务印书馆，2018：70.

合、渗透与变化。我们甚至看不到空间事物之间自然的或人为的间隔。一旦我们开始关注这些间隔，就会发现我们永远都填不满它们。我们有意无意地回到古希腊伊利亚学派芝诺悖论，把静止当作运动，把空间当作时间。亨利·柏格森说："在整个哲学史上，时间和空间都被放置在同样的行列中，并且被视为同一类事物。因此，我们研究空间，我们确定它的本质及作用，然后，我们将得到的结论运用在时间上。于是，关于空间和时间的理论就这样同时形成了。"① 空间内没有运动，只有并排置列的事物，它们彼此有别。空间分析的特征是事物被彼此分开，"只有空间才是可照任何方式分开和重新合拢的"。② 近代思想家也习惯于这种思维方式与研究方法。

"治人"与"治法"是空间分析的结果。黄宗羲"有治法然后有治人"的法治思想标志着近代法治思想的开启。王夫之基于德位相配理念提出"有治人而后有治法"。黄宗羲反对君主专制，主张回到三代；王夫之从本质上主张维护君主权力，反对权力下移，主张因时通变。王夫之"有治人而后有治法"的观念具有实质近代进步意义。虽然一个复古，一个因时通变，但二人均采用空间分析法。法治的主体是"治人"，法治的依据是"治法"，但二者并未构成法治的全部，我们也无法穷尽法治的全部内容。近代思想家研究"治人"与"治法"的先后关系，目的是重构合法的运动，其合法性的基础是新的排列次序。确定排列次序后，法治的合法运动便在空间中实现了。事实上，并没有真正的运动。"治人"与"治法"只是法治的重要组成部分，它们在空间中是分开的，无法影响彼此。因此，"治人"与"治法"孰先孰后之问便是一个伪问题。面对一个伪问题，无论怎样争论，都不会得到一个令人信服的答案。"治人"行为与"治法"形成均需要法治价值原则作为前提条件，但近代思想家在关注"治人"与"治法"时，忽视了这个前提条件，而把二者自身孰为前提条件视为善治的基础。"治人"与"治法"作为空间中的两个点，外于彼此，无法运动。它们的运动发生在绵延中。在绵延中，它们内于彼此，互相渗透，围绕法治政治价值做运动。

康有为的大同三世说也是空间分析的结果。《大同书》是康有为阐述其社会理想的重要文献。康有为认为，社会发展分三阶段，即据乱世、升

---

① ［法］亨利·柏格森. 思想和运动［M］. 杨文敏，译. 北京：北京时代华文书局，2018：5.

② ［法］亨利·柏格森. 时间与自由意志［M］. 吴士栋，译. 北京：商务印书馆，2018：84.

平世、太平世。一世之中可分三世，三世可推为九世，九世可推为八十一世，八十一世可推为千万世，为无量世。这是古希腊伊利亚学派芝诺悖论的中国康有为版。① 亨利·柏格森认为，这个悖论的实质是"由于人们把运动与所经过的空间混为一谈"。他说："因为两点之间的距离是无限地可分的；如果运动所包括的各部分真像这距离自身的各部分一样，则这距离是永远无法越过的。"② 大同三世说把社会运动解释为空间中的三个点，点与点之间的运动也由其他点构成，细分下去，可为"千万世，为无量世"。运动只有在空间中是可分的，这种分割是无限的，永远无法超越两点之间的距离。康有为认为，三世乃至百世之变化，"孔子已预知之"。③ 我们能够预知明天或未来吗？亨利·柏格森认为，运动是进化而不是展开：

"事实上，即便你知道你明天要做什么，你能试着在今天描述你明天将会完成的行动吗？也许你的想象力会唤起将要执行的任务；但是关于你将要想到，且将要体验到的、会执行的事情，你可能今天什么都不知道，因为你在明天才会明白你所走过的人生。此外，也将会加上这个特别的时刻，就是你明白的那一个时刻。为了提前填充明天的内容，你们只需要将今天与明天区分开，因为人不能在不改变其内容的前提下减少心理生活的任何瞬间。"④

我们对明天的知识和认识建立在实践基础上，离开具体实践，我们只能说我们为明天做了计划，我们要实现这个计划，但计划不是实现。时间在流动，计划不属于时间，属于空间。亨利·柏格森认为，"假设你知道明天会做什么，你也只能预见你行动外的布局：任何内在的事先想象都会占据一段时间，这段时间不断延伸，却会把你一直带到一个时刻。在这个时刻，行为会实现；在这个时刻，预见不再是问题"。⑤ 行动外的布局无非就是计划，也就是内在的事先想象，计划不断修改直至成熟，我们便来到执行和行动时刻。这个时刻是进化，而预见是展开。亨利·柏格森说：

---

① 参见本书第六章一（二）康有为三世说：空间思维的变化观。
② ［法］亨利·柏格森. 时间与自由意志［M］. 吴士栋，译. 北京：商务印书馆，2018：83.
③ 康有为. 论语注［M］//姜义华，张荣华. 康有为全集（增订本）·第6集. 北京：中国人民大学出版社，2020：393.
④ ［法］亨利·柏格森. 思想和运动［M］. 杨文敏，译. 北京：北京时代华文书局，2018：11.
⑤ ［法］亨利·柏格森. 思想和运动［M］. 杨文敏，译. 北京：北京时代华文书局，2018：11.

"在这种进化中，持续的语言与一种内在的增长相贯通，而在这种展开中独立的部分是并列的。"① 亨利·柏格森始终强调语言在意识形成中的作用和限制。进化是时间，展开是空间。康有为的大同三世说就是一种展开，即空间分析。它忽略了时间，认为空间的展开就是时间的进化，时间的进化意义被空间展开所取代。康有为的大同三世说是在空间中展开三个点，即三世，然后用"世有三重"，即"有乱世中之升平、太平，有太平中之升平、据乱"，② 来填满点与点之间的距离。展开不是运动，空间中的距离永远无法填满。

清末新政也以空间分析为基础。五大臣考察欧美政治回国后，载泽便上奏言"三事"，即阐明宪法宗旨、颁布地方自治之制度、宣布集会出版言论自由等法律，是为"载泽三事"。"载泽三事"已经涉及法治政治价值原则转换问题，具有进步意义。清廷根据五大臣的上奏，很快宣布实行官制改革、地方自治、修订法律等事项，这些事项很快进入实质操作阶段，清廷的变法决心不可谓不坚定。但对于呼声较高的"满汉平等""满汉畛域"等问题，清廷变革的积极性则很低。不独"满汉"问题，我们在研究中甚至发现，沈家本、伍廷芳等法律专业人士在立法过程中未能提出或改进男女平等，致使"三纲"原则仍出现在新订法律之中。③ 政治价值原则未变，却率先改变法律，法律的基本性质不会发生变化。我们认为，清末新政改革构想规划于空间。以议事会、自治局等机构为标志的地方自治发展起来后，旧的法治政治价值基础仍然坚固。地方自治的形式虽然有了选举等近代政治特征，出现了新的法治政治价值原则及其现象，但地方自治权力来自国家授予，国家不转变其法治政治价值基础，地方自治便无法出现实质性的成功。清廷只是把地方自治、中央官制与地方官制等改革看作空间中必须完成的几个点，他们甚至认为空间中所有的点都进行了改革，新政便会取得成功。清廷积极完成空间中的任务，却忽略了载泽提出的宪法与自由二事。清廷尽最大努力把这两件事押后进行，却不知此二事是清末新政的基础，基础未立，其他所有的主张与实践都是空中楼阁。

无论是从思想家还是政治家的角度来看，近代法治思想与实践具有

---

① ［法］亨利·柏格森. 思想和运动 ［M］. 杨文敏，译. 北京：北京时代华文局，2018：11.

② 康有为. 论语注 ［M］//姜义华，张荣华. 康有为全集（增订本）·第6集. 北京：中国人民大学出版社，2020：393.

③ 参见本书第七章一（三）"三纲"与清末立法原则。

强烈的空间特征。静止是空间的属性，因此，空间中没有运动。空间思维与分析是历史的遗产，亨利·柏格森认为，整个哲学史都把时间与空间看作同一个事物。中国也不例外。民间俗语有"三岁看老"，孔子有"百世可知"，都是空间分析的表达。空间分析否定了运动，它实际上是一种决定论。这种决定论认为现在与未来都是过去的安排，过去是现在与未来的原因。我们无论怎样努力都无法摆脱过去的安排，我们失去了自由，也失去了创造。决定论者主张，"随着我们知道了较多的条件，预知的可靠性就将逐步增加；他认为我们如果对于一切前件有了完全的、彻底的知识而丝毫没有遗漏，则我们的预知就绝对不会错误"。① 亨利·柏格森说："要完全知道一种动作的一切前件就等于去实在做出这一动作。"② 通过否定决定论，也就否定了预见。为什么会出现这样的决定论、这样的预见？亨利·柏格森认为，出现"认为可以预知一种动作"的原因，是"把时间和空间混淆在一起"。③ 这种混淆也是自然科学研究方法与社会科学研究方法的混淆。自然科学研究时间，但忽略过程。天文学家能够计算出哈雷彗星下次光临地球的时间，因为"他所做的只是在这个天体和其他天体之间建立一系列的位置关系"。④ 决定论者根据自然科学研究方法，认为人的意志状态也遵守"前件同则后件同"⑤ 的定律，但亨利·柏格森肯定地说："就内心状态而论，同样的前件永远不发生第二次。"⑥ 预见是不可能的。社会科学同样研究时间，但它不仅研究时间的两端，而且要经历这些间隔，因为"只有那能经历这些间隔的意识才能觉到这绵延"。⑦

---

① ［法］亨利·柏格森. 时间与自由意志 ［M］. 吴士栋，译. 北京：商务印书馆，2018：138.
② ［法］亨利·柏格森. 时间与自由意志 ［M］. 吴士栋，译. 北京：商务印书馆，2018：138.
③ ［法］亨利·柏格森. 时间与自由意志 ［M］. 吴士栋，译. 北京：商务印书馆，2018：142.
④ ［法］亨利·柏格森. 时间与自由意志 ［M］. 吴士栋，译. 北京：商务印书馆，2018：145.
⑤ ［法］亨利·柏格森. 时间与自由意志 ［M］. 吴士栋，译. 北京：商务印书馆，2018：148.
⑥ ［法］亨利·柏格森. 时间与自由意志 ［M］. 吴士栋，译. 北京：商务印书馆，2018：149.
⑦ ［法］亨利·柏格森. 时间与自由意志 ［M］. 吴士栋，译. 北京：商务印书馆，2018：145.

三、法治的政治价值在绵延中运动

绵延是存在于真正时间中的过程，是真正的时间。法治的政治价值多种多样，能够贯穿绵延过程的却屈指可数。古代的专制等级，近代的自由、平等、民主即是后者。西汉大儒董仲舒确立"三纲"，① 为君主专制的古代中国筑牢两千年的生命线。"三纲"规定了古代中国从国家到家庭，从政治到文化的全方位全覆盖的价值基础，即专制与等级。专制与等级作为法治政治价值原则确保了中国君主专制政治制度的长期稳定，间或发生的"治乱循环"也只是皇帝轮流做，换汤不换药，古代中国从未发生过真正意义上的社会性质革命。即便是鼓吹拜上帝教的太平天国运动，也从最初奉行男女平等，到最后演变为极端的专制。从这一点看，太平天国的法治政治价值基础与清政府别无二致，也是专制与等级。也就是说，洪仁玕虽然是可以超越黄宗羲与王夫之的近代法治理论家，但其理论除有思想史意义外，于太平天国之政治实践则几无帮助。太平天国运动如此浩荡，又有异于中国传统思想的拜上帝教作为精神指导，为何却虎头蛇尾地回归至传统政治思想？从法治角度看，传统政治价值原则植根深厚，已经成为古代国家、社会、家庭、个人的第一选择与唯一选择。太平天国虽然应用和实践《天朝田亩制度》《资政新篇》等法律与理论，但实践尚未在社会层面取得效果，在国家层面却回归了专制与等级，其失败也就不难理解。那么，为何传统政治价值原则能够植根如此深厚？从理论上讲，董仲舒两千年前论述"三纲"之时，便将其融入绵延。

董仲舒以"合"释物，把事物融入绵延过程中。他说：

"凡物必有合。合必有上，必有下，必有左，必有右，必有前，必有后，必有表，必有里。有美必有恶，有顺必有逆，有喜必有怒，有寒必有暑，有昼必有夜，此皆其合也。阴者，阳之合；妻者，夫之合；子者，父之合；臣者，君之合。物莫无合，而合各有阴阳。阳兼于阴，阴兼于阳；夫兼于妻，妻兼于夫；父兼于子，子兼于父；君兼于臣，臣兼于君。君臣、父子、夫妇之义，皆取诸阴阳之道。君为阳，臣为阴；父为阳，子为阴；夫为阳，妻为阴。阴阳无所独行，其始也不得专起，其终也不得分

---

① 有关"三纲"发明权问题，请参见：孙景坛．"三纲"思想的内涵、发明权和产生历史时期的析辨 [J]．南京社会科学，2013（01）.

功，有所兼之义。是故臣兼功于君，子兼功于父，妻兼功于夫，阴兼功于阳，地兼功于天。"①

董仲舒之"合"说虽包含人类及人类社会绵延思想，但总体上是把人与自然视为同一。天地，自然，与人均有"合"的特征。在家庭中，妻子是丈夫之合；在社会中，儿子是父亲之合；在国家中，臣下是君主之合。根据董仲舒所述，A 为 B 之合，A 为阴，B 为阳。"阳兼于阴，阴兼于阳"，夫妇、父子、君臣之合是自觉的融合，可以"夫兼于妻，妻兼于夫；父兼于子，子兼于父；君兼于臣，臣兼于君"，体现出一定的互助性。阴阳合在一起才能发挥作用，运动不是由某一方单独展开，最后的功劳也不能分割。因此，臣下的功德与君主分享，儿子的功业与父亲分享，妻子的功劳与丈夫分享。可见，阳为主，阴为附，君、父、夫为主，臣、子、妻为附，等级秩序明矣。董仲舒说：

"是故仁义制度之数，尽取之天。天为君而覆露之，地为臣而持载之；阳为夫而生之，阴为妇而助之；春为父而生之，夏为子而养之，秋为死而棺之，冬为痛而丧之。王道之三纲，可求于天。天出阳为暖以生之，地出阴为清以成之。不暖不生，不清不成。然而计其多少之分，则暖暑居百而清寒居一，德教之与刑罚犹此也。故圣人多其爱而少其严，厚其德而简其刑，以此配天。"②

董仲舒从四时运行、春秋变化之规律，理解仁义制度，得出圣人"厚其德而简其刑"之法治思想。"三纲"虽为等级秩序，但内有仁义存焉。董仲舒倡导"三纲"，是从绵延中发现君臣、父子、夫妇关系决定国家、社会、家庭关系，三种关系交叉存在，君臣可以是父子，也可以是夫妇。因此，"三纲"不是纯粹的、无感情的，而是家国的、血亲的、宗法的等级制度。它可以兼顾国家、社会、家庭，覆盖所有社会角落与环节，环环相扣，使国家、社会、家庭成为一个稳定体。董仲舒的"三纲"思想形成于绵延，又在绵延中不断渗透至传统社会政治文化的方方面面。传统社会政治文化与"三纲"思想融合至深，以致在两千年间，虽经历各式改朝换代，但"三纲"思想始终深得历代统治者的认可与奉行。"三纲"思想形成于绵延，发展于绵延，根深蒂固于传统社会政治文化，也促进和深化了对传统社会政治文化理念的认同。对传统社会政治文化理念的认同能够形成维护国家利益的自觉。近代以来，这种维护国家利益的自

---

① 《春秋繁露·基义第五十三》。
② 《春秋繁露·基义第五十三》。

觉便有两次代表作，当然，也有两次失败。

第一次是在太平天国运动时期，曾国藩奉命办团练，成功剿灭太平天国运动后，主动上交兵权财权；第二次是在义和团运动时期，南方诸省之"东南互保"。这两次自觉维护国家利益的代表作也是法治政治价值原则内在弹性机制的自生。不过，还有两次失败的事例。一次是在义和团运动期间，清政府借用义和团"扶清灭洋"失败；另一次就是由武昌起义而引爆的辛亥革命。与辛亥革命相比，太平天国运动无论是在规模、破坏力还是在对清政府的危害程度上都远超前者，那么，为何清政府能够渡过太平天国运动危机，却倾覆在辛亥革命？

从法治角度看，政治价值原则的内在弹性机制失效是一个原因。在董仲舒确立"三纲"之初，"三纲"所呈现的等级秩序由"兼功"理念相连。因此，君臣、父子、夫妇虽在等级秩序之内，但又互相配合，不可分离，董仲舒称其为"仁义制度"。这种仁义制度与梁启超先生提出的"民本思想"大同小异。两千年来，古代中国的法治思想虽然始终以等级与专制为政治价值原则，但仁义制度与民本思想也绵延其中，故中国君主专制的历史并非纯粹的单一的等级与专制，其法治的本质是德治。古代的德治就是现代法治。古代的德治是指专制君主控制和公平分配社会政治资源的能力。德治对臣下的要求是"尽忠报国"，君主对忠臣功臣则以分配社会政治资源的方式进行物质与精神褒扬。两千年来，"忠"成为中国文化的重要内容。臣忠于君，子忠于父，妻忠于夫，历代写史，忠臣、孝子、烈女、节妇都在歌颂记载之列。"忠"作为中国传统文化符号象征之一，绵延两千年，已经渗入古代中国社会的方方面面。"忠"已经成为一种自觉意识，这种自觉意识至今仍在。辛亥革命爆发前，自由、平等、权利等近代观念已在中国传播十余载，加之清廷主动下诏变法，实行新政，传统等级与专制政治价值观念不断受到冲击，社会乃至清廷高层也对近代政治价值尤其是平等观念极为推崇，要求废除"满汉畛域"的声音部分便来自满洲贵族。旧的法治政治价值基础开始松动。"忠"作为一种来自等级的文化符号开始受到考验。

第一次考验是义和团运动。清政府误信义和团之"忠"，导致紫禁城被占，帝后弃京西狩。清政府与义和团之间是"剿"与"被剿"的敌对关系，虽可由"剿"转"抚"，但后者没有"忠"的基础，因此，法治政治价值原则的内在弹性机制无法在中央政府产生。但地方政府与中央政府之间存在牢固的"忠"的基础，东南诸省督抚以尽忠报国为宗旨，协商形成东南互保，法治政治价值原则的内在弹性机制在地方自觉产生，保住了清政府。第二次考验是辛亥革命。武昌起义前，革命思想尤其是"驱逐鞑虏"理念已经在武昌军营内广泛传播，很多下层士兵都是共进会或文学社的成员。而北京摄政王却在积极维护满洲利益，甚至扩大"满汉畛域"，弃用汉官如袁世凯。武昌起义爆发后，黎元洪以清协统身份被推举为湖北军政府大都督，向清政府宣战。湖广总督瑞澂则畏难逃走，法治政治价值原则的内在弹性机制未能产生。在危急时刻，清廷重新起用袁世凯，但此时袁世凯与清廷之间"忠"的基础早已不存。纵是清廷大展德治，加官进爵，但袁世凯早已志存高远。武昌起义演变成席卷全国的辛亥革命，清廷法治全面失效，民主共和理念叠置了等级与专制。不过，这种叠置是暂时的，并无社会政治文化上的浸透与支撑。等级与专制的思想依然在绵延中，而且随时可能反扑。

四、近代法治政治价值基础空间化构想及其失败

清廷的法治变革失败了，但民初奉行民主共和的法治为何也是失败结局？从法治角度看，民初民主共和的法治观念未能完全叠置前清的等级与专制法治思想，因此，不仅导致辛亥革命失败，而且民国期间连续出现复辟事件。那么，民国命运如此多舛，其归于法治的原因又是什么？

孙中山先生的"三期理论"以及民初"对人立法"是原因之一。中山先生"三期理论"的空间特征实际上是芝诺悖论的翻版。从军法之治到约法之治再到宪法之治，所需的运动之一，是军阀放弃权力，实行君民分治，进而完全实行民治。其间没有运动发生，只有把空间当作时间的表述。事实上，北洋政府时期是中国历史上仅见的军阀割据时代。军阀的运动就是维持自身权力与利益，这与在空间中对军阀理想化的想象实为天壤之别。于是，中山先生期待中的运动未能出现，甚至走向了反面。军阀割据时代形成新的专制与等级，各省出现独裁的"土皇帝"。这些"土皇帝"掌握着各省军事、经济、民政实权，并且拉帮结伙，巩固势力，中央政府对此无可奈何。那么，为何在清政府时期未曾形成军阀割据，而民国成立后，军阀割据却紧随其后形成了？

从法治角度看，这是民初法治政治价值基础空间化构想的失败。"三期理论"第一期为"军法之治"，指在革命后一段时期实行军事管理，各省由军政府管理，军政府都督为各省军政民政最高长官。实行军事管理的目的是要防止革命后社会动乱发生，迅速恢复社会秩序。中山先生在设计

这一制度时，参考了美国建国史与法国建国史，并且对军阀对权力的欲求与贪婪极为清醒。1905 年，中山先生与汪精卫谈话，说：

"天下大定，欲军政府解兵权以让民权，不可能之事也。是故华盛顿与拿破仑易地则皆然。美之独立，华盛顿被命专征，而民政府辄持短长，不能行其志。其后，民政府为英军所扫荡，华盛顿乃得发舒。及乎功成，一军皆思拥戴，华盛顿持不可。盖民权之国必不容有帝制，非惟心所不欲，而亦势所不许也。拿破仑生大革命之后，宁不知民权之大义？然不掌兵权，不能秉政权；不秉政权，不能伸民权。彼既藉兵权之力取政府之权力以为己有矣，则其不能解之于民者，骑虎之势也。而当其将即位也，下令国中民主与帝制，惟所择主张帝制者，十人而九。是故，使华盛顿处法兰西，则不能不为拿破仑；使拿破仑处美利坚，则不能不为华盛顿。君权政权之消长，非一朝一夕之故，亦非一二人所能为也。"①

中山先生以华盛顿和拿破仑为例论述革命之后必行"军法之治"的原因。他认为，由于大势所趋，"势所不许"，人力无法阻挡"势"的规律，华盛顿与拿破仑即使在对方国家，都能成为对方，即华盛顿在法国会成为拿破仑，拿破仑在美国会成为华盛顿。这是机械决定论。机械决定论认为，运动受前因决定，同样的原因会产生同样的结果。中山先生认为，"势"是决定因素，人的行为受其支配，在"势"面前，人必须被动服从，因为"势"是规律。这里的"势"就是革命。我们已经论述：革命没有规律。革命发生在时间中，其所有的物质准备、精神理论均在绵延中进行。革命可以策划，但革命的发生与结果往往不在策划中。革命成功后的建设，即国体政体的建设，也面临法治政治价值基础转变的考验，转变的成功是革命真正的成功。因为"势"不是规律，因此，其原因无法再次绝对重复出现。我们研究自然科学，注重发现其规律，如天体运动规律，这种规律的发现给人类的生活带来极大方便，如历法的应用。与自然规律相比，还有很多自然现象每时每刻都在发生。有些自然现象的形成与运动并无规律可循，如飓风、地震等。社会运动具有前进或进步的规律，总是从低级向高级发展。但革命是社会运动的一种特殊现象，它并非一种必然向前的运动或必然成功的运动。革命虽然需要物质与精神的准备，但其发生时常具有偶然性。在晚清时期，同盟会组织过多次起义，均未形成革命态势。1911 年 10 月的武昌起义虽由共进会与文学社酝酿多时，但其发生实属偶然，以致连最重要的大都督人选都是临时抱佛脚找来的与革命毫无关系的前清协统黎元洪。如此匆忙的武昌起义酝酿了最终推翻清王朝的辛亥革命，而革命党却在辛亥革命形势一片大好之中，拱手让权于袁世凯，直接导致辛亥革命失败。因此，革命没有规律。西达·斯考切波教授在《国家与社会革命》中为中国、俄国、法国革命寻找规律，我们已经论证，她只找到了统一的原因或革命条件。即便是这些统一的原因或革命条件，也只是排列在空间中的一些原因或革命条件，它们无法准确地反映任一国家当时的历史和绵延。中山先生也是通过空间分析，得出"军法之治"之阶段。

"军法之治"乃至"三期理论"都是"势"的一部分，人的能动性在其中不再起作用。人类面对自然规律或许无能为力，比如人类无法决定地球绕日公转的速度。但人类在社会问题上则大有可为。社会发展有进步规律，但社会现象如革命则无规律。"军法之治"作为革命后的第一阶段，决定着革命的未来。但这个第一阶段是空间想象的，是理论的。中山先生考察美国革命，得出权力转移必须经过一个特定阶段的结论。因此，他认为，在中国革命发生后，军政府不可能解除军权，必由"军法之治"过渡到"约法之治"，军民才能分治。华盛顿与拿破仑都无法改变"军法之治"这个规律。这个想象的规律束缚了人的主观能动性。华盛顿是美国历史文化的产物，拿破仑是法国历史文化的结晶，易地互换，则无华盛顿，也无拿破仑。英雄与伟人总是独一无二的，他们是历史的创造者，他们属于自己的文化与土壤。中山先生就是这样的伟人。他对于革命事业具有无穷无尽的主观能动性，他是中国人得以推翻清王朝统治的第一伟人。中山先生创制"三期理论"，实际上否定了自身的革命能动性，把革命后的一切都交给所谓的规律，期待规律能够走出符合革命者意愿的运动轨迹。他错在相信革命后的所谓规律，更错在失去了与军政府继续斗争的革命能动性。他知道军政府不会放弃军权，却幻想他们能够在规律中接受军民分治。中山先生不得不发起二次革命，但一切都晚矣。

空间化构想是近代法治政治价值基础转换失败的直接原因。法治政治价值的转换是一个艰巨的系统工程，它并非单纯改变宪法和国体政体便谓完事大吉，它需要对社会政治经济文化进行全方位的叠置。也就是说，新的法治政治价值必须完全叠置旧的法治政治价值。此后，革命才可谓真正成功。新旧法治政治价值基础的转换是叠置，不是取消或消灭。政治价值观念产生于人的思想，在人类社会发展的不同阶段会有相应的主流政治价值观念。根据人类社会发展规律，人类社会发展的后一个阶段必须进步于前一个阶段，这种进步的重要表现之一就是政治价值观念的进步。后一阶段进步的法治政治价值观念叠置了旧的落后的法治政治价值观念，但后者并没有消失，只是暂时退居次要地位，而且总是想方设法再次成为主角。只要这个国家为旧的法治政治思想留有生长土壤，这块土壤便会成为旧的法治政治价值的新摇篮，它会在摇篮里成长，它会卷土重来。这一切发生在真正的时间内，这就是绵延。从空间观察，我们只看到结构，却忽略了发生在时间内的过程。我们把空间结构视为运动本身，认为只要这个理论结构合理存在，事情就会按照理论结构的方向和顺序发展下去。时间因此被空间化，新旧法治政治价值基础在空间中进行了转换。这种转换只是想象中的，实际上一切都在空间中，转换并未发生。由于转换并未发生，民国初期法治的政治价值基础只是在形式上发生了改变：代表共和民主的国家——中华民国成立了，象征共和民主的宪法——《组织大纲》《临时约法》先后实行了。中国第一次有了近代意义的议会，有了近代意义的选举投票。政治上的民主形式无法掩盖旧的法治政治价值在社会其他方面的继续存在。近代军阀割据是这种存在的最典型的代表。

军阀割据是近代新旧法治政治价值基础转换失败的最直接后果。近代中国法治在转型之时便与军法结合在了一起。军法之治是孙中山先生建国三期理论之第一步。中山先生铺就的道路，武昌起义的革命党人毫不迟疑地选择了。武昌起义胜利之夜，湖北军政府便已经成立。革命党人意识到军政府须依法而立，而归附到军政府的立宪派也有相似想法。革命党领袖人物谭人凤主张"照革命方略大旨，草各机关条例"，立宪派代表人物汤化龙则主张军政府"非建君民分治之制，必以畸废害事"。最后，革命派占了争论上风，《湖北革命军政府内部组织条例》"遵循同盟会纲领而完成"。① 邹鲁先生曰："义师既起，各地反正，土地人民，新脱满洲之羁绊。临敌者，宜同仇敌忾，内辑族人，外御寇仇，军队与人民，同受治于军法之下。军队为人民戮力破敌，人民供军队之需要，及不妨其安宁。既破敌者，及未破敌者，地方行政，军政府总摄之。"② 依据此条例，湖北革命军政府下设四部，即司令部、军务部、参谋部、政事部。民政归军政府管辖。此后，各省起义纷纷效仿湖北，军法之治在全国施行。在北洋政府时期，各省都督专揽军政独裁权日久，极少有人愿意自废武功，于是，各省都督而为督军而为军阀。军阀问题在国民政府期间也没有得到解决，

---

① 徐忱，徐彻. 黎元洪全传 [M]. 北京：中国文史出版社，2013：61.
② 邹鲁. 中国同盟会 [M]//中国史学会. 中国近代史资料丛刊·辛亥革命·第2册. 上海：上海人民出版社，1957：15.

它的最终解决是中华人民共和国成立后，中国共产党成为人民军队的领导者，军队在党的绝对领导下，而不是某个人的私有物。虽然有外国学者以军队国家化相讥，但熟悉中国国情的学者不会忘记军阀割据时中国人民的苦难。党指挥枪是中国共产党的创新与创造，也是最符合中国国情的国家制度。中国今天的社会主义法治就包括党对军队绝对领导的内容。但近代革命党主张的军法之治却成为地方军事独裁政权的法治。

何谓军事独裁政权？《布莱克维尔政治制度百科全书》认为，"法西斯主义以及军事独裁政权都是独裁主义统治的范例"，它们有三个主要特征："公民讨论和投票的决策方法几乎或全部由当权者决策的方式所取代；这些过于集中的权力运用缺少宪法上的制约；统治者所宣称的那种权威通常不必也不是来自被统治者的认可，而是出自他们特有的某种特性。"① 由此三特征可知，军事独裁政权拒绝民主，没有宪法制约，统治者与被统治者关系不平等，统治者具有绝对权力，被统治者没有政治权利。军法之治就是把独裁、等级、专制与法治相结合，给中国社会带来了近40年的军阀割据时代。有些学者认为清末的军事主义是导致军阀割据的原因，② 这种说法是站不住脚的。晚清统治者虽然有鼓励团练的传统，但清代并没有产生军阀。袁世凯小站练兵，虽有过自己训练的军队，但其所训练的军队属于国家。袁世凯被剥夺兵权成为外务部会办大臣，直到洹上养疴期间，并未掌控任何军队。甚至他就任大总统后，也没有直接领兵，更谈不上军阀自为。辛亥革命后，各省军阀的出现皆本于三期理论之军法之治以及依据此理论而形成的军政府的相关法律。刘晓先生认为，辛亥革命胜利后，政治权威的合法性由天意转向了民意，只是由封建帝王转移到了大军阀身上，"实质上并没有真正达到向法治的转变"。③ 事实上，辛亥革命完成了向法治的转变，只是这个法治是军事独裁政权的法治。

军事独裁法治（暂且这么称呼）抛弃了自由与平等。法治直接总摄万法，并通过万法间接影响社会。法治接受了军事独裁，就是宣布把自由与平等拒之门外。虽然有约法之治和宪法之治等目标，但自由与平等没有生存土壤，不会生根发芽；独裁与专制也不是即来即走的旅行者，它们来了就不愿再离开。实际上，军法之治是比晚清政权更专制的制度。为什么这么说呢？因为军事独裁政权比晚清各省政府的都督多了一个私人军权。

---

① ［英］韦农·波格丹诺. 布莱克维尔政治制度百科全书［M］. 邓正来，译. 北京：中国政法大学出版社，2011：37.
② 高海燕. 地方主义·军事主义——近代中国军阀政治探源［J］. 史学集刊，1998（03）.
③ 刘晓. 近代军阀政治的起源［J］. 学术研究，1990（06）：91.

晚清各省都督也有兵权，但军队不是私人的，属于国家，或者严格来说，属于皇帝一人。而辛亥革命后造就的军阀，其军队都是私人武装。为维持私人武装庞大的开支，各省军阀拼命开源，人民成为其鱼肉的最直接对象，其苦惨过晚清。而各省军阀通过敛财，找到了致富的捷径，于是，变本加厉，致使民不聊生。在这种情况下，自由与平等已成奢望，人民但求活命耳。没有自由与平等的法治，就没有自由与平等的政治社会。

近代新旧法治政治价值基础的转换以失败告终。我们用绵延分析法分析发现，其转换的理论基础在空间，其发生在时间中的转换仅在政治层面，未能对整个社会进行全方位叠置。旧的法治政治价值基础依托军阀，一变而为更加专制的法治——军事独裁法治。中华民国成立后，国内各省几乎都存在军阀割据，中国由君主专制的皇帝独尊，一变而为实行军事独裁法治的土皇帝遍布全国，土皇帝又依附不同列强，国家顿成四分五裂之态。旧的法治政治价值基础是坚固的，它总在寻找东山再起之机。袁世凯复辟、张勋复辟、溥仪复辟，近现代历史上的三次复辟说明一个问题：旧的法治政治价值存在着死灰复燃的可能性。为此，新旧法治政治价值基础的转换不独为政治制度方面的革命与改革，转换成功的基础是整个社会全方位的改变，即新的法治政治价值全面叠置旧的法治政治价值。叠置只是第一步。新的法治政治价值必须浸透于社会政治经济文化的方方面面，文化是浸透的最好载体，教育是浸透的必要手段。通过教育与文化的作用，旧的法治政治价值逐渐成为最微不足道的历史遗迹。就法治而言，要时刻警惕这些历史遗迹的未燃尽的灰烬。为此，新的法治政治价值基础必须坚持守正创新，不断自我革命。只有这样，新的法治政治价值基础才能与时俱进，不被历史淘汰。

参 考 文 献

［1］［法］亨利·柏格森．思想和运动［M］．杨文敏，译．北京：北京时代华文书局，2018.

［2］［法］亨利·柏格森．时间与自由意志［M］．吴士栋，译．北京：商务印书馆，2018.

［3］［法］亨利·柏格森．创造进化论［M］．姜志辉，译．北京：商务印书馆，2004.

［4］［法］亨利·柏格森．道德和宗教的两个来源［M］．彭海涛，译．北京：北京时代华文书局，2018.

［5］胡适．中国古代哲学史［M］//欧阳哲生．胡适文集（6）．北京：北京大学出版社，2013.

［6］金观涛，刘青峰．观念史研究：中国现代重要政治术语的形成［M］．北京：法律出版社，2009.

［7］Preface, Charles C. Ragin. Fuzzy-set Social Science［M］. Chicago：The University of Chicago Press，2000.

［8］［古希腊］亚里士多德．政治学［M］．吴寿彭，译．北京：商务印书馆，1965.

［9］［古希腊］亚里士多德．物理学［M］．张竹明，译．北京：商务印书馆，1982.

［10］［古希腊］亚里士多德．雅典政制［M］．日知，力野，译．北京：商务印书馆，2009.

［11］［古希腊］亚里士多德．尼各马可伦理学［M］．王旭凤，陈晓旭，译．北京：中国社会科学出版社，2007.

［12］Aristotle, W. E. Bolland. Aristotle's Politics［M］. Oxford：The Clarendon Press，1908.

［13］［美］列奥·施特劳斯．霍布斯的政治哲学［M］．申彤，译．南京：凤凰出版传媒有限公司，译林出版社，2012.

［14］夏勇．法治源流——东方与西方［M］．北京：社会科学文献出版社，2004.

［15］夏勇．中国宪法改革的几个基本理论问题［M］//俞可平，Arif Dirlik．中国学者论民主与法治．重庆：重庆出版社，2008.

［16］［英］霍布斯．利维坦［M］．黎思复，黎廷弼，译．北京：商务印书馆，1985.

［17］李贵连，李启成．法治（Rule of Law）还是治法——近代中国法治的一点思考［C］//北京论坛（2004）文明的和谐与共同繁荣："法治文明的承继与融合"法律分论坛论文或提要集，2004.

［18］［英］戴维·M.沃克．牛津法律大辞典［M］．北京社会与科技发展研究所，译．北京：光明日报出版社，1988.

［19］［美］布莱恩·H.比克斯．牛津法律理论词典［M］．邱昭继，等，译．北京：法律出版社，2007.

［20］阿奎那．阿奎那政治著作选［M］．马清槐，译．北京：商务印书馆，2009.

［21］毛泽东．毛泽东选集·第2卷［M］．北京：人民出版社，1991.

［22］潘维．法治与民主迷信［M］．香港：香港社会科学出版社，2003.

［23］朱光磊．政治学概要［M］．天津：天津人民出版社，2008.

［24］Martin Seliger. Ideology and Politics［M］. London：George Allen & Unwin Ltd，1976.

［25］习近平总书记在中国共产党第十九次全国代表大会上的报告，2017年10月18日。

［26］［美］劳伦斯·却伯．看不见的宪法［M］．田雷，译．北京：法律出版社，2011.

［27］［德］哈贝马斯．在事实与规范之间——关于法律与民主法治国的商谈理论［M］．童世骏，译．北京：生活·读书·新知三联书店，2003.

［28］［美］乔万尼·萨托利．民主新论［M］．冯克利，阎克文，译．上海：上海世纪出版集团，上海人民出版社，2009.

［29］徐佳佳，刘锋．孔子"为政以德"思想的政治哲学诠释［J］．广西社会科学，2020（01）.

［30］陈来．论"道德的政治"——儒家政治哲学的特质［J］．天津社会科学，2010（01）.

［31］喻中．说"为政以德"［J］．读书，2009（07）.

[32] 朱熹. 朱子全书·第6册 [M]. 上海：上海古籍出版社，合肥：安徽教育出版社，2002.

[33] 萧公权. 中国政治思想史 (2) [M]. 沈阳：辽宁教育出版社，1998.

[34] 萧公权. 康有为思想研究 [M]. 汪荣祖，译. 北京：新星出版社，2005.

[35] [美] 邓恩. 从利玛窦到汤若望：晚明的耶稣会传教士 [M]. 余三乐，石蓉，译. 上海：上海古籍出版社，2003.

[36] 张力，刘鉴唐. 中国教案史 [M]. 成都：四川社会科学院出版社，1987.

[37] 侯外庐. 中国思想通史·第4卷下 [M]. 北京：人民出版社，1975.

[38] 何兆武. 明末清初西学之再评价 [J]. 学术月刊，1999 (01).

[39] 何兆武. 论徐光启的哲学思想 [J]. 清华大学学报 (哲学社会科学版)，1987 (01).

[40] 黄兴涛，王国荣. 明清之际西学文本——50种重要文献汇编·第1册 [M]. 北京：中华书局，2013.

[41] 朱亚宗. 科学的创造者与文化的迷失者——徐光启历史角色新探 [J]. 自然辩证法通讯，1990 (02).

[42] 德礼贤. 中国天主教传教史 [M]. 上海：商务印书馆，1933.

[43] 朱维铮，李天纲. 徐光启全集·第1、4、5、9册 [M]. 上海：上海古籍出版社，2010.

[44] 陈卫平. 徐光启与明清之际后理学思想世界的重建 [J]. 船山学刊，2016 (02).

[45] 徐光启. 徐光启集 (上) [M]. 上海：上海古籍出版社，1984.

[46] [意]利玛窦. 利玛窦书信集 [M]. 文静，译. 北京：商务印书馆，2018.

[47] 谢国桢. 略论明末清初学风的特点 [J]. 四川大学学报，1963 (02).

[48] 《东林书院志》整理委员会. 东林书院志 (上) [M]. 北京：中华书局，2004.

[49] 黄宗羲. 黄宗羲全集·第1、8、9、10册 [M]. 杭州：浙江古籍出版社，2002.

[50] 张廷玉，等. 明史 (5) [M] //二十四史简体字本 (62). 北京：中华书局，1999.

[51] 顾宪成. 泾皋藏稿·卷5 [M] //钦定四库全书·424·集部6·别

集类5.

[52] 顾宪成. 顾端文公遗书·小心斋札记·上 [M]. 光绪丁丑重刊，泾里宗祠藏板（影印本）.

[53] 李洵. 明末东林党的形成及其政治主张 [J]. 东北师范大学科学集刊，1957（03）.

[54] 谢国桢. 明清之际党社运动考 [M]. 北京：北京出版集团公司，北京出版社，2014.

[55] 高攀龙. 困学记 [M]//钦定四库全书·集部6·别集类5·高子遗书卷3.

[56] 高攀龙. 今日第一要务疏 [M]//钦定四库全书·集部6·别集类5·高子遗书卷7.

[57] 张溥. 古文存稿卷之1·礼质序 [M]//七录斋诗文合集·3·影印本.

[58] [日] 小野和子. 明季党社考 [M]. 李庆，张荣湄，译. 上海：上海古籍出版社，2013.

[59] 嵇文甫. 晚明思想史论 [M]. 北京：中华书局，2017.

[60] 杨小明. 黄宗羲的科学研究 [J]. 中国科技史料，1997，18（04）.

[61] 徐海松. 论黄宗羲与徐光启和刘宗周的西学观 [J]. 杭州师范学院学报，1997（04）.

[62] 陈鼓应. 陈鼓应道典诠释书系·庄子今注今译（上册）[M]. 北京：商务印书馆，2016.

[63] 沈定平. 清初大儒黄宗羲与西洋历算之学 [J]. 北京行政学院学报，2017（02）.

[64] 许苏民. 晚明西学东渐与《明夷待访录》政治哲学之突破 [J]. 江汉论坛，2012（12）.

[65] 顾炎武. 顾炎武全集（18）（21）[M]. 上海：上海古籍出版社，2011.

[66] 顾炎武. 日知录集释（校注本）（1）[M]. 杭州：浙江古籍出版社，2013.

[67] 周可真. 顾炎武与复社 [J]. 苏州大学学报（哲学社会科学版），1992（03）.

[68] 梁启超. 饮冰室合集·文集·第14册 [M]. 北京：中华书局，2015.

[69] 梁启超. 梁启超全集·第1、2、3、4、5、6、10集 [M]. 北京：中国人民大学出版社，2018.

[70] 屠凯. 博文而有耻：顾炎武的法哲学 [J]. 苏州大学学报（法学版），2019（03）.

[71] 王夫之. 船山遗书·第 1、2、12 册 [M]. 北京：中国书店，2016.

[72] 王夫之. 读通鉴论（上、中册）[M]. 北京：中华书局，1975.

[73] [美] I. 伯纳德·科恩. 科学中的革命（新译本）[M]. 鲁旭东，赵培杰，译. 北京：商务印书馆，2017.

[74] 汤开建. 利玛窦明清中文文献资料汇释 [M]. 上海：上海古籍出版社，澳门：澳门特别行政区政府文化局，2017.

[75] 陈居渊. "易有太极" 义新论 [J]. 中国哲学史，2019（05）.

[76] 钱穆. 中国近三百年学术史（上、下册）[M]. 北京：商务印书馆，1997.

[77] 黄书光. 论儒家教化思想的理论特征 [J]. 社会科学战线，2008（05）.

[78] 沈毓桂. 匡时策 [J]. 万国公报，1895，4（75）.

[79] 陈旭麓. 论中体西用 [J]. 历史研究，1982（05）.

[80] [美] 西达·斯考切波. 国家与社会革命 [M]. 何俊志，王学东，译. 上海：上海世纪出版集团，上海人民出版社，2015.

[81] 中共中央马克思恩格斯列宁斯大林著作编译局. 马克思恩格斯全集·第 13 集 [M]. 北京：人民出版社，2006.

[82] 中共中央马克思恩格斯列宁斯大林著作编译局. 马克思恩格斯选集·第 4 卷 [M]. 北京：人民出版社，1995.

[83] 陈潮. 传统的华夷国际秩序与中韩宗藩关系 [J]. 韩国研究论丛，1996（02）.

[84] 孙晓春，杜美玲. 近代中国思想界对 "平等" 的误释——以康有为《大同书》为例 [J]. 探索与争鸣，2015（08）.

[85] 孙晓春. 平均主义与中国传统政治心态 [J]. 天津社会科学，1992（03）.

[86] 孙晓春，施正忠. 近代中国自由观建构的传统话语背景——政治哲学视阈下的庄子自由观及其影响 [J]. 探索与争鸣，2017（06）.

[87] [美] 马士. 中华帝国对外关系史·第 1 卷 [M]. 张汇文，等，译. 北京：商务印书馆，1963.

[88] [英] 格林堡. 鸦片战争前中英贸易通商史 [M]. 康成，译. 北京：商务印书馆，1961.

[89] 梁廷枏. 英吉利国记 [M] // 沈云龙. 近代中国史料丛刊续编第 52

辑 . 台北：台湾文化出版社，1978.

[90] 顾卫民 . 基督教与中国近代社会 ［M］. 上海：上海人民出版社，1996.

[91] 郭廷以 . 近代中国史事日志（上、下册）［M］. 北京：中华书局，1987.

[92] ［美］M. G. 马森 . 西方的中国及中国人观念（1840—1876）［M］. 杨德山，译 . 北京：中华书局，2006.

[93] 广东省文史研究馆 . 鸦片战争史料选译 ［M］. 北京：中华书局，1983.

[94] 杨家骆 . 中国近代史文献汇编之 1 · 鸦片战争文献汇编 · 第 3 册 ［M］. 台北：台湾鼎文书局，1973.

[95] 《魏源全集》编辑委员会 . 魏源全集（6）（7）［M］. 长沙：岳麓书社，2011.

[96] 魏源 . 魏源集 · 第 1 册 ［M］. 北京：中华书局，1976.

[97] 王家俭 . 魏源年谱 ［M］. 台北："中央研究院"历史研究所，1981.

[98] 王维俭 . 林则徐翻译西方国际法著作考略 ［J］. 中山大学学报（哲学社会科学版），1985（01）.

[99] ［美］惠顿 . 万国公法 ［M］. 丁韪良，译 . 北京：中国政法大学出版社，2003.

[100] 刘耿生 . 奕䜣与总理衙门的建立述评 ［J］. 历史档案，1990（04）.

[101] 吴福环 . 论总理衙门在中国近代史上的历史地位 ［J］. 社会科学辑刊，1992（01）.

[102] 徐宗泽 . 中国天主教传教史概论 ［M］. 上海：上海书店出版社，2010.

[103] 宣宗成皇帝实录（5）· 卷 309 ［M］//清实录 · 第 37 册 . 北京：中华书局，1986.

[104] 桂良 . 清文宗实录（2）［M］. 台北：台湾华文书局，1964.

[105] 陈宝琛，世续 . 大清德宗景皇帝实录（7）［M］//清实录 · 第 58 册 . 北京：中华书局，1987.

[106] 陈宝琛，世续 . 大清德宗景皇帝实录（8）［M］//清实录 · 第 59 册 . 北京：中华书局，1987.

[107] 张星烺 . 中西交通史料汇编 · 第 1、3、6 册 ［M］. 北京：中华书局，1977.

[108] 王铁崖 . 中外旧约章汇编 · 第 1 册 ［M］. 北京：生活 · 读书 · 新

知三联书店，1957.

[109] 赖德烈 . 基督教在华传教史 [M]. 雷立柏，等，译 . 香港：道风书社，香港汉语基督教文化研究所有限公司，2009.

[110] [法] 史式徽 . 江南传教史·第 1 卷 [M]. 天主教上海教区史料译写组，译 . 上海：上海译文出版社，1983.

[111] 张西平 . 中国丛报 (1832.5—1851.12) ·第 14 卷 [M]. 桂林：广西师范大学出版社，2009.

[112] 齐思和，等 . 第二次鸦片战争·第 2 册 [M]. 上海：上海人民出版社，1978.

[113] 中国第一历史档案馆，福建师范大学历史系 . 清末教案·第 1、5 册 [M]. 北京：中华书局，1996.

[114] 程妮娜 . 羁縻与外交：中国古代王朝内外两种朝贡体系——以古代东北亚地区为中心 [J]. 史学集刊，2014 (04).

[115] 杨向群 . 《资政新篇》与西学东渐 [J]. 广西社会科学，1993 (01).

[116] 邓之诚，谢兴尧，等 . 太平天国资料 (1) [M]//沈云龙 . 近代中国史料丛刊续编第 36 辑 . 台北：文海出版社，1976.

[117] 郑剑顺 . 关于太平天国史研究的几个问题 [J]. 史学月刊，2000 (06).

[118] 操申斌 . 对中国近代几种大同思想的评说 [J]. 社会科学战线，2006 (03).

[119] 景栻，林言椒 . 太平天国革命性质讨论集 [M]. 北京：生活·读书·新知三联书店，1962.

[120] 王明前 . 《天朝田亩制度》"反动性"辩 [J]. 学术探索，2007 (04).

[121] 欧阳跃峰 . "圣库制度"考辨 [J]. 近代史研究，2005 (02).

[122] 班固 . 汉书·第 8 册 [M]. 北京：中华书局，1962.

[123] 班固 . 白虎通德论·诛伐 [M]. 上海：上海古籍出版社，1990.

[124] [美] 费正清，刘广京 . 剑桥中国晚清史 (1800—1911 年) (上) [M]. 中国社会科学院历史研究所编译室，译 . 北京：中国社会科学出版社，1985.

[125] 郝秉键 . 西方史学界的明清"绅士论" [J]. 清史研究，2007 (05).

[126] 熊熊 . 曾国藩湘军的宗法性及其命运 [J]. 社会科学战线，1990

（02）.

[127] 薛福成. 庸庵文续编·卷下［M］//清光绪刻《庸庵全集》本.

[128] 薛福成. 庸庵文编·卷1［M］//沈云龙. 近代中国史料丛刊续编第95辑. 台北：台湾文化出版社, 1973.

[129] 曾国藩. 曾国藩全集（1）（25）［M］. 长沙：岳麓书社, 1987.

[130] 罗尔纲. 湘军新志［M］//沈云龙. 近代中国史料丛刊续编第95辑. 台北：文海出版社, 1983.

[131] 恽毓鼎. 崇陵传信录［M］//翦伯赞, 等. 中国近代史资料丛刊第9种·义和团（1）（4）. 上海：神州国光社, 1951.

[132] 英国蓝皮书有关义和团运动资料选译［M］. 胡滨, 译. 北京：中华书局, 1980.

[133] 中国社会科学院近代史研究所近代史资料编辑组. 近代史资料丛刊·义和团史料（上）［M］. 北京：中国社会科学出版社, 1982.

[134] 齐鲁书社编辑部. 义和团运动史讨论文集［M］. 济南：齐鲁书社, 1982.

[135] 史学双周刊社. 义和团运动史料论丛［M］. 北京：生活·读书·新知三联书店, 1956.

[136] 李文海, 等. 义和团运动史事要录［M］. 济南：齐鲁书社, 1986.

[137] 中国第一历史档案馆编辑部. 义和团档案史料续编（上册）［M］. 北京：中华书局, 1990.

[138] 故宫博物院明清档案部. 义和团档案史料（上册）［M］. 北京：中华书局, 1959.

[139] 金家瑞. 帝国主义导演下的"东南互保"［J］. 历史教学, 1951（10）.

[140] 金家瑞. 论"东南互保"［J］. 福建论坛（文史哲版）, 1989（05）.

[141] 廖一中. "东南互保"评述［J］. 历史教学, 1980（07）.

[142] 何平立. 论督抚、列强、资产阶级与"东南互保"［J］. 史林, 1987（04）.

[143] 黎仁凯. 张之洞东南互保新探［J］. 江汉论坛, 1988（07）.

[144] 刘芳. 核心与外围："东南互保"的范围探析［J］. 江苏社会科学, 2016（04）.

[145] 董丛林. "东南互保"相关事局论析［J］. 晋阳学刊, 2018（02）.

[146] 高全喜. 新制起于南国：政治宪法学视野下的"东南互保"［J］. 学术月刊, 2018（04）.

[147] 彭淑庆，孟英莲. 再论庚子"东南互保"的首倡问题 [J]. 东岳论丛，2011（11）.

[148] 彭淑庆. 空间·结构·心态——区域社会史视角下的"东南互保"运动 [J]. 东岳论丛，2009（02）.

[149] 盛宣怀. 愚斋存稿·第35、94卷 [M] //沈云龙. 近代中国史料丛刊续编第13辑. 台北：文海出版社，1975.

[150] 陈旭麓，等. 义和团运动·盛宣怀档案资料选辑之7 [M]. 上海：上海人民出版社，2001.

[151] 戴海斌. "误国之忠臣"——再论庚子事变中的李秉衡 [J]. 清史研究，2011（03）.

[152] 赵亦彭. 李秉衡的"拳乱祸首"身份问题 [J]. 清史研究，2015（01）.

[153] 龚自珍. 龚自珍全集 [M]. 上海：上海人民出版社，1975.

[154] 郭延礼. 龚自珍年谱 [M]. 济南：齐鲁书社，1987.

[155] 谭嗣同. 仁学：谭嗣同集 [M]. 沈阳：辽宁人民出版社，1994.

[156] 夏剑钦. 中国近代思想家文库·魏源卷 [M]. 北京：中国人民大学出版社，2013.

[157] 何晏. 论语集解·为政第二 [M] //四部丛刊初编（8）. 上海：上海书店，1989.

[158] 陆宝千. 清代思想史 [M]. 上海：华东师范大学出版社，2009.

[159] 刘平，郑大华. 中国近代思想家文库·包世臣卷 [M]. 北京：中国人民大学出版社，2013.

[160] 吴泽. 魏源的变易思想和历史进化观点——魏源史学研究之一 [J]. 历史研究，1962（05）.

[161] 李喜所. 魏源及其思想特征评述 [J]. 唐都学刊，2003（01）.

[162] 常青. 释"攻夷""款夷"与"制夷" [J]. 史学月刊，1985（03）.

[163] 易振龙，彭忠德. "以夷制夷"正解 [J]. 北京师范大学学报（社会科学版），2012（02）.

[164] 杨国桢. 中国近代思想家文库·林则徐卷 [M]. 北京：中国人民大学出版社，2013.

[165] [美] 约翰·罗尔斯. 作为公平的正义：正义新论 [M]. 姚大志，译. 北京：中国社会科学出版社，2011.

[166] 施立业. 中国近代思想家文库·姚莹卷 [M]. 北京：中国人民大

学出版社，2015.

[167] 冯桂芬. 采西学议：冯桂芬 马建忠集 [M]. 沈阳：辽宁人民出版社，1994.

[168] 冯桂芬. 校邠庐抗议 [M] //沈云龙. 近代中国史料丛刊第62辑. 台北：文海出版社，1971.

[169] 熊月之. 中国近代思想家文库·冯桂芬卷 [M]. 北京：中国人民大学出版社，2014.

[170] [美] 杜威. 民主主义与教育 [M]. 王承绪，译. 北京：人民教育出版社，1990.

[171] 任时先. 中国教育思想史 [M]. 上海：上海书店，1984.

[172] 吴霓. 中国古代私学发展诸问题研究 [M]. 北京：中国社会科学出版社，1996.

[173] 张国昌. 满族教育在清代 [J]. 满族研究，1986 (03).

[174] 常建华. 清代族正制度考论 [J]. 社会科学辑刊，1989 (05).

[175] 筹办夷务始末·同治卷 [M] //《续修四库全书》编纂委员会. 续修四库全书·419·史类·纪事本末类. 上海：上海古籍出版社，2002.

[176] 刘永华. 清代民众识字问题的再认识 [J]. 中国社会科学评价，2017 (02).

[177] 中国史学会. 中国近代史资料丛刊·洋务运动·第8册 [M]. 上海：上海人民出版社，1961.

[178] 朱英. 中国近代最早提出"变法"口号的思想家——王韬 [J]. 史学月刊，1982 (06).

[179] 忻平. 中国最早提出君主立宪制的是王韬 [J]. 华东师范大学学报，1983 (06).

[180] 王韬. 弢园文录外编 [M] //张岱年. 中国启蒙思想文库. 沈阳：辽宁人民出版社，1994.

[181] 孙晓菲. 晚清译著《地学浅释》研究 [D]. 呼和浩特：内蒙古师范大学，2016.

[182] 叶晓青. 早于《天演论》的进化观念 [J]. 湘潭大学社会科学学报，1982 (01).

[183] [英] 达尔文. 物种起源 [M]. 周建人，等，译. 北京：商务印书馆，1995.

[184] 吴凤鸣. 一部西方译著的魅力——《地学浅释》在晚清维新变法

中的影响 [J]. 国土资源, 2007 (09).

[185] 汤仁泽. 谭嗣同卷 [M]. 北京: 中国人民大学出版社, 2015.

[186] 蔡尚思, 方行. 中国近代人物文集丛书·谭嗣同全集·增订本下册 [M]. 北京: 中华书局, 1981.

[187] 董增刚. 论谭嗣同《仁学》"以太"说 [J]. 首都师范大学学报(社会科学版), 1994 (05).

[188] 魏义霞. 从以太与仁的关系看谭嗣同哲学的性质 [J]. 求是学刊, 2017 (05).

[189] 魏义霞. 平等与自然科学——以康有为、谭嗣同的思想为中心 [J]. 哲学研究, 2010 (07).

[190] 魏义霞. 康有为论墨学与西学的关系 [J]. 理论探讨, 2018 (06).

[191] 姜义华, 张荣华. 康有为全集 (增订本) ·第 2、3、4、5、6、7、12、13 集 [M]. 北京: 中国人民大学出版社, 2020.

[192] 张汝伦. 现代中国思想研究 [M]. 上海: 上海人民出版社, 2001.

[193] 王彩波, 徐百军. 在决定论与自由意志论之间——康有为和严复进化论思想之比较 [J]. 理论月刊, 2013 (03).

[194] 何金彝. 康有为的全变思想和创造进化论 [J]. 社会科学战线, 1995 (06).

[195] 王栻. 严复集·第 5 册·著译 日记 附录 [M]. 北京: 中华书局, 1986.

[196] 严复. 严复全集·卷 1、卷 4、卷 6、卷 7 [M]. 福州: 福建教育出版社, 2014.

[197] [美] 本杰明·史华兹. 寻求富强——严复与西方 [M]. 叶凤美, 译. 南京: 江苏人民出版社, 1996.

[198] 高瑞泉. 严复: 在决定论与自由意志论之间——对史华慈严复研究的一个检讨 [J]. 江苏社会科学, 2007 (01).

[199] 林毓生. 中国意识的危机——"五四"时期激烈的反传统主义 [M]. 穆善培, 译. 贵阳: 贵州人民出版社, 1986.

[200] 李强. 严复与中国近代思想的转型——兼评史华慈《寻求富强: 严复与西方》[J]. 中国书评, 1996 (02).

[201] [美] 吉梅纳·卡纳莱丝. 爱因斯坦与柏格森之辩: 改变我们时间观念的跨学科交锋 [M]. 孙增霖, 译. 桂林: 漓江出版社, 2019.

[202] 王彦威. 清季外交史料·3 [M]. 南京: 书目文献出版社, 1987.

[203] [美] 惠顿. 万国公法 [M]. 丁韪良, 译. 同治三年 (1864 年)

岁在甲子孟冬月镌，京都崇实馆存版.

[204] 徐忱. 袁世凯全传 [M]. 北京：中国文史出版社，2017.

[205] 喻大华. 日俄战争期间清政府中立问题研究 [J]. 文史哲，2005 (02).

[206] 苑书义，等. 张之洞全集·第 3 册·奏议 电奏 [M]. 石家庄：河北人民出版社，1998.

[207] 清末筹备立宪档案史料（上）[M] // 沈云龙. 近代中国史料丛刊续编第 81 辑. 台北：文海出版社，1981.

[208] 汪耀华. 中国近现代出版法规章则大全 [M]. 上海：上海书店出版社，2018.

[209] 端方. 端忠敏公奏稿 [M] // 沈云龙. 近代中国史料丛刊第 10 辑. 台北：文海出版社，1967.

[210]《东方杂志临时增刊》1906 年第 3 卷。

[211] 戴鸿慈. 欧美政治要义 [M]. 桂林：广西师范大学出版社，2016.

[212] 天津市图书馆，天津市社科院历史研究所. 袁世凯奏议（上）[M]. 天津：天津古籍出版社，1987.

[213] 钱实甫. 清代职官表 [M]. 北京：中华书局，1980.

[214] 伍廷芳，等. 大清新编法典 [M] // 沈云龙. 近代中国史料丛刊 3 编第 27 辑. 台北：文海出版社，1987.

[215] 李欣荣. 中国近代思想家文库·沈家本卷 [M]. 北京：中国人民大学出版社，2015.

[216] 沈家本. 变通旗民交产旧制折 [M] // 历代刑法考：附寄簃文存. 北京：中华书局，1985.

[217] 朱寿朋. 光绪朝东华录（5）[M]. 北京：中华书局，1984.

[218] 故宫博物院明清档案部. 清末筹备立宪档案史料（下）[M]. 北京：中华书局，1979.

[219] 孙中山. 建国方略 [M] // 张岱年. 中国启蒙思想文库. 沈阳：辽宁人民出版社，1994.

[220] 广东省社会科学院历史研究室，等. 孙中山全集·第 1、5、9、11 卷 [M]. 北京：中华书局，2011.

[221] 徐忱，徐彻. 黎元洪全传 [M]. 北京：中国文史出版社，2013.

[222] 民报（1）[M]. 北京：中华书局，2006.

[223] 马飞. 训政之路的重建：国民党扩大会议派政治理念研究 [J]. 史林，2017 (01).

[224] 钱端升，萨师炯，等．民国政制史·上册·中央政府 [M]．北京：商务印书馆，2018．

[225] 潘树藩．中华民国宪法史 [M]．上海：商务印书馆，1935．

[226] 易宗夔．新世书 [M] //沈云龙．近代中国史料丛刊第 18 辑．台北：文海出版社，1958．

[227] 蒋梅．辛亥革命时期的江苏教育总会 [J]．民国档案，2004（02）．

[228] 郭白晋．孙中山对美国政治认知的多维审视 [J]．学术探索，2015（12）．

[229] 岑德彰．新中国建设学会丛书之 5·中华民国宪法史料 [M]．上海：新中国建设学会，1933．

[230] 石柏林．论南京临时政府时期关于内阁制与总统制的探索及其意义 [J]．政治学研究，1997（03）．

[231] 孙景坛．"三纲"思想的内涵、发明权和产生历史时期的析辨 [J]．南京社会科学，2013（01）．

[232] 中国史学会．中国近代史资料丛刊·辛亥革命·第 2 册 [M]．上海：上海人民出版社，1957．

[233] [英] 韦农·波格丹诺．布莱克维尔政治制度百科全书 [M]．邓正来，译．北京：中国政法大学出版社，2011．

[234] 高海燕．地方主义·军事主义——近代中国军阀政治探源 [J]．史学集刊，1998（03）．

[235] 刘晓．近代军阀政治的起源 [J]．学术研究，1990（06）．